図書館の自由委員会の
成立と「図書館の自由に
関する宣言」改訂

塩見 昇 著

Statement on
Intellectual
Freedom in
Libraries,
Revised in 1979

日本図書館協会

The Foundation and Activities of the Committee for
"the Statement on Intellectual Freedom in Libraries"
−Discussion about the Revision of the Statement in 1979

図書館の自由委員会の成立と「図書館の自由に関する宣言」改訂 ／ 塩見昇著. － 東京 ：
日本図書館協会, 2017. － 256p ； 21cm. － ISBN978-4-8204-1712-5

t1. トショカン ノ ジユウ イインカイ ノ セイリツ ト トショカン ノ ジユウ ニ
カンスル センゲン カイテイ a1. シオミ, ノボル
s1. 図書館の自由 ① 010.1

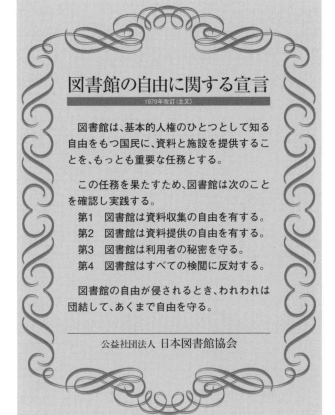

はじめに

　もう60年も昔のことであるが，大学（京都大学教育学部）で初めて図書館学について学ぶようになり，スタートのところにあたる図書館学概論の講義で故小倉親雄先生からお聞きした内容の一つに，アメリカ図書館協会が採択している「図書館の権利宣言」（Library Bill of Rights）の話があった。その後，研究室で先生と話している際に，Haight という人が編んだ "Banned Books" という本をお借りした。人間の歴史が始まって以来，いつか，世界のどこかで，だれかによって，何らかの理由で読むことが禁じられた本の概略を編年式に綴った小さな本だった。そこには，西暦紀元前387年から1954年までの間に禁じられた多くの本が，著者別に，簡単な事情の説明をつけて記載されている。シェイクスピアやボッカチオ，トルストイ，スウィフトの『ガリバー旅行記』，ヘミングウェイの『武器よさらば』など，世界の名作，古典文学大系に必ず収まっている文学作品から，ルソー，ヴォルテール，パスカル，マルクスなどの世界名著全集，思想大系などに名を連ねる多くの著作が列挙されている。世界最大のベストセラーである「聖書」も入っているし，言論の自由を論じたミルトンの『アレオパジチカ』もその矢面を免れ得なかった。それらの著作に焼かれたり，禁じられた歴史のあることを知り，もしその「処分」が徹底しておれば，それらの本が後世にまったく伝わらなかったかもしれないと思うと，そうした本を今の世に伝える上で図書館が果たした役割を通して，図書館という存在への興味を大きくしたことを懐かしく思い出す。振り返って，私が図書館というものを学びや仕事，研究の対象とするようになった原点がそこにあった，と思う。

　11年間，大阪市立図書館で司書として働き，1971年春に縁あって大阪教育大学の教員職に転ずるため退職したとき，職場の仲間からいただいた餞別で "Banned Books" の新版（第3版，1970年）を丸善に発注して購入している。

大学教員，研究者として再発足することになった私の当時の思いの一端がそこにみられるようで感慨ぶかい。

　図書館人として60年を過ごし，今後もう図書館の関係でまとまった文章を書くこともおそらくないのでは，と思うようになった昨今，どうしてもこれは書いておかないといけないだろうな，とかねてから懸案にしてきたことに手を付けたのが本書の構想である。アメリカの「権利宣言」にも触発され，1954年に日本の図書館界が採択し，図書館事業の拠って立つ思想原理として保持してきた「図書館の自由に関する宣言」（「宣言」）は，私の60年の図書館人生において非常に近しい関係であり続けたことは確かだが，とりわけ図書館在職中の1960年代後半から教員に転じた初期の1970年代，80年代にはこのテーマに関する論文を数点書いたり，1979年改訂など「宣言」の維持・発展に直接かかわる社会活動の経験をもつことにもなったのは，貴重な，有難いことであった，と思う。

　日本の図書館界，日本図書館協会（日図協）が自由の「宣言」を維持・発展させる場として1974年に「図書館の自由に関する調査委員会」（自由委員会）を遅まきながら設置し，その初期の活動成果として1979年に「宣言」の改訂を行った。そこに至る過程と内容に直接，しかもかなり深いかかわりをもつことになったのは，上述の経緯からすると幸いな経験であった。その経緯とその中で得たこと，考えたこと，残された課題等について整理し，文章化しておくことは，この時点における私の責務ではないか，というのが本書執筆の基点となる思いである。

　2006年に私の古稀記念論集という性格も併せ持つ出版物として，川崎良孝さんたちのご尽力で京都大学図書館情報学研究会から刊行した論文集『知る自由の保障と図書館』（塩見昇・川崎良孝編）において，「『図書館の自由に関する宣言』の成立と進展」を執筆し，部分的に当事者という立場を込めて宣言の前史から現在までをまとめたが，今回はさらに対象を限定し，1974年の自由委員会の設置から79年の「宣言」改訂に絞って，当事者という立場をより鮮明にしての記述にしようと本書を構想した。図書館の自由と「宣言」

についての今後の論議や研究，実践のお役に立てば嬉しいことである。

「宣言」改訂の経緯ということで，当初の副文の再生から，結果として「宣言」そのものの改訂に至るまでを対象にしているが，その間，多くの人々から改訂への意見，提案が寄せられており，それらを考察の俎上に取り上げることになる。その際，すでに全国図書館大会の記録，日図協の総会・役員会等の公式の会議録に発言者の名前を付して記録化されているものもあれば，委員会に寄せられた意見等で，検討の素材に取り上げはしたが，委員会の外には公表されていないものもある。本文の記述においては，とくに論旨の流れや内容の識別上必要な場合を除いて，折々の発言者の名前を表示することは最小限にとどめた。後者の場合は，原則としてすべて伏せている。

自由委員会の設置検討から宣言改訂に至る過程でこの仕事をかなり深くご一緒した石塚栄二，酒井忠志氏（ともに宣言改訂案の起草委員），酒川玲子さん（関東地区小委員会委員長）に，無理を承知で大部の草稿の素読をお願いし，助言と励ましを得た。記して感謝する。同様にこの活動をともに進めた森耕一委員長，伊藤松彦，天満隆之輔，浪江慶氏らの諸先輩はすでに鬼籍に入られ，作業の結果を見とどけていただけないのは残念なことである。改めて過ぎた歳月の長きを思わずにはおられない。

本書の刊行を区切りに，この執筆の典拠資料とした日図協の会議，委員会の記録，委員会配布資料，図書館の自由に関する新聞記事，筆者のメモ，委員間の交換文書（私信）等の筆者が所有する図書館の自由に関連する資料は，すべて日図協資料室に寄託，移管するつもりである。日図協のドキュメントとして保存され，将来にわたってこのテーマに関心をもつ多くの方々に，広く共用されることを期待する。

2017年8月

塩見　昇

vii

目　次

はじめに　　*iv*

0章　前史概説——自由宣言の採択から潜在期の概要 ————————— *1*

0.1　破防法問題から中立性論議へ　　*2*

0.2　自由宣言（図書館憲章）の策定へ　　*5*

0.3　大会・総会への自由宣言案の提案と論議，採択　　*9*

0.4　採択後の展開は進まず　　*14*

0.5　ときに思い出される宣言　「忘れられたか図書館憲章」　　*15*

0.6　よみがえる自由宣言　　*17*

0.7　研究対象としての図書館の自由——1970年前後　　*23*

1章　自由委員会の成立 ————————————————————— *29*

1.1　山口県立図書館の蔵書封印事件が投じた波紋　　*29*

1.2　日図協に常置委員会の設置を求める動き　　*40*

1.3　委員会設置の可否を検討する委員会　　*45*

1.4　自由委員会の設置　　*52*

2章　宣言改訂を取り上げるに至る経緯と70年代後半の
**　　　「自由」に係る事象** ——————————————————— *58*

2.1　自由委員会の活動開始　　*58*

2.2　宣言改訂を取り上げる経緯と作業の進行　　*68*

2.3　当時の自由に係る事象　　*72*

3章　1979年宣言改訂の過程 ——————————————————— *81*

3.1　副文の再生，採択をめざす　「副文案の問題点と改正の大綱」　　*82*

viii

3.2　副文第一草案，第二草案　*99*

3.3　これまでの検討の総括　*113*

3.4　副文改訂論議のまとめ　*121*

3.5　宣言と倫理綱領の関係　*125*

3.6　主文も含めた改訂へ　*129*

3.7　改正案作成の起草委員会　*130*

3.8　改訂第1次，2次案　*131*

3.9　1979年日図協総会における採択決議　*148*

3.10　全国図書館大会における支持決議　*156*

4章　改訂論議の主要な論点 ─────────────── *162*

4.1　図書館の自由とは何か　*162*

4.2　宣言の主体（主語）　*164*

4.3　「知る自由」と「知る権利」　*167*

4.4　「中立性」の扱い　*171*

4.5　すべての図書館に基本的に妥当　*173*

4.6　施設の提供　*176*

4.7　提供を制限する場合　*178*

4.8　利用者の秘密，守秘義務　*180*

4.9　年齢制限と子どもの問題　*182*

4.10　日本図書館協会の責務　*183*

5章　1979年改訂「図書館の自由に関する宣言」 ───────── *187*

5.1　改訂宣言の位置づけと特徴　*187*

5.2　宣言改訂は社会からどう迎えられたか　*192*

6章　「図書館の自由に関する宣言1979年改訂」解説の作成 ───── *199*

目次　*ix*

7章　残された課題――結びを兼ねて ―――――――――― *203*

参考文献　*215*

資料編
1　図書館の自由に関する宣言（1979年改訂）と同原案（1954年）　*217*
2　図書館の自由委員会の設置検討委員会報告　*224*
3　副文案の問題点と改正の大綱　*231*
4　副文修正第一案（浪江案）　*237*
5　副文第一草案　*241*
6　宣言改訂第1次案　*246*

索引　*250*

0章 前史概説
——自由宣言の採択から潜在期の概要

　日本図書館協会（日図協）が開催する1954年の全国図書館大会に提案された「図書館の自由に関する宣言」(以下，宣言，もしくは自由宣言と略す) 案は，3日間にわたる大会と総会の全日程を通して相当の時間をかけての集中討議に付され，当初提案のうち副文は手つかずのまま保留し，主文のみを一部の字句修正をして採択した。採択された宣言にかかわる事後の扱い，具体化等については日図協に委ねることでこの段階を終えた。

　この大会では，「原子兵器禁止に関する各国図書館界への訴え」を決議するなど，時代の機運を反映した熱い思いの論議が展開されたが，採択された宣言のその後は一転してひっそりし，時に思い出される，という潜在の期間を長く続けることになる。採択に至るまでの熱い論議から類推すると奇異にさえ思えるが，宣言が日常の図書館活動の中で生きた存在感を呈するようになるには，その後四半世紀ほどの歳月を必要とすることになる。

　宣言を維持し，実践する上での大きな転機となったのは1974年の「図書館の自由に関する調査委員会」（自由委員会）の設置であり，発足した委員会が早期に手がけた1979年の宣言改訂に至る過程をできるかぎり正確に確かめ，記述しようとする本書の課題に先立つ前段として，まずこうした動きを招来するに至ったこの間の自由宣言と図書館の自由をめぐる概略を「前史」として振り返っておきたい（この部分の記述には，まえがきの中でふれた拙論「『図書館の自由に関する宣言』の成立と進展」の一部を再掲，もしくはリライトして使用している個所もある）。

0.1 破防法問題から中立性論議へ

「図書館の自由に関する宣言」の成立を生みだした直接の契機は，1952年の破壊活動防止法（破防法）案の国会上程とそれに対する日本社会における危機感の高まりにあったといえよう。

1945年8月の第2次世界大戦終結により，国際情勢において直接戦火を交える事態は途絶えたが，1949年の中華人民共和国の誕生などもあって国際社会は厳しい「冷戦」時代に突入する。それを一変させたのが1950年の朝鮮半島において南北が武力で争った朝鮮戦争の勃発である。南（韓国)を支援するアメリカの空軍機が，朝鮮半島に最も近い極東基地である日本から北朝鮮攻撃に飛び立つという緊迫した情勢が出現するにおよび，日本の国際社会への復帰が急速に進む。アメリカの極東戦略に組み込まれた中での国際復帰（独立）である。「全面講和か，単独講和か」が世論を二分する激しい論議を呼ぶ中で，1951年9月，サンフランシスコにおいて対日講和条約と日米安全保障条約の調印が行われ，日本は占領状態を解消し，アメリカを基軸とする西側陣営の一員として国際社会に復帰した。

この流れの下で，いわゆる「逆コース」と呼ばれる戦後政治の大きな転換が進むことになった。講和条約の発効により，これまですべての法律・命令に優先するものとして存在した占領法規が効力を失うことになるので，それに代わる法の整備が必要となり，治安立法，労働三法の改正など，独立国家の制度設計が急速に日程に上ることになった。

政府が団体等規制令に代わるものとして，4月17日に国会に提出したのが破壊活動防止法案,いわゆる破防法である。この法案に対しては,その適用いかんによっては基本的人権である表現の自由，結社の自由を制約する恐れがあり，戦前の治安維持法の再現だという受けとめも強く，激しい反対運動が展開されることになった。そうした最中の5月，1952年度の全国図書館大会が開催された。場所は朝鮮半島に最も近い板付基地のある福岡である。

大会ではこうした社会の動向が表舞台で直接話題になることはなかったよ

うだが，終了後，参加者の一人は次のような感想を『図書館雑誌』（以下，『雑誌』と略記することあり）に寄せている。

平和か戦争か，再軍備か否か，混沌たる現情勢下にあつて，図書館自体の立場から時局への関心が本大会中全然示されなかつたのは如何したものであろう。……図書館法の精神が冒される可能性必ずしも皆無とは言えない現在，文化の使徒たるべき図書館人が現状を自認していいものであろうか。再軍備問題，破防法問題その他，何よりもまして，まず最初にとりあげ，本大会の名において図書館人の態度を表明すべき最も重要なことを本大会は忘れていたのではないかと今あらためて反省させられる[1]。

こうした声は大会期間中も一部の参加者の間では交わされていたようで，それを受けて有山崧日図協事務局長が大会終了後に「破防法」と題した文章を『雑誌』のコラム「Editorial Forum」に寄せる。有山は，破防法の制定がinformation centerとしての図書館のあり方に影響するであろうことは認め，図書館の立場から何らかの意思表示をしたい気持ちはわかる，と理解を示した上で，次のように断言する。

然し図書館界が「破防法」について直接発言することは，厳々戒むべきことであると信ずる。
図書館が本当にinformation centerとして，客観的に資料を提供することを以つてその本質とするならば，図書館は一切の政治や思想から中立であるべきである。
この中立性を破つて直接政治や思想の問題に口を出すことは，それ自身図書館の中立性の自己侵犯で自殺行為である[2]。

破防法の賛否を決めるのは国民であり，その国民の意思決定に判断の素材を提供することが図書館の役割である。図書館が破防法に重大な関心を抱く

4

なら，破防法についての情報を提供し，国民の判断に資する努力をこそいま
やるべきだ，というのが有山の考え方である。

　この発言を消極的，保守的と捉えるか，積極的な図書館のあり方への提起
と受け取るか，については両論あり得よう。有山のこの提起を受け継いだの
が，『雑誌』8月号の編集委員会による「図書館と中立についての討論を提
案する」と題した誌上討論の呼びかけである（このあたりが「宣言」誕生への
直接の端緒となる）。

　提案は，「図書館が，図書館員が，何に対して，どのように中立であるの
か，あるいは中立であり得ないのか」を具体的な言葉で語ろうと，いくつかの
事例を提示する。暗黒社会を暴露した本に対して地域のボスが廃棄を求めた
らどうするか，選挙の立候補者の政見やその裏づけとなる資料の収集と提
供，法的な根拠なく官憲により閲覧票の提示を求められた場合の対応，アカ
ハタの保存について官憲から圧迫があった場合，最も総括的なケースとして
の戦争と平和，等々。さまざまな考え方はあろうが，「沈黙は現実への服従
を意味する」。「広い討論と，それによる自主的な問題の解決」こそが，日本
の図書館界を前進させるものではなかろうか，と熱く呼びかけた。

　この文章は，当時『雑誌』の編集部にいた武田八洲満と石井敦によって
執筆された[3]。この呼びかけには当初の予想を越えて21編もの寄稿があり，
1952年10月から53年3月まで5回にわたって「図書館の抵抗線」の名の下
に継続して掲載された（そのほかに，「自由論壇」にもこのテーマに関連する寄稿
が数点ある）。これがいわゆる「中立性論争」と呼ばれる論議である。時代の
空気を反映して『図書館雑誌』誌上では前後に例を見ない集中した，しかも
きわめてホットな論議が展開された。どちらかといえば若い人からの発言が
多く，しかも問題の性格からして匿名・偽名が目立つという特徴がみられた。
「宣言」を生み出すことになる当時の図書館界の雰囲気を理解するためにも
重要な論議である。

　しかし，「具体から出発を」という編集部の呼びかけにもかかわらず，議論
は総じて図書館活動の実態を離れた観念的なものであり，中立そのものの捉

え方をめぐる論議や，平和の追求，民衆への奉仕が抽象的に語られるものが
多く，翌年1月号で編集部が「図書館活動を通じて体験された『中立』を守
ろうとして守れなかった，あるいは守り得た具体例を寄せて頂きたい」と再
提案したにもかかわらず，中立性の維持，自由の擁護の実践的な課題の追求
にはなりきらないうらみがあった。当初の呼びかけの提案と同じ号に，中村
光雄（豊橋市立図書館）が「閲覧証をめぐる問題」を「自由論壇」に寄せ，「思
想問題で警察が閲覧証を調べにきたらどうするか」を自館で話し合った結果
を紹介し，「若し見せたとすれば私達は職権を濫用して基本的人権を侵したと
言う罪を負う」と重要な提起もしていた[4]。だがこうした提起を発展させて，
見せるか見せないかにとどまらず，どうして閲覧証が必要なのか，記載事項，
記録を保存することの意味，閲覧票の不要な方法を探る，といったところへ
の議論にはまったく届いていない。それは図書館活動そのものが，いまだそ
ういう論議のできる段階に達していなかった結果であり，時代の空気を受け
ての「戦争か，平和か」の危機感が先行した議論であったことは否めない。

　だがこの議論を通して，これまで不問にされていた図書館界の戦争責任に
ついての発言もあり，図書館の本質，図書館活動の立脚点を問う端緒が開か
れたことは，重要な成果であった。「宣言」制定への基盤を培う貴重な経験
であったといえよう。

　さらにこの間の『雑誌』に，アメリカの図書館権利宣言の紹介，マッカー
シズム旋風下の図書館状況など，アメリカの図書館界における知的自由をめ
ぐる動向[5]がいくつか報告されたのも，その後の宣言策定への展開につなが
る貴重な動きであった。

0.2　自由宣言（図書館憲章）の策定へ

　『図書館雑誌』の誌上でこうした論議がなされているこの時期，1952年12
月5日に，埼玉県公共図書館協議会（会長：韮塚一三郎埼玉県立図書館長）が日
図協に「日本図書館憲章（仮称）制定促進について」の申し入れを行った[6]。

日本図書館憲章（仮称）制定促進について

　去る11月31日熊谷市立図書館に於て開催されました埼玉県公共図書館大会に於て……討議した結果，図書館の中立性問題に関連して各図書館に於ても政治的，思想的情勢と図書館奉仕との間に間隙と疑点が事実に於て種々起つていることが判明した。これはたゞに埼玉県下公共図書館界だけの問題に限らず，広く日本図書館界全体の重要且緊急の問題と考え，知性と学問の文化所産を護る図書館の歴史的使命に鑑み，茲に埼玉県公共図書館全員の賛同の下に吾々の図書館奉仕の倫理綱領ともなり外部圧力えの抵抗ともなるべき日本図書館憲章の制定方を上申し，速にその制定実現方をお願い致す次第であります。

　埼玉からこうした要請が出されるのには，それなりの背景があった。1952年2月，秩父市立図書館の一司書の机の中を警察官が勝手に調べるという事件が起きた。この図書館は当時，「市民の生活の中に図書館を」と文化人を招いて講演会を開いたり，単車で資料を宅配するなど，意欲的な活動を行っていた。2月7日に「中島健蔵氏の座談会」が予定されており，事件はその数日前に起きた。「おそらく警察は，中央から命令されて，中島健蔵という進歩的文化人の集会を調べに来たのではないか」と当の司書，大川原正見は語っている[7]。こうした経験をもつ大川原が，11月30日の県大会で「催物奉仕と時代思潮との関係」を報告し，警察による集会室の利用調査が参加者の論議になった。県立図書館の草野正名からは，前年の慶應義塾大学図書館職員指導者講習の際に入手したアメリカの「図書館の権利宣言」（1948年版）の紹介，アメリカ図書館界における蔵書の検閲等の状況報告があり，憲章の制定を求める機運が高まっていたのである。

　埼玉からの申し入れを受けた日図協は，12月17日の常務理事会でこの件を協議題に取り上げ，その是非を検討するための小委員会設置を決めた[8]。19日のNHKニュースで，図書館界が図書館憲章を制定する運びにあることが報道され，世間の注目を集めたという[9]。翌年5月19日の小委員会で，憲章

をつくったほうがよいとの結論に達し，6月1日の総会に「図書館憲章の制定の問題」が提案された。提案説明は韮塚一三郎が行い，賛成論，慎重論が出された上で採決の結果，賛成92票，反対52票で憲章の制定が承認された[10]。

8月の常務理事会では，総会の決定を受けて図書館憲章委員会（図書館憲章拡大委員会という表記も誌面にみられる）を設置することにし，委員として当時日図協が重要課題として取り組んでいた図書館法改正委員会のメンバーから数名と，雑誌の中立性論議に投稿していた人の中から理事長が指名することにし，14名を決めた[11]。作業の進め方は，事務局で原案をつくって委員に諮り，『雑誌』に公表して広く意見を募るということを確認した。

憲章委員会（佐藤忠恕議長）が準備した案文が，『図書館雑誌』10月号に公表された[12]。

図書館憲章（委員会案）

基本的人権の一つとして，知る自由を持つ民衆に，資料と施設を提供することは，図書館のもっとも重要な任務である。

われわれ図書館人は，その任務を果すため，次のことを確認し実践する。

1. 図書館は資料収集の自由を有する。
2. 図書館は資料提供の自由を有する。
3. 図書館はすべての検閲を拒否する。

図書館の自由がおかされる時，われわれは団結して抵抗し，関係諸団体との協力を期する。

この段階では，なお「法，三章的な簡潔のもの」であったが，後に提案される「宣言」の大綱は出そろっており，委員会はこれが「有名無実のスローガンに流れてはならない。図書館人の総意によって」つくり，「自らの意志によって遵守しよう」とするものでなければならないとし，案に対する意見を広く会員に呼びかけた。

この提起に応えた3人，5団体からの意見は，12月号，翌年1月号の『雑誌』

に掲載された。その内容は，賛成，「余りにも尖鋭的」で再考を，骨組みに過ぎる，代案の提案，反対，「徒らな作文委員会に終わり，ナンセンスな憲章案」であり抜本的な再検討を，と多岐にわたった。会員の多様な受け取りを反映しているともいえようが，意見や代案の中には，「憲章」を「綱領」に改める，「施設の提供の自由を有する」を加える，など後の宣言改訂の論議に浮上する提起も散見される。

1954年1月号には有山事務局長が，憲章制定に消極的な四国のKさん（蒲池正夫であろう）からの手紙を引きながら，「単なるスローガンとしての憲章」づくりにとどまるならば，かえって有害だと厳しい発言をしている。前年6月の総会で憲章制定の議案が可決されたとはいえ，なお慎重論，消極論が根強いこと，しかもそれらが決して憲章そのものに反対しているわけではないことへの配慮が濃い文章である。そして結びで，「今後，中立性や憲章の問題は，予想される具体的事態への予防措置研究と全国的組織の結成にある」と重要な指摘をしている[13]。

有山は憲章を提案する1954年度全国図書館大会を前にして，「火中の栗をいかにすべきか」と題した一文を『雑誌』に寄せ，再度，この問題に立ち向かう図書館界の基本的な姿勢を問いかけた[14]。

いかなる時でも，資料の収集と提供の自由を主張し実践することは，大見識であつて，余程の図書館に対する自覚と忠誠心がない限り，そして職域としての組織と力がない限り，到底実行不可能であろう。もし疑う人があるなら，君が君の館に於いて資料の収集と提供の自由を忠実に実践し続けて見給え，そうすれば時勢が偏向するにつれてそのことがいかに大変なことであるか体験するであろう。図書館の外で個人として君がいかにラディカルなことをいつても，それは勝手だし，そのことはそう困難でも英雄的でもない。少くとも君が図書館人の立場で資料の中立性を守り抜くよりは。（中略）

戦術は抽象論であつてはならない。いかなる時にいかに振舞うべきかの具体論でなくてはならない。図書館憲章とはまさにこのような戦術の表現であるべきである。

今年の大会に際して，協会から憲章の問題を提案して，全図書館界の方々に討議議決を求めようとしている。これは栗は火中にあると考えるからである。欲すると欲せざるとにかかわらず栗は火中に投ぜられた。

敢えてその栗を拾わんとするか，君子危きに近寄らざるか，そして拾うとすればどのようにして拾うか，それは館界の自主的決定に俟たねばならない。然し少くとも，この対決なくしては今日図書館活動はあり得ない。そこで大会への予備工作として，ここに「火中の栗をいかにすべきか」の提唱をなしたのである。

0.3　大会・総会への自由宣言案の提案と論議，採択

2年間におよぶ図書館の中立性，図書館憲章をめぐるこうした論議に決着をつけ，「宣言」制定への舞台となったのは，1954年5月26〜28日に東京で開催された全国図書館大会および日図協総会である（この年は大会3日目の午後に総会が設定された）。

大会初日の全体会議で，まず議題に取り上げたのが「図書館の自由に関する宣言について」であり，有山事務局長が提案説明を行った（以下の記述は，「第7回全国図書館大会議事録」，「第8回日本図書館協会総会議事録」による[15]。提案された宣言の原案は巻末の参考資料1参照）。

冒頭有山は，提案が，①宣言をするかしないか，②宣言をするなら，それを守ろうという意識をもつこと，③守る方法を確立すること，を問うている旨を訴え，ここに至る経緯を説明する。その中で，名称が「図書館憲章」から「図書館の自由に関する宣言」へと変わったことについて，「憲章」という言葉がいろんな意味に解されやすいこと，「中立性に関する宣言」といってもよかったが，中立性には曖昧さがあるので，ともに避け，この名称にしたが，

「図書館の自由」を守るというのは，図書館のためとか，図書館員のためではなく，「民衆の知る自由を擁護する」という意味であり，「根本は民衆のための宣言」である，と宣言の基本的な性格について述べている。そしてこれまでの主張を重ねて，もし宣言をしないなら「しない理由を単に，図書館界ばかりでなく，ほかの世界でも納得できるような姿によって明示して欲しい」，宣言をするなら，文字の詮索ではなく，「実際に守っていく方法」をあわせて審議してほしい，と提案に込めた強い思いを強調した。この訴えに大会・総会におけるその後の論議が十分応えるものであったといえるかどうかは，判断の難しいところである。

　議論は初日の大会全体会議，3日目（28日）午前の大会全体会議，午後の日図協総会と三つの場に継続され，白熱した長時間を費やしている。その逐一をここに再現することはできないが，議論の焦点になったことと論点を整理すると，次のようにまとめることができよう。

　①　当初の提案は，法三章的な主文[16]と解説部分（副文）から成っていたが，初日の質疑で冒頭に，憲章委員の一人であった裏田武夫から，「（自分は）前にもあとにも1回きり，法三章の案を検討しただけです。今度の案は，われわれとどういう関係があるのか」と疑義が出され，有山が憲章委員会に小委員会（佐藤，韮塚，有山で構成）を設けてそこで提案内容を作成し，この大会にかけるに至ったと釈明した。こうした提案準備段階での手続き上の問題もあり，この大会中に副文までを含めた議決を求めるのは無理だろうとの判断が，初日の夜に参加者の一部で交わされたようである[17]。そこで，まずは主文の成立に力を注ごうとの意図で，3日目全体会議の冒頭，小笠原忠統から，副文の検討には不十分な点も残るので，大会では主文についてのみ論議するようにしたいと提案があり，その後の議論の流れをつくった。こうして副文についての議論を今回は棚上げし，先送りすることになった。

　②　会議録を見るかぎり，3日間を通して論議の焦点は，主文結びの「図書館の自由が侵される時，我々は団結して関係諸方面との協力の下に抵抗する」にほぼ集中した。とくに「抵抗する」という表現への抵抗感が強く，あ

わせて「関係諸方面との協力」に違和感を抱く人が少なからず発言している。その一方で、図書館の自由の内容にかかわる部分についての議論は皆無といってよく、「知る自由」、資料収集や提供の自由について、その内容、これまでの経験、対応の方法などがまったく話題にならなかったのは、提案説明に照らしても奇異というほかない。中立性論議の場合と同様、閲覧票や記名式入館票などに引き寄せての具体的に自由を守る議論もなされなかった。宣言をするかしないかが、「抵抗する」ことの是非に特化され、そのことでの応酬にとどまったのが、3日間の大きな流れであり、特徴であった。

　③　議論が集中した「団結して抵抗する」への異論には、「雉も鳴かずば射たれもすまい」（浜元順悟）に象徴されるように、宣言の趣旨には同意はしても、抵抗できる力も乏しいのに勇ましく「抵抗する」と叫ぶことが適当か、かえって軋轢を招き、我々が日頃腐心している図書館事業の遂行を困難にしかねない、という消極論、反対論が幾人かから出された。さらに検討を重ねてはどうか、と先延ばしを求める発言もあった。それに対して、この案件はすでに総会で「宣言する」と決めており、社会の動きはそれを必要としている、とこの大会での議決を強く求める主張が応酬された。

　議論は行きつ戻りつするが、第2ラウンドは、図書館の自由を守る宣言をした上で協会に常置委員会を設置し、主文・副文の不十分な点をさらに検討し、効果的にそれを活かす方策を考えることにしては、という鈴木賢祐の提起を賛成多数で承認し、午後の総会に送ることで収拾した。

　④　第3ラウンドの総会では冒頭、鈴木が午前の結論にそって、結びを「図書館の自由が侵されるとき、我々は団結してあくまで自由を守る」と修正した案文を提示し、自由を守る方法論等は事後に委員会を設けて検討することを提案した。この段階の議論は、もっぱら結びの字句をめぐるやり取りが続くが、なおその根底には宣言することへのためらい、慎重論もあった。その代表的な発言が、蒲池正夫の「地方の厳しい事情」を強調する長広舌である。蒲池はその中で、頻発する漁船遭難とソ連地区の気象情報を例に、インフォメーションセンターとしての図書館サービスの課題にも言及する。記録によ

るかぎり3日間を通じての数少ない図書館サービスの内容的な課題にふれた
重要な発言である。議論は複数の修正案も出され，時間を重ねたが，最終的
には鈴木案が賛成多数で承認され，副文の処理と実行方法等を扱う委員会の
設置を日本図書館協会に委ねることでこの議案は終了した。

　こうした3日間の議論を経て，懸案の「図書館の自由に関する宣言」の主
文がここに採択された。この間の議論の特徴として，公共の図書館長が非常
に熱心に参加し，宣言策定に積極的，慎重の違いはあっても発言し，委員会
等にも加わっていることが眼を引く。図書館人としての熱い思いをもった館
長クラスの人がいたことは，その後の図書館状況との大きな違いとして指摘
しておきたい。

　ここで，近年の若い世代の研究者である福井佑介が指摘する，中立性論争
から宣言採択までの連続性の問題について付言しておこう。福井は，これま
で中立性をめぐる論議から宣言の採択までが連続的に語られるのが一般的で
あったが，論議の視座や当事者という面からみると，それは必ずしも妥当で
はない，という。前者は若手図書館員による政治的文脈から図書館の中立性
を論じるものであったが，後者の憲章（宣言）案を作成したのは，ほとんど
が40歳代後半から50歳代の手によるもので，図書館の中立性を資料の問題
に限定して捉え，政治的文脈で論議することを論難していた，とその違いを
整理する[18]。

　確かにそのことは，これまで目配りされてきたことではなかった。先にも
引いた『図書館年鑑』1984年版の自由宣言30年特集における聞き取りの中
で，中立性論議の提唱者の一人であった石井敦が，「図書館憲章についての
評価」を問われて，次のように述べている[19]。

　（埼玉からの申し入れの後は）常務理事会の仕事になって，憲章の制定の
　過程については，僕達は何らかかわっていません。……僕としては生ぬる
　いと思っていました。……ないよりはあったほうがいい，そんな感じでし

た。

　自らの「破防法」発言を契機に，編集部の若手による提唱で予想を越える
展開となった中立性論議を，持論であるインフォメーションセンターという
視点で捉え直し，論議に決着をつける立場で憲章（宣言）を提案することに
なった有山事務局長を中軸とする動きは，論争の主たる参加者であった若手
とは異なる層が担い手であったことは事実であり，そこに連続的でない側面
をみる福井の指摘はそのとおりで，重要である。

　しかし，そうした視点から提案された宣言案を論議した1954年大会・総会
の議論が，その意を受けた図書館資料の収集・提供の問題として展開された
わけではなかったことも事実である。記録で見るかぎり，大会で論議に加
わったのは多くが公立図書館の館長，中枢職員であり，ことが議論の段階で
はなく「宣言を採択する」という社会的な行為の段階に来たとき，館を運営
する立場から，それには危惧せざるを得ないという思いがどっと噴出したの
が大会・総会における発言であったろう。その焦点が，「関係諸方面との協
力の下に抵抗する」という文言，とりわけ「抵抗」の是非にあったといえよ
う。それは有山の思いとは違った「政治的」な判断であり，図書館事業の中
心である「資料論」の視点はまったく関心の外に置かれてしまった。次節で
見るように，成立した宣言が，その後長い期間にわたって「忘れられた存在」
にとどまることになったことと無縁ではない。

　この展開について，有山自身がどう受け止めていたか，の確認はできてい
ないが，石井が先の聞き取りの最後に，「先生（有山）の書かれたものは，
現在からみると，非常に意味深いものを言っていたと感じています」とコメ
ントしている。

　有山はそれから6年後に，1960～70年代の公共図書館の発展の基点となる
『中小都市における公共図書館の運営』（いわゆる「中小レポート」，1963年）に
つながる，「国会デモに思う」という異色の副題を添えた「図書館は何をする
ところか」の提起をする。それが，宣言採択時には論議の対象にならなかっ

た公共図書館のあり方への具体的な探究に進んだ。一方，中立論争の発言者の多くは宣言の翌年，図書館問題研究会（図問研）を結成し，「過去の図書館運営に対する厳しい反省の上に立って，現実の社会，政治，経済との関連のもとに……図書館奉仕の科学的，実践的な理論」（同会の綱領）の確立をめざすことになり，結果として「中小レポート」の中身をつくる主力を担うことになる。この展開は，中立性論議から宣言採択に至る経験を通して醸成された土壌の新たな状況の下での帰結である，と捉えると非常に興味深いものがあるが，それは図書館運動の展開に関することであり，本書の範囲を越える問題であるので，ここではこれ以上の言及は控える。

0.4 採択後の展開は進まず

「抵抗という一字がどういう強い響を県の理事者，市の理事者に与え……私達が図書館を運営して行く上で，どういう面倒な問題を起すかは，東京周辺で仕事をしておる方，理論的なことだけを考えておる方にはわからない」だろう[20]，という「地方」を代表するかの蒲池正夫の発言等を押し切る形で，宣言は採択された。その論議から宣言を具体化する組織の整備，副文の扱い等を託された日図協（常務理事会）は，直後の6月10日，「宣言の解説文（副文）と組織方法を審議する委員会を結成する」ことと委員の選出方法を決めた[21]。しかしことはスムースには進まず，8月6〜7日の理事会では冒頭に土岐善麿理事長の辞意表明が論議を呼び，「"図書館の自由に関する宣言" 提出手続と議決された効果に対する反省と今後の処置」というわかりにくい議題において，理事長が「議事録でもわかるが，反対の意見は少数意見であり，宣言の主旨は賛成で決まった。副文は後で考えることになったのである。これをこのさい再確認したい」[22]と発言している。採択された宣言の受け止め方についての微妙なズレが，会員の中に存在することをうかがわせる発言である。

このときは結局，「大会の議決の主旨を尊重し，地方の実情に即して実行につとめる」ことでまとまり，翌年3月18日の評議員会では有山事務局長

が,「さきに保留となった宣言副文の審議のために委員会を作ることになっているが,その委員には,各ブロック理事及びブロック理事の推薦するもの各1名,それに理事長指名若干としたい」と提案し,了解を得ている。記録に残っているこれに関連する発言は,蒲池の「副文の審議はともかく,協会組織の強化が先決である」[23]という内容のものだけである。

ついで,5月27日の総会における会勢一般報告において有山は,土岐理事長の辞意表明を含む宣言のその後についてふれ,「委員会を構成する矢先に協会のあり方についての問題が大きくもち上がりまして,そっちの方にいそがしくて,自由に関する委員会を結成してそれからある結果を生み出すというところまで行っておりません。それは今後至急にあと始末いたしたいと思います」[24]と遅延を釈明している。

宣言の採択という議案の大会への提出が「在京の一部のものの考え」でなされたという批判があって,そこから日図協のあり方の議論が生じ,その対応に事務局長が追われて,宣言の具体化にまで手が回らなかった様子がうかがえる発言である。そしてその後,『雑誌』の役員会等の記録で見るかぎり,宣言を実行する組織づくりや副文の扱いに関する論議や動き,関連の報告等は,奇異なことに日図協の表舞台から長期にわたってまったく姿を消してしまうことになった。宣言は「忘れられた存在」と化したのである。

0.5　ときに思い出される宣言 「忘れられたか図書館憲章」

こうして宣言は,生みの親である日図協の中で具体化の確かな手がかりをもたないままに,何かことが起こったときに思い出される程度のものとして,10年あまり潜在することになる。そうしたいくつかのケースとして,次のようなことがあった[25]。

1956年　全国図書館大会で,福島県図書館協会から提出された協議題「図書館資料の選択提供の自由を守るための図書館の態度について」の論議

を経て宣言を再確認した。同県下で警察官が図書館や公民館の職員に対して，「これこれの本を買ったであろう」と執拗に聞きだそうとしたことがあったという事例に基づく提起である。

1959年　4月に文部省が実施しようとした図書選定の是非，図書館界としての対応が全国図書館大会で論議になった。日本書籍出版協会は，すでにこの制度に同調せずという態度を表明していた。慎重論も出される中で，「自由を守る宣言を再確認し，文部省の選定制度に対して関心をもつ」という趣旨を確認した。

1964年　青少年にとって有害な図書を指定する青少年保護育成条例が，東京都で制定されようとしている情勢について日図協総会で論議になり，「知的自由の委員会をつくる」要望が出された。

1969年　全国図書館大会の講師に予定されていた羽仁五郎氏について，主催者に加わっていた団体からクレームがついたことに関連して，これは図書館の自由にかかわる問題だという論議がされた。

　これらはいずれも重要な問題ではあったが，福島からの提起以外は，どちらかといえば図書館活動の現場，日々の実践からは距離をおいたところでの議論であり，図書館をとりまく社会の動きに対する危機意識の表れであった。「社会の危険な動きが見られるとき，想起される自由宣言」の姿を如実に示しており，その点では中立性論議から宣言採択時の状況とあまり変わっていない。

　そうした中で，具体的な図書館の活動との関連で宣言が行動の指針として意識された貴重な事例として，1966年9月に富山で開かれた公共図書館部会の研究集会「地方行政資料の収集と管理」がある。この研究協議の中で，自治体が住民から訴えられて係争になっている場合，自治体に不利な行政資料の提供が制約を受けるということが話題になった。図書館としては「利害を伴う場合には見せないようにした方がよい」といった発言も飛び出す中で，富山県立図書館の萩沢稔が，自由宣言を引いて反論した。この会議を傍聴し

ていた村上清造が，後に「忘れられたか図書館憲章」と題して『図書館雑誌』
にこのことを紹介している。

「全国の図書館員諸君，『図書館憲章』は過去のものではないことを想起し，
単なる知識として，単なる資料として図書館雑誌上にとどめておかれては困
る。われわれの日常生活の中に実行してこそ意義があるはずである」[26]とい
う村上の指摘は，図書館界長老からの現場に向けた重要な警告であった。

だが1960年代半ば頃までは，日常の図書館活動の中で宣言が想起される
ことはきわめて乏しかった。宣言はとかく忘れられがちであった。そうした中
で，次節で扱うその状況からの転換への楔となったのが村上発言であった。

0.6　よみがえる自由宣言

○「中小レポート」から『市民の図書館』へ

1950年に図書館奉仕の理念を掲げた図書館法は制定されたが，人々の暮
らしの中にその実態が具現化されるには，なお相当の時日を要した。「宣言」
を採択はしたものの，何かことがあったときに思い起こされるもの，といっ
た状態にとどまりがちの「潜在期」はそのことと無縁ではない。「図書館の
自由」が，図書館の日常活動の中にあること，日々の実践と深くかかわり，
それを支える原理として存在することを顕在化させるには，図書館活動その
ものが活発化し，図書館のはたらきが人々の暮らしの中で身近に実感される
存在となることが不可欠であった。その転換が1960年代半ばから70年代前
半頃の「市民の図書館」進展の時代である[27]。

1960年9月，日図協の有山事務局長は『図書館雑誌』誌上で「図書館は何
をするところか」と問いかけた[28]。異色の副題「国会デモに思う」が示すよ
うに，この時期，日米安保条約の改定をめぐる騒然たる世相，いわゆる「安
保闘争」へと高揚した国民世論と連日の国会周辺のデモを目の当たりにした
有山は，かねてより主張してきた「インフォメーション・センターとしての
図書館」の役割に照らして，この大きな社会の激動期に，ひっそりと学生の勉

強場（自習席の管理）にとどまる図書館の現状を自問し，変革を探る提起を
せざるを得なかった。それを機に日図協は，中小公共図書館運営基準委員会
を設置し，住民の要求に応えるにはあまりに「貧弱な現状を打開する図書館
の主体的な活動の方向を探る」[29]プロジェクトに着手する。2年余の全国的
な調査と討論を経て，1963年にまとめられたのが『中小都市における公共
図書館の運営』（いわゆる「中小レポート」）である。その後の図書館づくりに
大きな影響をもたらしたこの報告書の最も重要な特徴として，次のようなこ
とがあげられる。

* 国民の基本的人権の一つである「知的自由」の確保を，憲法の「健康で
  文化的な最低限度の生活を営む権利」，「教育を受ける権利」，教育基本
  法の「教育の機会均等」に照らして位置づけ，そこに公共図書館の役割
  の基本をおいたこと。

* 公共図書館の本質的な機能を，「資料を求めるあらゆる人々やグループ
  に対し，効果的にかつ無料で資料を提供するとともに，住民の資料要求
  を増大させる」こととおさえ，そこでいう「提供」とは館内はもちろん
  だが，自由に館外に貸し出すことだとした。

* 「中小公共図書館こそ公共図書館のすべて」を基本テーゼに，住民の身
  近な図書館の一つひとつがより魅力ある，利用しやすい図書館になるこ
  とが重要であり，それらの図書館の活動を支援するものとして大きな図
  書館（県立図書館等）の存在意義があると把握し，それまでの大図書館中
  心の図書館運営からの転換を示した。

* この報告書で示したサービス活動を行うためにどうしても必要な図書費
  の最低額として，人口5万人当たり262.8万円が不可欠だと提案した。

「中小公共図書館こそ公共図書館のすべて」という表現に反発し，人口5
万人当たり260万円の図書費など絵に描いた餅だ，という批判も少なからず
ある中で，この提起を実際の図書館経営において実践し，図書館の変革に有
効なことを立証する役割を担ったのが，1965年に開館した東京・日野市立図

書館である。建物をもたず，車に本を積んで市民の生活の場に出向く移動図書館による資料提供＝貸出に徹した活動で，たちまち市民の1割以上が図書館を利用するという日本社会にかつて存在したことのない画期的な実績をあげ，「これが公共図書館だ」[30] と衆目を集めた。人口7万人に対して投入された初年度500万円，次年度1000万円の資料費は「中小レポート」が提起した基準を大きく上回り，図書館の変革に向けた提言の有効性を立証した。

　読みたくなるような魅力ある図書が身近に供給されれば，日本人も図書館から本を借りて読むのだ，という日野の立証は大きな感動をもって迎えられ，市民が積極的に利用する図書館サービスへの展望を拓くものとなった。この「経験を広く公共図書館共有のものとし，その活動を飛躍的に発展させる」ことをめざして，日図協が1968年に取り上げたのが公共図書館振興プロジェクトであり，その成果が『市民の図書館』として1970年に刊行された。

　「公共図書館は，国民の知的自由を支える機関である」という把握を基礎に，「資料を求めるあらゆる人々に，資料を提供すること」を公共図書館の基本的な機能とし，そのような図書館の基礎を築くための当面の最重点目標として，次の三つを提言した。

(1)　市民の求める図書を自由に気軽に貸出すこと。

(2)　児童の読書要求にこたえ，徹底して児童にサービスすること。

(3)　あらゆる人々に図書を貸出し，図書館を市民の身近かに置くために，全域へサービス網をはりめぐらすこと。

　この提言を迎える図書館界の空気は，先の「中小レポート」の際には一部に根強かった「絵に描いた餅だ」という冷ややかなものとは明らかに違っていた。日野をはじめとするいくつかの図書館における実践で，すでにその有効性が確かめられており，図書館が変わることへの確かな手ごたえを実感できるサービスの担い手，そしてそれを支持する市民が育っていたからである。こうして長く低迷を続けた日本の公共図書館に，変革の指針が共有され，その後の1970〜80年代の飛躍的な発展が拓かれることになった。

○練馬のテレビ事件

1967年6月，練馬区立練馬図書館に東映テレビプロダクションから，テレビドラマ「特別機動捜査隊」撮影への協力依頼があった。いったんは承諾したものの，その内容をシナリオで確かめると，図書館が貸出した本の中に手紙が入っていて，誰が借りたかを調べることで事件が解決へと進展するという筋立てであることがわかった。それを知った職員の話し合いで，「図書館がこういう形で紹介されると，私たちは一生懸命貸出を伸ばすことを考えているのに，誤った図書館のイメージを与えることになる」，「図書館を利用したことのない人は，図書館とはそういうものだと思うだろう。利用している人は，自分がどんな本を読んだかいつまでも記録が残っているのかと思うと，自由に利用できないし，警戒するだろう」と問題があることがはっきりしてきた。

当時の練馬図書館は，日野市立図書館が使用したブラウン式の貸出方法をいち早く導入し，「貸出を伸ばす」活動に積極的に取り組んでおり，返却後に記録が残る方式ではなかったが，まだ多くの図書館ではニュアーク方式などそれが可能な方式も残っているので，このシナリオで全国放送されては困る，ということになり，日図協や図問研の協力を得てテレビ制作側と話し合いを重ね，シナリオの一部を修正してもらうことになった[31]。実際にテレビで放映された番組では，カウンターで貸出記録を見たいと申し出た刑事に対し，司書が「それはできません，読書の秘密にかかわることですから」と断った上で，職員の手で確認するという筋立てになっていた（事件解決のための妥協であるが，この一連の経緯を筆者は関係者から事前に承知しており，この番組を実際に視聴したときの異様な緊迫感，刑事ドラマに登場した「読書の秘密」という「場違いな？」セリフから受けた強い印象は忘れがたい）。

同年の8月に，図問研が「貸出をのばすことが目下の急務であり，相対的重点である」とし，「貸出を伸ばそう」という活動方針を全国大会で決議しており，少なからぬ図書館で貸出に力を注ぐ実践が始まっていた。貸出を伸ばすためには，貸出を阻害するような要素を除くことが重要だという課題が共

有されつつあった。貸出方式の見直し，再検討もその一つだったが，返却後
に記録が残らない方式として，ブラウン式の導入が唱導されるまでには至っ
ていなかったのがこの時期である[32]。それだけに，シナリオの検討からその
修正に努めたこの図書館の職員たちの問題意識は高く評価されよう。今回の
事件によって，私たちは"読書の自由"ということが，こんなかたちで，「日
常にあらわれるということ，そして私たちの日常の仕事の大切さと責任を感
じさせられた」と当事者たちはこの経験を語っている。

　「図書館の自由」が何か大きな事件に遭遇する中で想起されるようなもの
ではなく，日常の仕事の中にあり，日々の実践と深く結びついて存在するも
のだということを実感できる出来事として，練馬のこの経験は「図書館の自
由」の歴史に新しい段階を開くこととなった。

○図書館活動の進展とともに

　練馬の場合はフィクションの話であったが，1960年代末から70年代初期に
かけて，実際に図書館の現場で警察官から利用者の記録を求められるケース
が頻発するようになる。1968年12月に東京・府中市の刑務所の近くで現金
輸送車が白バイに乗った犯人に襲われ，3億円が強奪された事件では，三多
摩の多くの図書館に，大藪春彦の小説の愛読者，雑誌『電波科学』をよく見
ていた利用者を知りたいという照会が集中した（犯人の手口がこの資料に紹介
される内容によく似ているということで）。折からのいわゆる過激派による一連
の爆弾テロ事件では，利用者の身元や爆弾の製造に参考になりそうな資料の
利用者についての照会が各地でみられた。一例として，1970年代初めに大阪
の近鉄百貨店の役員を脅迫する爆弾予告事件の捜査に関連して，大阪市立天
王寺図書館をはじめ天王寺周辺の図書館に対し，『人事興信録』，『全日本紳士
名鑑』などを閲覧した利用者のことを照会する警察官の姿がみられた。

　1973年の群馬県における小包爆弾殺人未遂事件では，館林市立図書館の貸
出記録で犯人が逮捕されるという新聞報道があった。被疑者の高校2年生は，
自宅にあった材料で爆弾をつくり，郵便局から発送したと自供しており，市

立図書館からコリン・ウィルソンの『殺人の哲学』, 『電気の理論Ⅰ』, 『火薬』, 『アマチュア整備士』, 『射撃を始める人のために』, 『電気の手帳』の6冊を借り出しており, これらの本を読みながら小包爆弾計画を練り上げていった, と新聞は報じている[33]。このように現実の捜査の中で図書館が想起されるということは, ごく普通の市民がさまざまな目的で, 日常的に図書館を利用する実態が確実に広がり, 人々の暮らしの中に図書館が根づいてきたことの反映といってよい。

　1970年前後になると大都市周辺の新興住宅地を中心に, 母親たちの子ども文庫活動を母体とした市民の図書館づくり運動が野火のような広がりを呈する。「市民の図書館」をめざす図書館員の活動と, 図書館への期待感を膨らませた市民の願い, そして住民要求に応えられるには程遠い図書館整備の不十分さが重なりあっての図書館づくりの新たな進展であるが, そうしたケースの代表的な一つが1974年に生まれた東京・東村山市の図書館である。

　図書館建設基本計画の策定を住民参加で進めるという手法が注目を集めたが, 15回に及ぶ策定会議の14回目に条例案が示された際, 住民代表委員の強い主張によって, 図書館設置条例 (1974年4月施行) 第6条に, 「図書館は, 資料の提供活動を通じて知り得た利用者の秘密を漏らしてはならない」と明記した[34]。どんな図書館を求めるかを議論する中で, 「利用者の秘密を守る」図書館を, という図書館像が住民から提起されるという状況に, 「市民の図書館」と「図書館の自由」の近接をみることができる。

　この図書館づくりに注目した『朝日新聞』は, 1975年10月15日の社説で「住民運動のなかの図書館」を取り上げ, 「住民の『自己学習権』『資料の提供を受ける権利』は, 今日では市民生活を成り立たせる不可欠な構成要素である。改めて知的権利を求める住民運動と公共図書館の相互作用に期待したい」とエールを寄せている。その後, 東村山のこの事例を参考に, 図書館づくり市民運動の作用がみられるいくつかの自治体でも, 利用者の秘密を守る同様の規程が条例・規則に盛り込まれている[35]。

0.7 研究対象としての図書館の自由——1970年前後

　こうした図書館づくりの進展がたしかな実態を強める中で，図書館の自由（宣言）は長い潜在期を脱し，日常の図書館事業においてリアリティをもつようになってきた。その一端を，図書館の自由に関する研究成果，著作の公表状況という側面からみることにより，「前史概説」の結びにしよう。

　図書館の自由委員会が2005年に作成した『「図書館の自由」に関する文献目録　1950～2000』には，編年式に関係文献・資料が4,634点収録されている。小さな投稿記事やこのテーマに関連する日図協の役員会の議事録までをも取り上げた，非常に詳細で網羅的な文献リストである。1950年が始点であり，1952～54年の中立性論議から宣言の採択に至る時期に多くの論稿・文献がリストアップされるのは当然だが，その期間を除くと，1970年前後の頃までの収録は，図書館の自由に直接ふれた文献といえるものはきわめて乏しい。

　次に掲げる表は，この時期の文献目録に採録された文献数を当時の公共図書館のサービス活動の状況を示す指標（人口100人当たり貸出冊数の全国集計）と対比しようとしたものである。

	1960	65	67	68	69	70	71	72	73	74	75	76	78	80
自由の文献数	5	4	4	0	15	27	5	5	88	85	78	111	124	153
100人当たり 貸出冊数	—	16	18	21	25	31	41	53	65	86	99	110	134	162

　ごく大まかな比較ではあるが，「自由」への関心と図書館サービスの進展とが密接に関連していることの大筋がみてとれよう。年間数件程度が普通であった1960年代の中で，1969年から70年に文献が増加しているのは，『悪徳の栄え』についての最高裁判決，『エロス＋虐殺』事件が話題を呼んだことと，70年後半に公明党・創価学会による出版妨害事件に関する報道が集中的にみられ，東京都立有三青少年文庫における図書選定問題が子どもの読書の自

由とのかかわりで問われたこと，による。1973年の激増は次章に取り上げる
山口県立図書館の蔵書封印事件の顕在化によるものであり，その後は図書館
の自由というテーマに向けられる関心はそれ以前とまったく様相を異にす
る。それは，日本の公共図書館活動が飛躍的に進展をみせる時期と完全に重
なっている。

　次に1970年前後における採録文献（研究成果）の内容面をみると，先にも
述べたように言論・表現の自由に関する一般的な文献等を除くと，「図書館
の自由」そのものに直接かかわる論稿はごく限られており，このテーマに関
心を寄せ，執筆する人もいまだごく一部にとどまっていた。このことで先進
的なアメリカに素材を求めた成果が多いのも特徴であり，男沢淳，大滝則
忠，河井弘志，後藤暢，塩見昇，天満隆之輔の次のような業績が宣言の採択
期以降，1970年代前半までのほぼすべてである。

　　後藤暢「60年代アメリカの『図書館の自由』」『図書館問題研究会会報』
　　　79号　1966.11
　　塩見昇・天満隆之輔「マッカーシズム下の図書館」『図書館界』20巻5号
　　　1969.1
　　同　　「図書館の自由―とくに『中立性論争』について」（文献レビュー）
　　　『図書館界』23巻1号　1971.5
　　塩見昇「ブックリストと図書の選択」『図書館雑誌』63巻3号　1969.3
　　同　　「60年代アメリカ右翼と『図書館の自由』―ジョン・バーチ協会
　　　を中心に」『図書館界』24巻1号　1972.5
　　男沢淳「図書館の自由，出版の自由」『図書館雑誌』64巻6号　1970.5
　　大滝則忠「戦前期出版警察法制下の図書館―その閲覧禁止本についての
　　　歴史的素描」『参考書誌研究』2号　1971.1
　　同　　「アメリカ図書館界における知的自由の問題状況―最近の『シル
　　　ベスター事件』を中心にして」『現代の図書館』10巻1号　1972.3
　　同　　「選書指針としての図書館憲章の成立―アメリカ図書館協会によ

る1939年採択の経緯」『現代の図書館』12巻2号　1974.6

河井弘志「図書館における読書の自由」『図書館雑誌』67巻11号　1973.11

同　「アメリカの知的自由の思想と組織活動」『図書館の自由を考える資料集』第1集　図書館問題研究会東京支部　1975.4（1974年1月学習会講演）

　これらが，次章からの本編で取り上げる山口県立図書館事件を契機として自由委員会の設置，1979年宣言改訂へとつながる図書館の自由の顕在化の時代の実践にとっての参考，研究討議への理論的準備，素材を用意することになったといえよう。

注
1)　坂口静一「図書館大会感想」『図書館雑誌』46巻8号　1952年8月　p.232
2)　有山崧「破防法」『図書館雑誌』46巻7号　1952年7月　p.191
3)　『図書館年鑑1984年版』の特集「自由宣言30周年を迎えて」の中の聞き取り「図書館の自由に関する宣言成立の頃」における石井敦の発言。
4)　中村光雄「閲覧証をめぐる問題」『図書館雑誌』46巻8号　1952年8月　p.230-231
5)　『図書館雑誌』に次のような論稿が発表されている。
　　埴岡信夫「問題になったボストン公共図書館の"中立性"」47巻4号　1953年4月　p.110-112
　　男沢淳「『マッカーシー旋風』をどうする―アメリカ版『図書館の中立性』」47巻9号　1953年9月　p.255-257
　　愛沢豊勝「図書館憲章とLibrary bill of rights」48巻5号　1954年5月　p.156-157
6)　『埼玉県図書館協会報』昭和27年度第2・3合併号（『図書館の自由に関する宣言の成立』日本図書館協会　1975年　p.17に採録）
7)　注3)と同じ聞き取りにおける大川原正見の発言。
8)　小委員会の委員は，佐藤忠恕（武蔵野市立図書館長），中村祐吉（大阪府立図書館長），廿日出逸暁（千葉県立図書館長），武田虎之助（東京学芸大学），竹田平（横須賀市立図書館長），韮塚一三郎（埼玉県立図書館長），有山崧（日本図書館協会事務局長）の7名。
9)　草野正名「"図書館の自由に関する宣言"採択の頃」『国士舘大学文学部・人文学会紀要』19号　1987年1月　p.154

10) 『図書館雑誌』47巻7号　1953年7月　p.233

11)　図書館憲章委員会の委員は，桑原善作，韮塚一三郎，市村新，鈴木賢祐，菊池租，蒲池正夫，竹田平，佐藤忠恕，武田虎之助，弥吉光長，鳥居良四郎，南諭造，裏田武夫，清重信の14名と有山事務局長。大規模な公立図書館の館長，館長経験者が多数を占めている。

12)　『図書館雑誌』47巻10号　1953年10月　p.298　自由委員会が発足後，『図書館と自由』第1集の編集に際し，憲章委員会による憲章案策定過程の記録を確認しようと関根委員が韮塚一三郎に照会したが，有山，武田の遺族が古い資料はすべて焼却したので手がかりは残っていない，とのことであった。（第5回近畿地区小委員会記録，1975.7.23による）

　　関東地区小委員会の1975.6.28記録には，憲章策定に係る武田虎之助・有山崧の往復書簡があり，武田が「いずれ話すが，今は話せない」と言っていたが，武田の没後に確かめたところ，書簡類は遺族によって処分されていた，とある（石井敦による）。

13)　有山崧「図書館憲章」『図書館雑誌』48巻1号　1954年1月　p.25

14)　有山崧「火中の栗をいかにすべきか」『図書館雑誌』48巻5号　1954年5月p.158-159

15)　この両会議の議事録は『図書館雑誌』48巻7号（1954年7月）に掲載されており，自由宣言採択に至る論議の経緯を詳しく伝えている。『図書館の自由に関する宣言の成立』（図書館と自由　第1集）にも全文を採録している。

16)　大会に提案された当初の主文は，次のとおり。

　　基本的人権の一つとして，「知る自由」をもつ民衆に，資料と施設を提供することは，図書館のもっとも重要な任務である。

　　図書館のこのような任務を果たすため，我々図書館人は次のことを確認し実践する。

　　1　図書館は資料収集の自由を有する。

　　2　図書館は資料提供の自由を有する。

　　3　図書館はすべての不当な検閲に反対する。

　　図書館の自由が侵される時，我々は団結して，関係諸方面との協力の下に抵抗する。（下線筆者）

　＊結びの「関係諸方面との協力の下に抵抗する」が3日目の総会において，「あくまで自由を守る」と修正して採択された。

17)　2004年度全国図書館大会の自由分科会における座談会「自由宣言50年―その歴史と評価」の中でのフロアからの森崎震二の発言による。

『図書館の自由を求めて』（宣言採択50周年座談会・60周年記念講演会記録集）
2016年　p.20

　　この座談会のパネリストは，コーディネーターを兼ねた筆者のほか，石塚栄二，
酒川玲子，土居陽子，井上靖代。

18)　福井佑介『図書館の倫理的価値「知る自由」の歴史的展開』松籟社　2015年
p.59-61

19)　注3)と同じ

20)　「第8回日本図書館協会総会議事録」『図書館雑誌』48巻7号　p.253

21)　事務局通信―常務理事会報告　『図書館雑誌』48巻8号　1954年8月　p.320

22)　理事会会議録　『図書館雑誌』48巻10号　1954年10月　p.377

23)　評議員会議事要録　『図書館雑誌』49巻5号　1955年5月　p.163

24)　『図書館雑誌』49巻8号　1955年8月　p.240

25)　この時期の「宣言」をめぐる動きについては，シリーズ「図書館と自由」第3集が
次の資料集にまとめている。

　　『「図書館の自由に関する宣言」二十年の歩み　1954 − 1972』日本図書館協会
1980年　104p.

26)　村上清造「忘れられたか図書館憲章」『図書館雑誌』60巻1号　1966年1月　p.3-4

27)　「中小レポート」から日野市立図書館の活動，『市民の図書館』へ，として特徴づ
けられる1960〜70年代の公立図書館活動の進展については，その詳細を次の論文等
に譲り，ここでは最小限の記述にとどめる。

　　塩見昇「公立図書館づくりの進展と直面する課題」『こみゅにか』3号　大谷女子
大学コミュニティ学科　2005年3月　p.30-41　（塩見昇古稀記念著作集『図書館の
発展を求めて』日本図書館研究会，2007年に採録）

　　塩見昇「『中小レポート』から『市民の図書館』へ」『いま，市民の図書館は何を
すべきか』(前川恒雄先生古稀記念論集）出版ニュース社　2001年　p.44-63　など

28)　有山崧「図書館は何をするところか―国会デモに思う」『図書館雑誌』54巻9号
1960年9月　p.360-361

29)　前川恒雄「"中小都市における公共図書館の運営"について」『図書館雑誌』57巻6
号　1963年6月　p.273-275

30)　日野市立図書館の活動を紹介する『図書館雑誌』61巻10号（1967年10月）の特
集タイトル。この雑誌では通常見られない大きな文字を掲げたこの記事のタイトル
に，当時の関係者の喜び，感動の一端がうかがえる。象徴的な見出しである。

31)　「肌で感じた"図書館の自由"」『図書館問題研究会会報』85号　1967年　p.12-13
「練馬テレビ事件・『凶水系』をめぐって」『図書館の自由に関する事例33選』(図書

館と自由　14集）日本図書館協会　1997年　p.140-147

32)　ブラウン式貸出の長所，貸出記録の備えるべき要件として，図書の返納後に記録が残らないことを明記した文献は，1970年刊行の『市民の図書館』が最初である。

33)　「小包爆弾，高校生を逮捕」『毎日新聞』1973年8月26日
　　　この図書館では事件を契機に，返却後は記録が残らない貸出方式に変更している。

34)　川島恭子「『利用者の秘密を守る義務』条例制定をめぐって」『現代の図書館』13巻4号　1975年12月　p.135-138

35)　塩見昇「市民文化の創造—二つの市立図書館設置条例制定をめぐって」『法律時報』50巻1号　1978年1月　p.75-79　（塩見昇古稀記念著作集『図書館の発展を求めて』に採録）
　　　大阪府松原市の場合も東村山とよく似た過程を重ねたが，条例に規定することは総務課等の反対で果たせず，教育委員会規則で守秘義務を規定した。

1章 自由委員会の成立

1.1 山口県立図書館の蔵書封印事件が投じた波紋

　1954年の「図書館の自由に関する宣言」（主文）（以下，宣言，または自由宣言）の採択に際し，残された副文の扱いを含めて宣言の維持，図書館の自由にかかわる課題への対処等を担う委員会の設置を託された日本図書館協会（日図協）が，長期にわたってその課題を放置し，宣言が長い潜在期を重ねることになったことを先の前史概説で確かめた。

　この章で取り上げる，図書館の自由を主として扱う常置委員会を日図協に設置することについては，幾度かこれまでにも論議の対象にはなっていた。早い段階では中立性論議の中で「図書館員の立場」を執筆した裏田武夫が，知的擁護委員会の設置を提起していたし，既述のように1964年の東京都青少年保護育成条例の制定をめぐる論議において，知的自由委員会をつくる要望が日図協総会で出されている。1970年に顕在化し，厳しい世論の批判を受けた公明党・創価学会による言論出版妨害事件の折には，3月の評議員会で，「言論・出版の自由に関して館界の意志を表明すること」の協議題を提出した石塚栄二評議員（当時，図書館問題研究会副委員長）が，「社会一般に言論・出版の自由を侵害する事情が起こっている時，黙って見過ごすことは問題だ。館界として明解な立場を表明することが，われわれの社会的責任と考える」と述べ，「ALA［アメリカ図書館協会］と同様知的自由を守る委員会に相当する機関の設置が望ましい」と提言している[1]。しかし，それらはいずれも具体化をみるには至らなかった。

　そうした閉塞状況を変え，「図書館の自由に関する調査委員会」（以下，自由

委員会）設置へとつながる直接の契機となったのが，1973年8月に顕在化したいわゆる「山口県立図書館蔵書封印事件」である。

　図書館サービスと図書館利用が着実に広がりをみせる状況の下で，利用者が図書館の蔵書の異変に気づき，告発するという形で発覚したのがこの事件であった。

　事件が顕在化した発端は，8月27日夜，山口信愛教会の林健二牧師が自分のそれまでかかわってきた自衛官合祀拒否訴訟についてのニュースづくり，救援活動をしてきた仁保事件についての関係図書を入手しようと，県立図書館に出向いたことに始まる。『仁保事件』，『反戦自衛官』など関連する4冊の図書を入手しようと開架書架で探したが見つからず，誰かが使っているのかも，という職員の話でその日は帰宅した。翌朝一番に再度図書館に出向き，書架にあたってみたがやはり現物はなく，あきらめて別に朝鮮人問題の本を4冊借りようとしたがそれもない。このときのことを後に林は，「暗い予感が背筋を走りました」と述べている[2]。

　以下，林牧師が発行する『人間であるために』の8号，9号を主要な典拠に，新聞報道等を参照して事件の推移をみてみよう。

　林は，念のために以前書架で見たことのある『家永三郎教育裁判証言集』，『抵抗と服従の原点』など関心のあるテーマの本を次々と探したがいずれも書架に見当たらず，「これはもう，明らかに体制批判の書物がかくされている」と考え，真相を新聞社に調べてもらうことにした。

　新聞社から戻って午後，また図書館に行き，調べごとをしたくて2階に行こうとすると，女子職員がブックワゴンに山積みした本を書架に戻しているのを目にした。近寄ってみると，自分が探していた本がごっそりそこにあった。聞いてみると，「命じられて収めている」とのことなので，事情を聞こうと館長室を訪れた。そこにはすでに朝日，毎日の記者が来ていて取材中だった。

　翌29日の両紙は，「図書館課長が勝手に隠す／反戦書など50冊／『特定思想，好ましくない』と」（毎日新聞），「『思想偏向の本貸せぬ』／管理職が勝手

に隠す」(朝日新聞)、と大きくこの事実を報じた。これを追って「好ましくない本54冊／管理職が隠す」(30日，読売新聞)，「民主的書籍を"封印"／『宮本顕治対談集』など箱詰め，閲覧させず」(30日，赤旗)，「課長が特定書籍隠す／県教組など教育長に抗議」(31日，防長新聞)と他紙も続いた。

　林らの追求によって図書館が公表した「隠されていた」本（正確には記録があるわけではなく，これらの本だっただろうというもの）のリストを，林は『人間であるために』8号の末尾に紹介している。

　　　上野裕久『仁保事件』(啓文堂)

　　　金重剛二『タスケテクダサイ― 仁保事件と岡部保さん』(理論社)

　　　小西誠『反戦自衛官』(合同出版)

　　　トム・ヘイドン『反戦裁判』(三崎書店)

　　　家永三郎『教育裁判証言集』(一ツ橋書房)

　　　家永三郎『戦争と教育をめぐって』(法政大学出版局)

　　　『私の教科書批判』(朝日新聞社)

　　　家永三郎『歴史家の見た憲法・教育問題』(日本評論社)

　　　日教組『新小学校教科書を告発する』(一ツ橋書房)

　　　全国進路指導研究会『選別の教育―中教審答申を批判する』(民衆社)

　　　友田不二夫『教育公害へのアプローチ』(青山書店)

　　　張斗植『ある在日朝鮮人の記録』(同成社)

　　　W.D. CONDE『朝鮮―新しい危機の内幕』(新時代社)

　　　平岡敬『差別と偏見―ヒロシマそして被爆朝鮮人』(未来社)

　　　マリオ・ブーヅオ『ゴッドファーザー』(早川書房)

　　　宮本顕治『宮本顕治対談集』(新日本出版社)

　　　不破哲三『人民的議会主義』(新日本出版社)

　林はこのほかに，「私が確認したもので，ぬけたもの」として，以下をリストに重ねている。

　　　中野重治『昭和文学全集　中野重治集』(小学館？)

霜多正次『沖縄島』(東邦出版社)

小山内宏『沖縄―この恐るべき歴史と現実』(講談社)

むのたけじ『解放の十字路』(評論社)

小田実『脱走兵の思想』(太平出版社)

同『難死の思想』(文芸春秋社)

高木俊朗『全滅』(文芸春秋社)

吉本隆明『芸術的抵抗と挫折』(未来社)

日大文理学部闘争委員会『反逆のバリケード―日大闘争の記録』(三一書房)

カイ・ヘルマン『反乱―学生は抗議する』(三修社)

佐橋滋『日本への直言』(毎日新聞社)

読売新聞社会部『連合赤軍』(読売新聞社)

エドガー・スノー『革命そして革命』(朝日新聞社)

同『中共雑記』(未来社)

W.レオンハルト『ソ連の指導者と政策』(サイマル出版会)

林道義『スターリニズムの歴史的根源』(御茶ノ水書房)

湯浅赳男『スターリニズム生成の構造』(三一書房)

共産主義者同盟赤軍派『世界革命戦争への飛翔』(三一書房)

堀堅士『現代日本の政治構造』(ミネルヴァ書房)

『日本共産党』(朝日新聞社)　その他

　これら47冊のほかに，カモフラージュ用として6冊の本が段ボールの上に積まれていたという。

　マスコミの取材や林の追求に対し，県教育長，図書館長の説明は，「担当課長が一般貸出の棚から参考文献にしたいものをぬきだした。新館への移転前後の忙しさにまぎれて，その後の処理を忘れていた。単なる作業上のミスだ」ということに終始した。「参考文献」というのは参考図書（参考室にあるレファレンス用のコレクション）ということであろうが，このリストを見ればそうい

う説明が通用するようなものでないことは誰の目にも明らかである。

　同館司書の阿部葆一が後に公表したところによると，8月25日午後，たまたま書庫の中でダンボールに詰めた問題の図書を発見した阿部が，「誰が，いつ，どういう意図で，ここへ隠したか」を究明するために，かねてより知己であった林牧師に相談したというのが真相のようである。新築された県立図書館の開館式に知事や県会議員がやってくるので，「堅い本を開架からはずそう」と考えたW整備課長がM参考課長の手を借りて，反体制的な本54冊を抜き取り，ダンボール箱につめて書庫にしまい込んでいたことが，その後マスコミの調べで明らかになっているが，その後のやり取りの中でW課長が「私だけが悪者になるのか」と林に漏らしたという話もあり，山口県の政治的風土も絡めてその背景には根深いものがありそうである。

　この事実が図書館関係者の論議の場に出された最初は，直後の9月15〜17日に名古屋で開かれた第20回図書館問題研究会（図問研）の全国大会である。筆者もこの大会には出席しており，大きな関心をもって報告を聞いた。大会に参加した阿部から初日にこの事件の特別報告があり，参加者は現場からのショッキングな事実を初めて知った。翌日の分科会のいくつかでもこの事実は関心を集め，論議の対象となった。そこで大会は急遽3日目のグループ集会に「山口県立図書館問題を語る会—図書館の自由について」を設定し，この問題を集中的に討議した。そして最後の全体会で次のような自由宣言を守る特別決議を行った[3]。

山口県立図書館図書封印事件にあたつて『図書館の自由宣言』を守る決議

　さきの新聞報道にも見られるように，山口県立図書館において，数十冊に及ぶ図書が偏向図書としてしまいこまれ，利用者の要求にも答えなくされていたという事実が明らかになりました。

　このことは貸出しをのばす運動をすすめる中で，住民の学習要求には必ずこたえるという「予約制度」を重視するまでになった，今日のわたしたちの運動と，まったく逆行するものです。

わたしたち第20回図問研大会に参集したものは，この事件に大きな衝撃をうけ，その真相と背景を追求するため，特別の集会を設けて討議を重ねてきました。

　この事件には，図書館の中立性に対するあきらかな認識があり，こうした事件を生み出す体質は，たんに山口県立のみならず，全国の図書館においても，まだまだ底流として存在することに強い緊張をおぼえ，深く反省せざるを得ません。

　わたしたちは，このような認識の上にたって，「図書館の自由に関する宣言」をあらためて想起するとともに，図書館を支える住民と連帯して，その実践に努めることを決意します。

　右，大会の名において決議します。

　この問題の重要性を認識した図問研常任委員会では，広く図書館関係団体にこの事実を周知し，連携を図る必要を確認し，10月11日に図問研と大学図書館問題研究会（大図研）の呼びかけで「山口問題を考える」図書館関係団体の集まりを開催した[4]。集会には両団体のほか，児童図書館研究会，図書館活動推進全国労働組合協議会（図全協），社会教育推進全国協議会（社全協），さらに子どもの読書の自由協議会に参加する日本児童文学者協会，日本親子読書センター，親子読書地域文庫全国連絡会，日本子どもの本研究会，日本文学教育連盟，日本子どもの文化研究所，などからも参加があった。日図協も10月3日の常務理事会でこの問題について意見交換をし，11日に予定の会合に浪江慶，広松邦子理事が参加することにした[5]。

　討論の中では，単に山口県立図書館を糾弾するということではなく，こうしたことが二度と起こらないようにすること，万一起きたときには全国の仲間と団結してたたかうよう励ますこと，こうした事件はいま住民の信頼を得つつある「住民の学習権を保障する図書館」としてのあり方の基本を問われる試金石であること，自由宣言を国民の間に広く宣伝していくこと，などが交わされ，各団体から1名ずつの起草委員をだして「山口県立図書館図書封

印事件にあたって図書館大会での決議要望に関する申し合せ」を作成し，15
日に日図協事務局に手渡した。

こうして事件の真相の解明，宣言を遵守する図書館界の決意確認を日図協
に求める働きかけが，10月17～18日に高知市で開かれる予定の1973年度全
国図書館大会に引き継がれることになった。

全国大会の前夜に開かれた日図協の理事会では，上記団体から連名の要請
があったことや『目黒区史』回収の動き[6]などが報告され，大会におけるこ
の件の扱いが検討された。部会から問題が出されたら対応することにして
は，という意見もあったが，この事件と図書館界の対応にマスコミが注目し
ているという状況への配慮もあって，日図協としては第一部会（公共図書館）
の冒頭に理事長が挨拶でこの問題について取り上げるべきだ，ということに
なった。

10月17日から開かれた全国大会では冒頭，主催者挨拶に立った森戸辰男
会長が，ユネスコが前年（1972年）の国際図書年にちなんで公共図書館宣言
を改訂し，その中で図書館が人類の思想や知識の記録，創造力の成果をすべ
ての人が自由に利用できるための主要な手段であるとうたっていることを紹
介し，その流れでアメリカ図書館協会（ALA）の「図書館の権利に関する宣
言」，日本の「図書館の自由に関する宣言」についても言及した[7]。また，
ALA を代表して海外から参加していたハワイ大学教授鈴木幸久（ALA の知的
自由委員会にも参画）が，午後の第一部会で「アメリカ図書館界の現状」と題
して報告を行い，その中で図書館が自由の砦として活動していること，ニクソ
ンの図書館経費を削減する施策に対し，「明かりを暗くする運動」で抗議行
動を起こしている事情を紹介した[8]。これらがこの大会で論議の予想される
山口問題を想定してあらかじめ設定された企画であったかどうかは定かでな
いが，この時期の発言として重要なものであった。

第一部会（公共図書館）の冒頭で，前日の理事会打ち合わせのとおり，斉
藤 敏 理事長から山口事件についての簡単な報告があった。あらかじめ予定
された報告・協議の後，議長（竹田平）からのほかに協議題はないかという

発言を受けて，長谷川光児（図問研事務局長）が，①理事長の説明が分かりにくかった，②山口県立の問題は単に一地方の問題ではない，③図書館員にとって基本的な問題であり，ALAの例なども参考に対処してほしい，④1954年の自由宣言を想起し，それを生かす必要があること，を提起した。その結果，この問題を翌日の全体会議に部会として出すことが確認された[9]。

　ただし，この部分の経緯について，公式の大会記録には一切記述がなく，最後の議長のまとめで，「図書館の自由については1954年の大会でなされた宣言を再確認し，住民の信頼に応えうる図書館とするよう努力する」を部会から全体会議に提起することになった，という事実確認の記載のみにとどまる[10]。

　18日午後の全体会における各部会からの報告で，第一部会の竹田議長が部会からの4件の提起の一つとして，次のように提案（報告）した[11]。

　　図書館が住民の信頼を確保し，さらに発展をはかるために，1954年，昭和29年に図書館大会において採択になりました図書館の自由をさらに再確認し，住民の信頼にこたえよう，それが第4点でございます。参考のために，その図書館の自由の宣言を読ませていただきます。（以下，自由宣言主文の読み上げ，略）

　これを聞いただけでは唐突で何のことかわからない，と参加者が思ったのは当然だろう。その思いを代表するように，村上清造から，「第一部会でそういう確認が出ましたが，どういう理由によっていまの大会でそれをお出しになったのか」というもっともな質問があり，竹田議長の要を得ない回答の後，全体会議長（森耕一）から促されて答弁に立った叶沢清介事務局長が，

　　ある県立図書館と申し上げておきましょう。そこで特定の図書が開架閲覧の書架の中から消えて，書庫の中に梱包されていたという事態が起こった，これが新聞の報道であります。協会としては正確なものを得たいとい

うので，その図書館長さんに報告を出してもらうよう要請しております。
……この問題については図書館雑誌の11月号にはっきり協会としては記
事として出す予定になっております。

　結局，基本的な人権の問題にかかわるたいへんな問題でありますので，
……非常に慎重に行なわなきゃいけない。こういう大会という公的なとこ
ろで具体的な名前まで挙げることは一切避けたいと思います。……

と述べている[12]。この答弁に納得できない村上は，「どうか確認だけでなく
て，この問題は非常に重要な問題だから，継続的にこの問題の処理に当たっ
ていただきたい」と発言し，会場から拍手が起きたと記録にある。森議長が
これを受けて，「(村上発言は) 非常に強い調子で支持されたのだと思います。
われわれはこういう大きい会ですから，ご存じない方にまで対してはっきり
と具体的に申し上げかねているわけですけれども，そういう報道があったの
は事実でありますし，そういう事件のあるごとに確認し合うということで進
めていきたい」とまとめてこの案件の論議を終えた。

　大会における山口問題に関する論議は，事前にいろいろな取り組みもあっ
たが，結局は低調に終わった，という印象は否めない。ことが長いキャリア
をもつ専門職の課長によって起こされた事件であり，こうしたことは必ずし
も山口県立だけで起こりうる問題とはいえないのではないか，という戸惑い
が論議の発展をとどめたようであり，日図協執行部の取り組みは非常に腰の
引けたものであった。『図書館雑誌』11月号には，河井弘志の山口問題を契
機として「図書館における読書の自由」について考える，という論稿，山口
問題に関するマスコミ報道の記事リストが掲載されただけに終わった。

　全国図書館大会のハイライトを特集した『図書館雑誌』1974年1月号で，
第2日目午後の全体会の様子を担当した浪江慶のレポートは，この自由にか
かわるやり取りについて次のようにまとめている[13]。

　　自由の問題がなぜ今大会の重要議題になったかについては，出席者の多

くが大体知っていた。そして，直接のキッカケがどこの図書館のどういう
事件であろうと，これは図書館界全体が，ひとごととしてでなく受けとめ，
決意を新にしなければならないことだという考え方が，ほぼ皆の心にかた
まりはじめていたのではないかと思う。だからその館の館長が大会に出席
して，事実は事実として報告し，反省と今後の決意とを率直にかつ力強く
のべてくれれば，まことにスッキリした結末になったのではなかろうか。

　そうしていただけなかったために，欠席裁判のような形になるのを避け
ようとする配慮が働き，その結果まことに歯切れの悪い論議となってし
まったのである。

　結論的には，1954年の図書館の自由の宣言を再確認するという，妥当
な線に落着くのだが，後味はどうもいいものではなかった。

　自らが常務理事として，この問題への会員の声や役員の受けとめ，対応を
よく承知していたはずの立場をもつ浪江の思いが語られ，微妙な空気がうか
がえる紹介である。しかし，自由の問題に対する日図協としての毅然とした
見解，対応を期待する多くの会員としては「スッキリした」納得のいくもの
でなかったことは確かだった。

　日図協が山口問題を機関誌に取り上げた最初は1973年11月号で，先に紹
介した10月3日の常務理事会記録のほか，河井論文に続けて「切抜帖」欄
に，8月29日の『毎日新聞』報道「図書館課長が勝手に隠す」の記事を転載
し，8〜9月のマスコミ各紙の関連記事リストを紹介しているだけである。

　そういう館界の反応の一方で，この事件に寄せる社会の目は厳しかった。
上述の林牧師の『人間であるために』8号（9月3日），9号（1974年1月2日）
での事実の究明，マスコミの厳しい追及のほか，出版評論家の美作太郎が『出
版ニュース』に寄せた「読む自由と図書館」において，この事件に言及し，「今
次のような事件が起こるのでは油断がならない。なにしろ書物の『中立性』を
判断できると自負する図書館人が現れたのだから」と痛烈に批判している[14]。
歴史学者の林英夫からも『歴史学研究』で「最近における一連の表現の自由

侵害事件」の冒頭にこの事件を取り上げ，林の紹介した問題の図書リストを掲載している[15]。その他，『赤旗』9月6日の論説「図書"封印"事件の底流」，教職員組合など労働組合サイドからの追求，真相解明要求，新聞各紙に読者からの投書が相次ぐなど，この事件への社会的反響は大きかった。

翌年2月28日の日図協理事会には，後述する「図書館の自由委員会設置について」という協議題が「その他」として上程され，やり取りがあった中で，理事として出席した山口県立図書館の村瀬和徳館長が，次のような発言をしている。

8月に図書館雑誌編集委員会より依頼を受けたが，調査中で時期的にまに合わず，辞退を申上げた。

12月末教育委員会より4名の処分をうけた。処分は事件後の処理のまずさから，図書館が県民の信頼を傷つけたというものである。事件は新館が3月に完成7月23日開館したが，旧館に比べて大幅な開架方式で，ワンルームシステムに貸出資料コーナー，参考資料コーナーなどグループ化した。これらのコーナーにそれぞれ配架すべく準備したものの一部が書庫へ別置され忘れられていた。封印事件として報道され，みなさんにめいわくをかけたが，担当者もそのような気持はなく，作偽的に行なったわけでない。結果的に県議会にとり上げられた。

職員内の対話，館内体制の確立，利用者の希望を十分採り入れた図書館にすべく全職員一丸となって名誉回復に努力している。館界にめいわくをかけたことを反省している[16]。

『雑誌』5月号（前記理事会記録と同時掲載）に村瀬館長から日図協に寄せられた報告が，「山口図書館の資料事故について」[17]という表題で掲載された。当初の公式説明，2月理事会発言の域を出ず，「もちろん，意図的に封印するとか隠匿するとかいうものではなく，事務処理の遅滞による事故なのですが，事情説明等不十分で事後の措置に適切さを欠き」，県民や図書館界に多大の

疑惑と不信を招いたことをお詫びする，というだけの内容にすぎなかった。

　この報告の末尾にも付言されているが，12月25日付で山口県教育委員会は，「利用者の貸出要求に応じられず，県民の疑惑と不信を招いた」ことの責任を問う，ということで関係者に対する処分を行った。問題の図書を抜き取った渡辺秀忠整備課長を戒告処分，協力した升井卓弥参考課長，村瀬和徳館長，伴副館長を文書訓告処分としたが，問題となっていた"隠す意図"があったかどうかについては，ここでも「隠す意図はなかった」と発表している[18]。

　山口問題についての日図協の対応には，図書館員の中にこれでよいのか，という疑問，不満が残った。そこから自由を守る行動への図書館界としての新たな動きが噴出することになった。

1.2　日図協に常置委員会の設置を求める動き

　この問題を最初に取り上げた図問研では，大会後の全国委員会で対応について協議し，大図研と連携しながら，日図協に対して，①協会の中に専門委員会（仮称・図書館の自由委員会）を設け，常時活動すること，②山口県立図書館の図書封印事件について協会としての態度を表明すること，の2点を要望することにした。日図協としての取り組みを求めるとなれば，総会に次ぐ議決機関である評議員会で論議されることが必要であり，そのため評議員に向けたアピールをしようということになり，図問研が役員選挙において推薦した評議員に対してそのことの発起人となるよう呼びかけを行い，39人から承諾を得た。これら発起人の連名で，1974年2月に日図協の全評議員に向けて賛同を求める次のような文書を送り，新たな行動を呼びかけた（文書に連記している氏名は38名）。

図書館および図書館員の社会的責任について

日本図書館協会に要望すること

先般，すでに御承知のとおり，山口県立図書館において図書封印事件が

起り，私たちに大きなショックを与えました。しかし，そのすぐ後で開か
れた十月の全国図書館大会においては，「図書館の自由に関する宣言」再
確認の決議がされました。山口県立図書館で起きたこの事件が，真理の守
り手としての図書館のあり方について，国民に大きな不安を与えたことを
館界全体として反省したのは，今後このようなことがないよう確認する意
志の表明であったといえましょう。

　その後，日本の社会の中で，目黒区史の回収をはじめ，言論の自由に関
する事件がしばしば報道されており，国民に対する資料提供の任にあたる
図書館に働くものとして，その責任を痛感するところであります。また，
最近判決のあった外務省の機密漏洩事件や，産業スパイをめぐる問題，海
外のチリにおける焚書，ウォーターゲート事件，韓国での言論統制問題
等，基本的人権にかかわる様々な，国民の自由に対する懸念をもつ事態が
発生しています。

　教育行政の一環である図書館において，この問題は，もっとも基本的な命
題であり，避けてとおることはできないことです。いま，住民から図書館
に対するつよい要望がおきており，その中で，図書館の仕事の担い手とし
ての図書館員に対して，「住民の気持と本をよく知り，その両者を結びつけ
る能力のある」人であってほしいと言われる時，そこに，いわゆる専門家
としての図書館員に対する期待があるのではないでしょうか。

　このような時にあたり，私たちは，日本図書館協会が図書館員の専門的
職能集団として，さしあたりやらなければならないこととして，以下の二
点につき提案したいと思います。

一，協会の中に専門委員会（仮称図書館の自由委員会）を設け，常時活動
　すること。これは，先の全国大会での国民に対する決意表明を具体化す
　る方策であります。図書館および図書館員が国民の知る権利を保障する
　ための図書館界の組織的な取り組みが必要です。その何よりの要は，事
　が起こってからではなく，図書館の自由の問題を日常的に，あらゆる角
　度から検討し，宣伝し，地方協会とも連絡をとりながら，問題の提起を

うけとめることのできる姿勢を示すことであります。そのための委員会を設置し，館界を中心に，他とも協力しながら，常に注意を喚起していくことが必要であると考えます。

二，山口県立図書館の図書封印事件について協会としての態度を表明すること。昨秋の高知大会では，具体的な事実と問題指摘については図書館雑誌11月号に発表することが約束されましたが，実際には，新聞の切抜帳と一般的な自由論文が掲載されたのに止まり，日本図書館協会の意志と責任が明示されていません。しかも，現地山口県教育委員会では，昨年12月25日付をもって関係者の処分が発表されました。その後も，日本図書館協会においては，この事件についてまだ何の態度表明がありません。全国図書館大会での決議から見ても，この事件を受けとめての協会発言がないならば，それは住民の知る権利，読書の自由を守るべき図書館員の自殺行為ともなりましょう。全国図書館大会での決議を，専門的職能集団として受けとめ，図書館員の社会的責任を果たすうえでも，山口県立図書館図書封印事件について，遺憾の意を含めて，日本図書館協会としての明確な意思統一をする必要があると思います。

　私たち協会役員有志は，以上の二つの課題について，この三月の評議員会が総会に次ぐ意志決定の場であることを配慮し，そこで十分に論議され，実行に移される案の決定を求めたいと思います。つきましては，協会役員の皆様のご賛同とご支援を得たく，ここにご署名をお願いする次第です。なお，多数の方のご賛同を得ることができれば，早速協会事務局へ連絡をとりたいと思っております。

1974年2月8日

　発起人

浅賀　律夫	池田　　稔	石井　　敦	伊藤　松彦	大沢　正雄
大野　隆弘	小木曽　真	鹿児島達雄	笠師　　昇	鹿島　仁郎
加藤　　弘	金村　　繁	木村　武子	久保　輝巳	栗原　　均

小河内芳子	小島　惟孝	後藤　　暢	斉藤　隆夫	酒井　　信
酒川　玲子	佐々木敏雄	佐藤　寿子	塩見　　昇	信太　陽子
嵩原　安一	中村　秀子	埜上　　衛	長谷川光児	平川　千宏
藤田　静江	松井　　博	松田　上雄	三上　強二	三苫　正勝
宮崎　俊作	森崎　震二	結城　邦子		

　この呼びかけの趣旨について発起人の酒川玲子（図問研委員長）が，図問研『会報』に「"図書館の自由"について訴える」を寄せ，その具体化への協力を求めている[19]。高知大会で宣言を再確認する決議は行われたが，それを専門的職能集団として受けとめ，山口事件について遺憾の意を含めた日図協としての意思を表明すべきである。さらに，図書館の自由にかかわる事実が現場で頻繁に起きており，それに対処するためには，「事が起こってからではなく，図書館の自由の問題を日常的に，あらゆる角度から検討し，宣伝し，地方協会とも連絡をとりながら，問題の提起をうけとめることのできる姿勢を示す」ことが必要であり，そのための委員会を日図協に常置するよう評議員会に提起しようというものである。

　呼びかけには42通の賛同署名が寄せられ，2月26日，酒川らがそれを添えて日図協事務局に提出し，論議できる場の設定を要請した（署名は以後も5通追加）。

　1974年度の事業計画・予算を審議する定例の役員会（理事会，評議員会）でこの問題が取り上げられた。

　2月28日の理事会では，用意された事業計画案に自由の問題への取り組みがまったく触れられていないことに関連して，発起人でもある森崎震二理事が，「協会に資料提供の自由に関する委員会の常置を要望する」と提起した。ある図書館で，逮捕されて黙秘している一学生の身元割り出しのために，警察からその学生の借り出している本について執拗に照会されて困っている，という事例をあげて，こういう場合に相談にのれる窓口が必要だ，「協会として山口県立や職員をどうこうするという問題ではない。図書館員を社会的に

守る，そのきっかけにこんどの事件はなっている。協会としての意思表示，これが十分表明できれば組織にも財政にも寄与する。協会に対する信頼感を会員は望んでいる」と委員会の設置が必要であることを強調した。

　森崎の提起をめぐって相当の議論がされた。先述の山口県立の村瀬館長の発言もこの文脈の中でなされたものである。事務局の体制からみて，現在以上に委員会を増やすのは好ましくない，という事務局サイドの事情，委員会の必要性はわかるが，委員会が何を行うのか，目的，構成が明らかでない，図書館員の問題調査研究委員会（職員問題委員会）と関連が深いのでそこでやってもらえないか，理事会で1〜2年間啓蒙期間をおいて検討してはどうか，委員会がなければ常務理事で扱う，さしあたっては常務理事会でやってはどうか，といった躊躇の発言が記録には多く残っている。

　「大事なのは協会として討議する場が必要であるということだ」と食い下がる森崎の発言を受けて，「協会としてこの問題を眠らさず，中身の問題を図書館員の問題調査研究委員会に検討してもらってはどうか。図書館の自由の問題はことあるごとに図書館雑誌で取り上げていき，全国的に周知徹底を図るよう努力しなければならない」という叶沢事務局長の発言がこの理事会の空気を集約したようでこの協議を終えている[20]。

　評議員会前日の3月7日夜，図問研・大図研の呼びかけで先の賛同評議員の集まりを企画し，17名が参加した。これまでの経過報告を聞き，翌日の評議員会に向けての話し合いがもたれた（筆者も参加）。ここでは自由の問題を扱う単独の委員会の設置を強く求めることを確認している[21]。

　3月8日の評議員会には委員会設置の是非が議題に取り上げられた。まず発起人代表として酒川玲子が提起の理由について，これが単なる理論的な問題としてあるのではなく，図書館員がいま，現場で日常的にぶつかっている問題であることを具体例を引いて主張した。職員問題委員会の久保輝巳委員長からは，職員問題委員会に付託すると言われても事務量その他でそう簡単に受けられるものではない，別途の窓口なり情報収集する委員会をつくるのがよい，と発言した。出席の評議員からも爆破脅迫事件にからむ『人事興信

録』閲覧者についての警察の照会などの事例も報告され，こういう事態が進行しているときだからこそ，図書館員の中に，図書館の自由や読書の自由についての共通の理解をつくることが重要であり，その核になるのが自由委員会なのだ，と委員会設置が主張された。

それに対し，委員会の設置は慎重にしたほうがよい，委員会の活動内容が具体的でない，という先の理事会にみられた消極論も出された。部落問題にからむ資料の扱いが各地でクローズアップされているときに，「自由委員会」といった看板を掲げることは適当とは思えない，という発言もあった。全体的にみて常務理事に消極論が多く，評議員の中から積極論が強く主張される，という展開の議論が続いた。委員会の設置については意見の一致をみなかったため，慎重を期して，「図書館の自由委員会の設置については，会員全員の継続検討とし，手続きとして常務理事会と各委員会推薦の会員により,5月の役員会，総会を目標に結論を出す」という議長のまとめで集約し，その具体化を常務理事会に託することでこの案件を終えた[22]。

4月3日の常務理事会は,この結論にそって「図書館の自由委員会設置の可否を検討する委員会」の設置を確認し，委員会の構成を協議し次のとおり決定した[23]。

(1) 常務理事3名　久保輝巳，浪江慶，森耕一
(2) 各部会の代表5名　部会から推薦
(3) 提案者1名
(4) 図書館員の問題調査研究委員会から推薦2名
(5) 提案に意見のある者2名　高橋徳太郎，鈴木英二　　以上13名

1.3　委員会設置の可否を検討する委員会

この決定を受けて，4月16日付で検討委員会の委員委嘱が行われた。委員には，常務理事会から3名，各部会の代表5名，提案者代表1名，職員問題委員会が推薦する者2名，常務理事会指名2名の計13名が選ばれ，4月23日

の初会合には，未選出の公共と特殊専門図書館部会の委員を除く11名が出席した。提案者としては酒川玲子，職員問題委員会から推薦を受けた委員として伊藤松彦と塩見昇が参加した。

　会議は事務局長によるこれまでの経過報告から始まり，議長に伊藤松彦，記録に浪江虔を選任した。冒頭，この検討委員会の構成が論議になり，提案者代表が1名というのは少なすぎるとの異議が出され，論議の結果，この委員会が引き続き存続するとなれば，2名（提案者から大図研代表1名，職員問題委員会の推薦1名）を加えて15名とする，公共と特殊専門部会から必ず委員を出してもらうよう日図協に要請することになった[24]。この会議の内容を印刷，公表，頒布する際のルールについても協議し，必要な場合はオフレコの会議とすることもある，ということを申し合わせる。

　本論に入って，これまでの経緯，役員会での論議を整理したのち，委員会設置の必要性，可否，図書館の自由にかかわる状況認識の論議があり，設置をするとすれば委員会の役割・任務をどう考えるかが検討された。宣言を伝え，普及を図る教育啓蒙活動，自由の侵害に当たる事例を調査し，情報を集め，伝える調査活動の必要性については委員の間に異論はなかったが，ことが起きたときにすぐ相談に乗り，抗議・阻止・救済等の行動に出ることをめぐって議論が交わされた。

　委員会にそれだけのことがやれる力があるか，行動するのは委員会ではなく日図協であるべきだ，問題の発生が外からの圧力だけではなく，むしろ内部に根があることが多いとすれば，「行動する委員会」は軽々にはつくれない，アメリカの場合でもいろんな経験を重ねる中で，徐々に行動できる体制を整えていっており，そんなに一気に進むものではない，といった論議が続いた。

　結局この日の集約は，教育活動，調査活動の必要性が確認され，そのための拠点となる委員会の設置について積極的に不要だとする意見はなく，設置賛成の考えが大勢を占めた（この日の最終判断として，参考までに採決がなされ，設置賛成6，消極論1，保留4となった）。

　しかし，そのまますぐに委員会設置を結論とすることにはならない困難な

事情があった。それは部落問題との関連である。1973年10月に顕在化した
『目黒区史』回収問題をはじめ，とくに西日本の多くの図書館で部落差別に関
連する本，差別表現を含む図書をめぐる扱いが厳しい状況にあり，いま，図
書館の自由を正面から取り上げるとなるとこの問題との関係を避けることは
できない，日図協の現状で果たして十分な対処ができるか，という危惧が議
論となった（この部分の記録は，委員会記録においても別立てとするなど，非常に
慎重な扱いがされている）。

　こうした議論を経て，この日の結論は，次回の検討会（拡大討論集会）を関
西で開くこと，そこには関西の公共図書館員数人を招き，部落問題での経験
を具体的に聴取し，認識の共有を図り，それを土台に6月に第2回委員会を
もつ，ということになった。

　5月19日，大阪市立西淀川図書館を会場に，部落問題と図書館の関連につ
いて認識を深める討論集会がもたれた[25]。状況を報告してもらう館として，
森，塩見委員で候補を協議し，堺，東大阪，吹田，豊中，神戸，尼崎，西宮
市立，京都府立，和歌山県立の各図書館に日図協から招請状を出している。
会議は非公開で，率直な意見交換を，という線で進められ，近畿の各館にお
ける資料収集・提供における厳しく難しい状況がこもごも交換された。その
中で，ときに関東から参加の委員の認識の弱さ，自由の問題に対する日図協
の姿勢が厳しく問われる場面もあったが，「差別をなくす」という国民的立
場から，図書館として着実なサービス改善の実践，研究に努めつつ対処して
いくことの必要性が強調される集まりとなった。しかし，速やかに委員会を
設置する，ということでの意見一致はここでも得られなかった。

　5月末の日図協の定例役員会（理事会・評議員会），総会ではこれまでの取り
組みについての中間報告（総会・評議員会は伊藤，理事会は浪江委員が報告）が
あり，秋には最終報告が出せるよう努力することが確認された。この過程で
も部落問題とのかかわりが論議の焦点になった。委員会の設置は宣言が採択
された1954年当時から残された宿題であり，この際ぜひとも設置をという積
極論の一方で，慎重な検討を求める発言もあった。この二つの立場を象徴す

る応酬が，この役員会・総会に向けて準備された総会資料（昭和48年度報告）中の「会勢」の次の一節，

　　山口県立図書館の資料操作問題を契機として，図書館の自由問題が再認識されたことは図書館人の強い良心と図書館運営のはげしい熱意のあらわれであった。図書館の自由問題もまた言うは易く，行なうに難しと思いを新らたにすると同時に慎重な態度が要請されなければならない[26]。

をめぐって評議員会でみられた。「山口問題では報告によれば慎重な態度が要請されなければならないとあるが，だれがだれにたいして慎重でなければならないのか」(石塚栄二)，「今回の資料事故が山口県立図書館長によれば意図的なものでなかったということであるから，常務理事会としてはこれ以上何も言うことはないという態度であることになったという記事があるが，たとえ意図がどうあれ，結果が問題であり，この点協会としてはどう考えるかという問題が残っている」(伊藤松彦)，「常務理事会がこの件でもうなにもいうことはないという態度では困る」(酒川玲子)，「常務理事会の模様では，はっきりした態度を表明しないで間接的な表現で意をくんでもらうということから，すっきりしないとうけとられるかもしれない。大事なことは図書館の自由を守りぬくことであり，そこで団結することである。山口問題もその真意をくんで理解してほしい」(浪江虔)，「協会は『いうはやすく，行うはかたし，慎重に』といっているが，協会は自由の問題について一体意気ごみがあるのかないのか」(大沢正雄)，等々[27]。

　確かに会勢報告のこの個所はあいまいで意味不明の文章であり，元気な意気込みを述べているかにみえなくもないが，腰の引けた表現であることは否めない。日図協執行部が考えている基調への疑義，違和感を抱かせるものであり，委員会設置にネガティヴな流れを危惧する人たちの思いがこもごもに吐露されたやり取りであった。こうした空気を底流にもちつつ，委員会設置についての検討はさらに続く。

第2回検討委員会は6月7日に開かれ，この委員会を設けた場合の役割，委員会の機能・構成等について検討した。委員会の主たる活動は，調査・研究，教育宣伝活動であり，何かことが起きた場合はその窓口になるが，委員会が裁定するようなことはしない。委員会の構成は，関東地区と関西地区に委員会を設け，それぞれから数名の委員を出して常任委員会（中央委員会）を構成するということで，委員会を設置した場合のおよその輪郭が合意された。

6月29日の第3回検討会では，各委員から警察や行政機関等からの照会など，自由の侵害事例がいろいろ紹介され，それに対する対処の基準等が協議された。その結果，次のような問題点が明らかになった。

1　官憲の犯罪捜査への協力を求められた場合，その対処の仕方。
2　善意の手伝いであっても，それが図書館の自由を侵すこともありうる。図書館員の専門性とのかかわりが問題となる。
3　図書館の自由に関する宣言の採択以後，図書館界でこのことに関する論議が途絶えたことにむしろ問題があるのではないか。
4　行政資料を中心とした資料入手の問題——特に国民の知る権利と図書館の果たす役割の視点から。
5　図書館の日常業務を図書館の自由の問題を基盤に点検すると，いろいろな問題があり，これを掘り下げる必要がある。
(1)　学習の自由を保障するリクエストの問題
(2)　選書，整理技術の問題
(3)　学校図書館のサービスの問題—読書記録の意味

こうした討論を経て，自由にかかる問題が起きたときには，それについての討論集会・研究集会などが開かれるようにしたい。抵抗した例だけが「成果」として伝わるのではなく，その経過がみんなに伝わることが大切であることを確認した。

次回に設置を是とする方向での最終報告の骨子を検討することを申し合わ

せて終えた。

　第4回（8月17日）には，設置を必要とする立場からの報告案骨子の検討を重ね，報告案文の起草委員に伊藤，酒川を選ぶ。

　9月6日の第5回委員会で，委員会の設置を是とする報告案を審議・決定し，検討委員会の任務を終えた。

　「図書館の自由委員会」設置検討委員会報告[28]（巻末資料2）は，これまでの経過を述べた後，「常置委員会の設置を必要とする理由」として，図書館の自由をめぐる近年の状況，それに対処する協会の宣言採択以後の努力が不十分であったことを指摘し，図書館の自由は，「日常業務を通じて自由の大切さを気づきはじめている広範な図書館員が，一層の自覚をもってこの課題にたちむかうようになるとき」はじめて守られるものであり，そうした図書館員の日常の実践を支える活動を，系統的に遂行していく場として，常置委員会の設置が必要だと結論づけた。そして，新設する委員会の名称に「読む自由を守るための調査委員会」を提案し，委員会の活動として，事例の収集と調査研究，趣旨の普及，宣言の維持・発展，調査研究の成果の公表，会員の求めに応じる情報提供，自由を守る行動は協会として行う，の6点を示した。委員会の構成は，まず関東・近畿に地区小委員会を設け，地区小委員会から選出される委員と理事会指名の委員で委員会を構成する，としている。

　この報告書に名前を連ねている検討委員会委員[29]は，次のとおりである。（　　）内は当時の協会役職または推薦母体である。

　　　森　耕一（常務理事）　委員長

　　　浪江　虔（常務理事）

　　　久保輝巳（常務理事）

　　　酒川玲子（提案者代表）　事務局長

　　　松田上雄（提案者代表）

　　　仲沢一郎（公共図書館部会）

　　　川上　一（大学図書館部会）

広松邦子（学校図書館部会）

浜田敏郎（図書館学教育部会）

田中隆子（図書館員の問題調査研究委員会）

伊藤松彦（図書館員の問題調査研究委員会）　副委員長

塩見　昇（図書館員の問題調査研究委員会）

鈴木英二（常務理事会指名）

高橋徳太郎（常務理事会指名）　　　　　　計14名

　こうして，図書館の自由に関する常置委員会の設置は大きく実現の方向へ歩を進めることになった。10月3日の常務理事会で「報告」が協議題に取り上げられ，伊藤が報告書を読み上げて説明を行い，審議に入った。質疑の内容は以下のとおり。

＊問題があったときの責任の所在と責任の取り方を明らかにする必要がある。

＊図書館の自由の担い手は，「専門的職務に携わる図書館員」と考えるのか，すべての図書館員を指すのか。

＊これまでの図書館員養成の不十分さの指摘があるが，これは批判なのか，単なる疑問符か。

＊委員の選出方法について，地方組織を育てるつもりなら，地方協会を選出母体とすべきではないか。

＊緊急性がよく理解できない。

＊自由委員会が同和問題のすべてを扱うのか。　　　など

　この日は時間不足もあり，報告を受けたことにとどめ，10月31日の午前中に臨時の常務理事会を開いて態度を決める。11月5日の合同会議に報告をかけることを了解して終わる。

1.4　自由委員会の設置

　11月5日の臨時役員会に先立ち，11月2日，大阪市立中央図書館において「図書館の自由についての懇談会」が開催された。設置検討委員会の関西の委員である森耕一（委員長）と塩見昇の連名による呼びかけ（開催案内）によるもので，対象は近畿2府4県の日図協評議員・監事15名，5月19日の集まりに出席した者11名，その他としてとくに大学図書館関係者で関心のある人数名である。案内には，11月5日に理事・評議員による合同会議（東京）で自由委員会の設置につき審議決定のはこびとなったこと，委員会の設置が決まると近畿地区に小委員会を設けることになる旨を伝え，5日の会議には遠路の参加が難しい人もあろうかと思い，「この問題の重要性にかんがみて懇談会を開催することにした」と述べている。役員会に先立ち，遠方の役員を対象に懇談会を企画するというのは異例のことであるが，この委員会の設置を検討するに際し，5月に部落問題に関する事例をめぐって意見聴取の機会をもった経緯もあり，設置の是非の判断にあたって関西の図書館への配慮を重視したことがうかがえる。懇談会には14名が参加し，日図協事務局からも菅原峻が参加した。

　自由委員会の設置の是非を問う議題に特化した臨時の合同役員会が11月5日に招集され，東京都立中央図書館を会場に，理事18名，評議員34名が参加して審議が行われた。質疑では，問題が起きた際の「行動」，日図協がどこまでやれるか，地区小委員会の活動，などとともに，この委員会の名称に意見が集中した。「図書館の自由」という表現は，図書館のための自由という受け止めが生じがちだという懸念から，利用者（読者）の「読む自由を守るための」という名称にしては，というのが検討委員会からの提案であったが，「読む自由」といってしまうと出版，読書など扱う範囲が広がりすぎて図書館の課題が不鮮明になるのでは，と否定的な考えも強く出された。最終的には，理事会が賛成15，反対2，保留1，評議員会が賛成32，反対0，保留2（それぞれ別個に採決を行った）の圧倒的多数で常置委員会設置が承認され，

論議のあった名称についてはこの場の雰囲気を汲んで常務理事会に結論を委ねることになった[30]。

　その後，12月18日の常務理事会において，「図書館の自由に関する調査委員会」として委員会設置を正式に決定し，委員会規程を承認した[31]。ここに1954年の宣言採択以来の懸案であった「自由委員会」の設置が20年ぶりに実現することとなった。

　承認された委員会規程は次のとおりである。

第1条　この委員会は，図書館の自由に関する調査委員会と称し，委員会
　　　準則第4条に定める常置委員会とする。
第2条　委員会は，図書館員が利用者の読書と調査の自由をまもり，ひろ
　　　げる責務を果たすため，つぎのことを行なう。
　1　「図書館の自由に関する宣言」の趣旨の普及につとめ，その維持発展
　　　をはかる。
　2　図書館の自由をめぐる侵害および抵抗の事実についてひろく情報を
　　　収集するとともに，当事者の求めに応じて調査研究する。
　3　会員もしくは地方組織の求めに応じて，調査研究の成果を提供し，
　　　または発表する。
第3条　委員会の構成は，つぎのとおりとする。
　1　委員会は，全国委員会と地区小委員会とをもって構成する。
　2　地区小委員会は，15名以内の委員をもって構成する。委員は地区の
　　　会員の中から理事長が委嘱する。委員長は委員の互選による。
　3　全国委員会は，地区小委員会から選出される委員と，理事会の指名
　　　する委員をもって構成する。委員の人数は10名以内とし理事会の指
　　　名する委員は，総数の3分の1をこえないものとする。
第4条　全国委員会および地区小委員会は，定例会を開くほか，委員長が
　　　必要と認めたとき臨時会を開く。
第5条　委員長は，委員会の庶務を担当するための幹事を，委員の中から

1名指名する。

　付　　則

この規程は，昭和49年12月18日から施行する。

　以上の経緯で明らかなように，自由委員会設置の結論に至る過程は，稀に
みる慎重な手順・手続きを重ねて進められた。設置の可否を決める判断に，
委員会がとる「行動」のありようが論議を呼んだが，その背景に部落問題と
の関係が大きく影響したことは確かである。新設の委員会が委員長を森耕一
常務理事とし，委員会の本拠を関西に置くことを想定したのはそのことと無
縁ではない。

　「図書館の自由に関する調査委員会」の正式な発足と活動の開始は，委員
の委嘱等の手続きを経て，翌1975年3月となる。

　懸案の委員会が設置されたことで，検討素材となる事例が日図協に寄せら
れるようになり，事例研究（近畿では部落問題，差別表現に関連する事例をまず
取り上げる）を重ねることから委員会活動が始まった。1975年5月には東京
都立中央図書館で複写申込書を警察官に見せるという事件が発生し，集中的
な検討の素材となった。その中で，判断の基準として，長年放置されてきた
宣言の副文を現代的に再生する必要性が認識され，委員会はそれを最初の本
格的な検討課題としてとりあげることになる。初年度は「図書館と自由」シ
リーズ第1集の刊行にも力を注いでいる。

　1975年7月5日の『朝日新聞』夕刊（文化欄）に，「問われる“図書館の自由”
—反戦図書封印や捜査協力に揺れて」と題した記者の論説が掲載された[32]。
「書物のはんらんの中で，国民の読書の自由は一見，十分に保障されている
かにみえる。しかし最近，図書館の人人を中心に，住民の読書・調査の自由
をいかに守るか，改めて模索する動きが出ている」という書き出しで，日図
協における自由委員会の設置や東村山の条例制定にもふれて，20年前の宣言
の採択，近年の特定図書へのクレームやプライバシーにかかわる事例などに
ついての概況をまとめた論説で，結びには，「いかに多くの人に多くの本を

読んでもらうか，その方法論，技術論を展開してきた図書館は，図書館法公布25年たった今日，時代の背景の中で『自由』の意味が問われている」と指摘している。これは山口事件の報道を除くと，マスコミ紙面で「図書館の自由」という活字が目を引く最初のものではなかったかと思われる。同時にそれは，このすぐ後に続く「ピノキオ問題」など自由にかかわる問題の噴出への社会の注視の先駆けでもあった。「図書館の自由」が図書館界の外からも注目される状況がつくられつつあったことを示す，重要な節目を象徴する記事であった。

注

1) 評議員会記録『図書館雑誌』64巻5号　1970年5月　p.228
2) 林健二「暗い時代への予徴—"好ましくない本" 54冊課長が隠す」『人間であるために』8号　1973年9月3日
　　この記事がその後多くの紙誌に転載され，この事件への注目，関心を広げた。
3) 『図書館問題研究会会報』144号　1973年10月　p.79-80
4) 「"住民の図書館"への試金石—山口県立図書封印事件と図書館大会」『図書館問題研究会会報』145号　1973年11月　p.89-92（執筆は森崎震二，長谷川光児）
5) 協会通信『図書館雑誌』67巻11号　1973年11月　p.523
6) 1973年10月1日付で目黒区役所が，「同和対策事業特別措置法等の趣旨に鑑み，部落差別の助長につながる箇所がある」という理由で『目黒区史』の回収を関係機関に依頼した。同書に壬申戸籍の一部をリスト化したものが掲載されていることによるもので，図書館にもこの依頼が届いたことで，対応が問われた。「差別表現」がとくに意識されることの乏しかった時期につくられた地方史をめぐる同様の回収措置がその後各地で相次ぐことになる。
7) 『昭和48年度全国図書館大会記録　高知県』開会式　1974年11月　p.6-8
8) 同上　第1部会　p.15
9) 同上　第1部会　p.16-17
10) この部会における「図書館の自由」に関するやりとり，全体会議への宣言確認の提起に関する『大会記録』は非常に不備なもので，注4)の図問研『会報』の記事と重ねてやっと事実がわかるといったもの。この問題についてあまり踏み込みたくないというような日図協執行部の姿勢が如実にうかがえる。
11) 『昭和48年度全国図書館大会記録　高知県』全体会議　1974年11月　p.60-61

12) 同上 p.62

13) 浪江虔「全体会議閉会式―図書館の自由・望ましい基準」『図書館雑誌』68巻1号 1974年1月 p.31

14) 美作太郎「読む自由と図書館」『出版ニュース』1973年10月中旬号 p.26

15) 林英夫「最近における一連の表現の自由侵害事件」『歴史学研究』403号 1973年12月 p.52-53

16) 理事会記録『図書館雑誌』68巻5号 1974年5月 p.184

17) 村瀬和徳「山口図書館の資料事故について」『図書館雑誌』68巻5号 1974年5月 p.161

18) 「課長ら4人を処分／山口図書館／図書43冊抜き取り事件」『防長新聞』1973年12月26日

19) 酒川玲子「図書館の自由について訴える」『図書館問題研究会会報』148号 1974年3月 p117-118

20) 『図書館雑誌』68巻5号 1974年5月 p.184-185

21) 「"図書館の自由"委員会（仮称）設置についてのその後」『図書館問題研究会会報』149号 1974年4月 p.124-5

22) 評議員会記録『図書館雑誌』68巻5号 1974年5月 p.188-190

23) 協会通信『図書館雑誌』68巻5号 1974年5月 p.179

24) 検討委員会の初回記録による。

25) この会合については公式の記録は作成されていない。委員会の内部記録と会議を呼びかけ，この場に参加した筆者のメモを基に執筆。

26) 昭和48年度報告（総会資料）『図書館雑誌』68巻8号 1974年8月 p.353

27) 評議員会記録『図書館雑誌』68巻8号 1974年8月 p.349-352

28) 「『図書館の自由委員会』設置検討委員会報告」『図書館雑誌』68巻11号 1974年11月 p.478-480 【巻末資料2参照】

29) 検討委員会委員は，設置当初の13名から第1回委員会の議を経て15名に拡大された（提案者代表，図書館員の問題委員会推薦各1名を追加）。しかし特殊専門図書館部会からは最後まで選出されず，14名のままに終わる。筆者は「図書館員の問題調査研究委員会」のメンバーではないが，委員会からこの問題を検討する場の適任者として推薦され，初回から参加したものである。

30) 理事・評議員合同役員会『図書館雑誌』69巻2号 1975年2月 p.79-81

31) 協会通信 同上 p.82

　　委員会の名称にあえて「調査」と入れたところに，この委員会が「行動」を主とする委員会ではないことを示そうという当時の役員会等における「慎重な」空気の

反映がうかがえる。

32) これは画期的な記事であったが，東京本社版にしか掲載されなかった。この記事の取材に際しては，自由委員会（関東地区小委員会）の伊藤松彦らが積極的に協力した経緯がある。

2章 宣言改訂を取り上げるに至る経緯と 70年代後半の「自由」に係る事象

2.1 自由委員会の活動開始

　図書館の自由に関する調査委員会（自由委員会）の活動は，親（全国）委員会の発足に先立ち，まず東西両地区の小委員会の活動が始まり，小委員会間の連絡会，合同会議のような機会を折々にもつ，という形で委員会が動き出した。地区小委員会が実質的な活動の中心だという設置の経緯にみられた認識に沿ったことであるが，それには委員会の発足，委員長の選任に係る手続き上の問題もあった。

　自由委員会の設置を確認し，「図書館の自由に関する調査委員会規程」を承認した1974年12月18日の常務理事会がこの規程の施行日を承認の当日と定めた[1]。規程では，委員会は全国委員会と地区小委員会で構成し，全国委員会は，地区小委員会から選出される委員と理事会の指名する委員で構成する，委員長は理事会が選考する，と明文化された。これに則って進めるには，次の理事会の予定が2月13日であり，2月施行という案も検討されたが，地区小委員会が動き出さないと委員が選出できないという関係もあり，まず小委員会を速やかに発動させることを優先するため，12月18日施行と決められた。

　設置検討委員会の論議にかかわってきた経緯から，近畿では森―塩見，関東では伊藤―酒川が軸になって両地区小委員会の構成（委員候補）案を検討し，委員会の発足に向けて準備を進めた。委員会の正式な発足と活動の開始は，委員の委嘱（3月18日付）の手続きを経て，1975年3月であり，地区小委員会の始動（初会合）は，近畿地区小委員会（近畿地区小委）が3月25日，

大阪教育大学において，関東地区小委員会（関東地区小委）は4月4日，日本図書館協会（日図協）で開かれた。

　両地区小委員会の発足当初メンバーは以下のとおりである（就任後早い時期での交代を含む）。

【近畿地区小委員会】

　　　石塚栄二（大阪市立中央図書館）

　　　上野武彦（大阪府立中之島図書館）

　　　鬼丸貞彦（芦屋市立図書館）

　　　酒井忠志（京都府立大学図書館）

　　　塩見　昇（大阪教育大学）　　　　委員長

　　　志保田務（大阪女子大学図書館）　幹事

　　　白瀬長茂（豊中市立図書館）

　　　天満隆之輔（枚方市立図書館）

　　　信田昭二（西宮市立図書館）

　　　森　耕一（大阪市立中央図書館）

【関東地区小委員会】

　　　伊藤松彦（国立国会図書館）　　　委員長

　　　裏田武夫（東京大学教育学部）

　　　是枝　洋（法政大学大原社会問題研究所）

　　　酒川玲子（横浜市立図書館）　　　事務局

　　　鈴木英二（私立興風会図書館）

　　　鈴木喜久一（東村山市立図書館）

　　　関根敬一郎（埼玉県立浦和図書館）

　　　高橋徳太郎（国立国会図書館）

　　　仲沢一郎（東京都立中央図書館）⇒ 日高八郎（千葉県立図書館）

　　　浪江　慶（私立鶴川図書館）

　　　広松邦子（東京都立日比谷高校図書館）⇒ 鈴木紀代子（田無工業高校図書館）

吉田隆夫（世田谷区立奥沢図書館）　事務局

　日図協の事業，活動記録は毎年，総会資料として一括して年度末にまとめ，総会に報告される。自由委員会は多くの会員の注視の中で，慎重な手順を踏んで設置された委員会であるので，年度末にはまだ設置されてからの日は浅かったが，設置検討にかかわる事項と合わせて総会資料には報告を出しておこうということで，「総会資料・昭和49年度報告」に検討委員会の設置に関することを森が，両地区小委員会のことを伊藤と塩見が報告として寄せた[2]。こうして日図協の正式の常置委員会としての形も整えることになった。

　両地区小委員会の発足当初の活動内容を以下に略記する。委員会相互の連絡，情報共有にはそれぞれの定例会の記録をできるだけ丁寧に作成して交換するようにし，塩見と伊藤・酒川との書簡によるやり取りを通して遺漏のないように努めた。

【近畿地区小委員会】

　委員会の構成にあたって留意したことは，委員にはこのテーマに積極的に関心をもつ人であることは当然必要であるが，単なる個人有志の研究会ではなく，日図協の組織としての活動であることから，近畿2府4県の図書館協会からの理解・協力ができるだけ得られるような選考となることを重視した。発足当時はまだこの課題への関心の度合いにも落差があることは否めず，大阪，兵庫，京都に足場をもつ公共，大学図書館員，大学教員からなる委員10名でまずは始動することになったが，活動内容を伝えることなどを通して滋賀，奈良，和歌山からの参加も近い将来に得られる働きかけを並行して続けることを課題とした。

　毎月1回の定例会を基本にスタートし，委員長に塩見昇，幹事に志保田務を選任。当面の活動方針として，①図書館の自由（読む自由）に関連がある具体的事例についてケーススタディを行い，学習成果として蓄積する。②具体的事実とも照合しながら，1954年の「図書館の自由に関する宣言」の副

文を検討し，宣言の維持・発展を図る。③理論面の学習として，アメリカにおける図書館憲章（権利宣言）の発展経緯，知的自由をめぐる歴史と現状など，文献講読を行う。④図書館の自由に関する論集，資料集を日図協として企画・出版する，などを確認。

中でも，近畿としては委員会の設置を検討する過程で最も関心も強く，丁寧な対応が求められる課題であった部落差別にかかわる資料の扱いに関する事例の検討を，まず主要協議題に取り上げることにした。現場に籍を置く委員から自館で体験した事案が事例研究の素材として提供されたことで，A市立図書館における新着図書だよりに掲載された図書が，部落解放同盟を批判する立場からのものということで同和教育指導室から指摘があり，それを削除して刷り直したというケースを最初に取り上げた（2.3 を参照）。さまざまな背景をもち，複雑な要素の錯綜する事例であるが，そのまとめは『図書館雑誌』1976年9月号に「"新着だより"の削除事件をめぐって」（文責・石塚栄二），1978年2月号に「事例研究報告『"新着図書だより"の削除事件をめぐって』その後」（文責・塩見昇）として掲載している。その後も，部落問題関連の事例をいくつか継続してケーススタディに取り上げている。

【関東地区小委員会】

東京，神奈川，埼玉の公立図書館と私立大学，国立大学，国立国会図書館のメンバー11名で発足する。伊藤松彦，酒川玲子，吉田隆夫で事務局を構成し，伊藤が小委員会委員長を務める。当初，都立中央図書館，東京区部からの委員の選任，委員の定着，継続にいささか苦労する。1976年6月に伊藤が国会図書館を退職し鹿児島短期大学へ教員職で転出することになり，その後は酒川が委員長を引き継ぐ。

当面の活動方針は，①図書館の自由とは何かについて，読書の自由を守りひろげる立場から，法学関係を含めて主な文献を読み，意見を出し合うことで調査・研究すべき課題をさぐる。②ケーススタディを行う。手始めにテレビ番組にあらわれる図書館の自由を扱う。③シリーズ「図書館と自由」第1

集については近畿地区小委に協力し，その後の企画を検討する。④早期に自由委員会の発足に関する特集を『図書館雑誌』で取り上げるよう編集委員会と協議する，などを確認。

自由委員会が設置されたことで，日図協に多くの情報が寄せられるようになった。当初は当該館からというよりは口頭，伝聞，新聞記事によるものが多かったが，それらについて協議し，図書館の自由についての理解を共有することに努めた。とくに1975年5月に都立中央図書館で発生した警察による複写申込用紙の閲覧請求では，警察の刑事訴訟法第197条第2項に基づく公文書による要求となったことから，ことの重大性と法的性格を考慮し，法律の専門家を招いて研究協議した。この経験は法曹界との連携という新たな展開を拓く端緒となった。

自由委員会の定例会の手始めに裏田武夫「図書館員の立場」，当初の自由宣言案など基本文献の勉強会と事例のケーススタディから入ったこともあって，宣言の副文についての関心は当初から強かった。それが副文の再生というその後の主要課題に発展する。

【両地区小委員会に共通の課題と合同連絡会】

親委員会（全国委員会）の発足が後になったことで，当初から両地区小委員会の間では，双方の定例会の記録を交換し，伊藤・塩見両委員長が連絡を密にすることで，活動内容を共有すること，共通の課題を確かめることをとりわけ重視した。また，日図協の役員会などの機会に合わせて，両地区小委員会の委員が参加する合同会議（連絡会)をできるだけ多くもつことにした。

○合同連絡会

東西で個別に活動を始めた両小委員会であるが，発足時にはとりわけそれぞれの活動内容や今後の進め方で情報交流が必要だったし，それによって共同して行うべき課題もみえてきた。全国委員会の発足は急がずに，じっくりそれぞれの地区での経験を積み上げてから，と考えたので，両小委員会のメ

ンバーができるだけ一緒に顔を合わせて話し合い，交流を深める機会をもつことが重要だと考え，合同連絡会を企画することにした。そのことだけで単独に集まるには経費の問題もあって難しいので，日図協の役員会や全国図書館大会など，委員の幾人かが参加する何らかの機会を利用して合同会議をセットする，という方法を模索し，年に2～3回程度の会合をもつようにした。

1975年5月28日（初回）　日図協

関東地区小委から7名，近畿地区小委から4名が出席した。両地区小委の活動報告の後，初めて顔を合わせる委員も少なくないので，委員相互の図書館の自由についての認識・理解を深めることも主眼に，本委員会の名称の適否，委員会の活動のあり方，課題について全般的にフリー討論を行う。それにより委員の間での共通理解が進み，委員会活動の基調が明確になる。

この会議を通して，地区小委員会の活動に挙げたような事例研究の蓄積，委員会としての出版活動，アメリカ図書館協会（ALA）の『知的自由マニュアル』のような実践に役立つ資料の積み上げ，全国図書館大会に自由の問題で分科会を常設すること，『図書館雑誌』に委員会が担当する常設のコラムを設け，図書館の自由や自由委員会の活動への周知を図ること，など共通の課題が確かめられた。

この会議で委員会全体（近い将来発足の全国委員会）の委員長を自由委員会設置検討の会議以来中心を担ってきた森委員とすることを申し合わせた。

1975年11月18日　東京

両地区小委の活動報告の後，次年度の事業計画，事例研究の進め方，「図書館と自由」第2集の企画等について意見交換。

1976年5月16～17日　大阪（いわき荘）

関東地区小委から副文検討の討議のまとめを提起し，副文を正式の文書として再生することを委員会の課題とすることを決定。1954年原案について再検討を要する事項について協議し，『図書館雑誌』9月号で

会員に向けて副文検討の呼びかけを行うことにする。

1976年11月27日　東京・上野

　　全国図書館大会の自由問題を扱う分科会終了後に開催。副文検討の今
　後の進め方，倫理綱領との関係，などを協議。図書館員の問題調査研究
　委員会（職員問題委員会）からも極力この連絡会に参加してもらい，両
　委員会の活動，関連する課題についての理解を深めるようにする。

1977年2月27〜28日　大阪（なにわ会館）

　　委員会の内部で最初に成文化された浪江草案（参考資料4）を基に副文
　案を協議し，公表する第一草案へのイメージづくりをする。

　　（以後，略）

○「図書館と自由」シリーズの企画，刊行

　近畿地区小委の2回目の会合で，森委員から委員会が責任をもって企画・
編集する継続出版物の企画が提案された。その最初として1954年の自由宣
言成立までの経緯を主にした資料集を考えてはどうか，ということで，計画
を関東地区小委にも諮ることにする。この企画は1975年8月の日図協・出
版委員会で承認され，刊行が確定する。これがその後の「図書館と自由」シ
リーズの最初のものとなる。

第1集　近畿地区小委担当　『図書館の自由に関する宣言の成立』

　　1952年に始まる中立性論議から1954年の自由宣言採択に至る事実経
　緯の資料を集成

第2集　関東地区小委担当　『図書館と自由をめぐる事例研究　その1』

　　山口図書館問題，都立中央図書館における複写記録請求問題，『凶水
　系』問題の事例研究の成果を収録

第3集　近畿地区小委担当　『「図書館の自由に関する宣言」二十年の歩み
　　1954〜1972』

　　1979年の宣言改訂の取り組みが始まるまでの「自由宣言20年」を対象
　に，四つの時期に分けて関連資料を収めて解説する。「こんな問題が…」

という常設欄を設けることで，図書館の自由に関する事例，事実等の簡単な紹介をできるだけ幅広く，継続して載せていくことにする。

　（以下略）

○全国図書館大会に自由の分科会を設けて，図書館の自由についての継続的な論議と周知を図る

　山口問題にこそ図書館界にかなりの関心と論議の広がりはあったものの，図書館の自由についての関心はまだ日常的にそれほど強いとはいえないだろう，ということから，委員会としては毎年の全国図書館大会に自由に関する分科会を常設し，継続した研究・論議ができる場を確保することの必要を考えた。その初回は，分科会の枠を新たに広げることは難しいということから，それまで職員問題委員会が担当してきた「図書館員の専門性」を扱う分科会にドッキングして，1976年秋の東京大会で，第4分科会に「読書の自由と図書館」が設けられた（翌1977年の近畿大会では，委員会のメンバーが多く大会実行委員会に関係していたという事情もあり，「読書の自由と図書館」，「図書館員の専門性とその制度化」の二つの分科会が設定される。会場の制約や開催地の希望などにより，図書館の自由と図書館員の問題を組み合わせて開催することはその後も多くみられる）。

　初回にあたる1976年度大会の分科会では冒頭，自由委員会の森耕一委員長が委員会の設置とその後の経過を報告し，2件の事例報告（関根敬一郎，石塚栄二）とそれに関連しての斎藤鳩彦弁護士の解説（捜査関係事項照会書，守秘義務等について），副文検討のための提案（酒井忠志）を自由委員会から，「図書館員の倫理綱領」の提案（久保輝巳）を職員問題委員会から行い，審議検討した[3]。

　この分科会で提案された「倫理綱領」と図書館の自由，自由宣言との関連については，後に小項目を立てて述べる（3.5）。

○機関誌『図書館雑誌』に図書館の自由に関するコラム欄を設けて委員会が

担当する

1975年9月号の「自由委員会・関東地区小委員会の活動の一端」（文責・伊藤松彦）をはじめとして，委員会の活動を『雑誌』に報告することなど，図書館の自由についての発信を東西の小委員会で交代しながらできるだけ継続して行うように当初から努めてきた。これが常設の「こらむ・図書館の自由」として定着するのは，宣言の79年改訂が成ってからかなり後の1992年1月以降になる。『雑誌』86巻1号の若井勉「大学の自治と図書館の自由」が初回で，以後ほぼ毎号，東西の委員会メンバーが交互に担当して執筆し，現在に至っている。

1979年宣言改訂が成って以降のことになるが，図書館の自由にかかわる簡便な情報交流の媒体としてニュースレター『図書館の自由』の必要性が確認され，1980年8月にテスト版をまずは宣伝用として作成し，100部以上の購読の見込みが立ったところで1981年1月に創刊した。

○機関誌で早期に「図書館の自由」の特集を企画し，この問題への関心を喚起する

委員会としてはまず『図書館雑誌』で特集を組むことを考えたが，それが具体化する前に『現代の図書館』編集委員会から特集の構想が持ち込まれたので，その中身づくりに協力し，委員会メンバーも執筆にあたった。2号にわたる大きな特集となる。「図書館の自由」をテーマとする雑誌の特集はこれが最初のものである。

『現代の図書館』13巻4号　1975年12月　特集・図書館の自由1
　森崎震二「図書館の自由―現場の問題」
　川島恭子「『利用者の秘密を守る義務』条例制定をめぐって」
　広松邦子，鈴木紀代子，柿沼隆志「学校図書館における図書館の自由の問題」
　福地明人「刑事訴訟法197条2項をめぐって」

2章　宣言改訂を取り上げるに至る経緯と70年代後半の「自由」に係る事象　　67

　　男沢淳「ALA『図書館憲章』の変遷について」
　　森耕一「図書館の自由に関する調査委員会―成立までの経緯」
　　国立国会図書館有志グループ「"知的自由マニュアル"―ALAの知的自
　　　　由に関する出版活動の一例」
　　塩見昇「文献紹介"図書館の自由"について考えるために」
　　石井敦「戦前における図書館の自由の問題―図書館史・新聞・雑誌記事
　　　　から」
　同　　**14巻1号**　1976年3月　特集・図書館の自由2
　　中多泰子「児童図書出版界の現状」
　　野村昇司「学校図書館における児童図書―子どもと図書のかかわりを通
　　　　して」
　　小木曽真「子どもにも選択権を―児童図書館の立場から」
　　福島礼子「子どもにとって図書館とは何なのか―児童図書館員の立場か
　　　　ら」
　　末広いく子「児童図書と図書館―文庫の立場から」
　　池田綾子「最近のアメリカ事情紹介―児童図書館における知的自由に関
　　　　して」
　　河井弘志「アメリカの知的自由の思想と組織活動」

　その後，**『図書館雑誌』70巻9号**（1976年9月号）でも図書館の自由を特集
に取り上げた。その内容は以下のとおり。この中で，自由委員会から「宣言」
副文案の再生についての最初の呼びかけを提起している。
　　大滝則忠「図書館員による知的自由の擁護組織―アメリカ図書館協会の
　　　　活動にみる」
　　吉田隆夫「東京都公立図書館職員研修レポート」
　　自由委員会近畿地区小委員会「『新着だより』の削除事件をめぐって―
　　　　事例研究報告」
　　自由委員会「『図書館の自由に関する宣言』解説文作成について―1954

年『副文』案の改訂のために」

2.2 宣言改訂を取り上げる経緯と作業の進行

　こうしてスタートした自由委員会の活動であるが，初期の活動の中心課題
であり，次章で詳細に取り上げる「図書館の自由に関する宣言」の改訂（当
初は副文の再生にしぼって想定）に係る事案の進行過程について，ここで初め
に整理しておこう。

　長期にわたって棚上げされてきた宣言の副文を正式の文書として再生する
ことは，委員会規程にも掲げる「宣言の趣旨の普及につとめ，その維持・発
展を図る」に照らして，委員会の発足当初から意識されてきた課題であった
が，委員会の中でそれとして話題にのぼったのは，関東地区小委の事例研究
や「図書館と自由」第2集の企画検討の過程であった。1954年宣言案の読み
返しを行う中で，当時どうして副文が積み残しになったのか，現在のリアル
な問題を考える上で，現行の「法三章」の主文だけでは対応しきれない，と
いうことから，副文の今日的な見直し，実践の指針としての再生が必要だと
いうことになり，近畿地区小委にその趣旨が伝えられたことに始まる。近畿
でも事例研究を重ねる中で，現在の問題を考える上での拠りどころとなるよ
うなものの必要は折々に話し合われてきており，そのことでの合意は早かっ
た。

　1976年5月16〜17日に大阪で開かれた両地区小委員会の合同連絡会にお
ける主要協議題の一つにこの件が取り上げられ，関東地区小委でのそれま
での論議のまとめが伊藤委員から紹介され，協議した結果，そのことの必要
性，緊急性が共有され，委員会の事業として進めることになった。

　次章でその経緯を詳述するに先立ち，以下でその動きを時系列で簡単にま
とめておくことにする（図書館問題研究会（図問研），大学図書館問題研究会（大
図研）の支部，各県協会の集会，あるいは単独の図書館における職員集会などでも改
訂案についての検討会が多く行われてきたはずであるが，その逐一は把握しきれてい

ない）。

【1976年】

2月4日　関東地区小委で副文について最初のフリー討議

5月7日　関東地区小委で副文の検討について集中的に論議し，そのまとめを伊藤松彦委員長が文章化する。ここで副文の全般にわたって手直しすべき事項の洗い出しがなされる

5月16～17日　第3回合同連絡会で伊藤から副文検討に向けた試案が提起される

　　　委員会が副文案の改訂作業に着手することを正式に決定し，検討を要する事項について協議する。『図書館雑誌』9月号（当初予定では8月号）で「図書館の自由」を特集する中に，副文案を検討し，今日的な内容として再生することへの呼びかけを行うことを申し合わせ，その文案作成を伊藤委員に託す

9月　「図書館の自由に関する宣言」解説文作成について―「副文案の問題点と改正の大綱」を『図書館雑誌』9月号に掲載し，広く意見を募る

　　　これは委員会が宣言（副文を含む）の改訂に関することで，広く会員に提起した最初の公式文書である

11月27日　全国図書館大会の第4分科会「読書の自由と図書館」（於：東京都美術館講堂）において，副文検討の提案を酒井忠志委員が行い，論議に供する。分科会終了後の合同連絡会で，副文検討の今後の進め方，方向について協議

【1977年】

1月9日　近畿地区小委で副文について集中論議

2月　浪江慶委員が修正第一案を委員会内部の討議資料，たたき台として執筆。2月の関東地区小委で検討し，その概要が近畿にも伝えられる

2月16日　近畿地区における公開の副文検討会開催（大阪府立夕陽丘図書館）

2月27～28日　第4回合同連絡会　大阪（なにわ会館）

　　　　浪江案を基に副文改訂について協議

3月28日　連絡会の討議を承けて，近畿地区小委で天満隆之輔委員が修正
　　案（修正第二案）を執筆・提出

4〜6月　両地区小委で修正第二案について検討

6月　近畿地区小委，副文案成案をまとめる。委員会内部の異論を並記し
　　た状態のもので，9月に雑誌に公表する副文第一草案の原案となるもの

7月31日　大図研大会の全体会議，分科会Aで6月の成案を基に論議

9月　**副文第一草案**　『図書館雑誌』9月号に公表

9月29日　全国図書館大会（近畿）第4分科会「読書の自由と図書館」
　　　　基調報告—分科会討議のために：塩見昇
　　　　副文第一草案の提案：酒井忠志

9月30日　大会終了後の合同連絡会
　　　　第二草案に向けての検討，課題の整理
　　　　倫理綱領との関係—自由宣言を基礎に（職員問題委・久保輝巳委員長）

12月　**副文第二草案**　『図書館雑誌』12月号に公表
　　　　両地区小委で重点的に改訂につき協議，相互に連絡を密に行う
　　　　各地で公聴会，検討会が開かれる

【1978年】

1月　自由委員会の全国委員会が発足
　　　　以後，宣言改訂は全国委員会が中心になって進めることになる

2月11〜12日　図問研東北集会で「図書館の自由」をテーマにして副文を
　　検討，石塚栄二委員出席

3月11日　委員会の呼びかけで副文についての公聴会（関西大学天六校舎）

3月22日　日図協理事・評議員による副文検討会
　　　　全国委員会で今後の進め方を協議

3月23日　**評議員会**
　　　　評議員会で副文の採択を1年延ばすことを決めたことを機に，委員会
　　は主文の最小限の手直しも含めることに方針を改め，宣言改訂案の作成

を近畿地区小委に委ねる

4月12日　近畿地区小委で起草委員として森，石塚，酒井，塩見を選任。宣言改訂案作成・審議のスケジュールを協議

　　　⇒5月10日ころをめどに起草委員で改訂素案を作成へ

5月　起草委員会からA，B二案並記の改訂素案が全国委員，両地区小委に示される

　　　⇒両地区小委の検討でA案をベースに改訂第一次案の成文化に向かうことを決定

5月26日　副文第二草案を基にした公聴会（福岡市立婦人会館視聴覚室）塩見委員出席

6月　第二草案を基にこれまで行った検討の内容を委員会として総括し，『雑誌』6月号に発表（文責・酒川玲子）

6月10〜11日　拡大の全国委員会（神戸市・六甲荘）で改訂第1次案作成に向けた検討

6月20日　起草委員会（京都府立大学図書館）『雑誌』に公表する第1次案を作成

8月　**改訂第1次案**を『雑誌』に公表し，文書による意見を呼びかける

8月5日　大図研大会A分科会で第1次案を検討　森・酒井委員参加

10月　全国図書館大会（北日本・青森）第3分科会「利用にこたえるための図書館の自由と専門性」で改訂第1次案を検討

11月18〜19日　全国委員会（大阪・日生中之島研修所）で文書によりこれまで寄せられた意見（22通，事項240件以上）について逐一検討

11月24日　起草委員会　改訂第2次案を検討

12月2日　起草委員会（関西大学）　**1979年改訂案**を確定し，今後の取扱いにつき理事長あての要請書作成

12月　改訂案を日図協理事長に提出

【1979年】

1月　職員問題委員会の久保委員長から，倫理綱領の採決は1年先送りと

する旨の連絡あり

2月　**最終案（1979年改訂案）を『雑誌』に掲載　修正意見聴取へ**

3月3日　九州地区公聴会（福岡市民会館）　石塚委員出席

3月27日　評議員，意見提出者等による公開の検討会

　　　　検討会後の全国委員会

　　　　1979年改訂案を微修正し，評議員会に提案する原案を確定

3月28日　**評議員会に宣言改訂案を上程，可決承認**

5月26日　宣言の解説冊子作成のための起草委員会　「解説」の構想について協議

5月30日　**日図協定期総会で宣言改訂案を承認**　宣言の1979年改訂が成る

　　　　日図協，「知る自由を保障するための図書館の任務に関する声明」を公表

10月20日　解説『図書館の自由に関する宣言　1979年改訂』刊行

10月27日　全国図書館大会において宣言支持を決議

2.3　当時の自由に係る事象

　宣言改訂の作業は，当初，両地区小委員会の定例会における事例研究，次々と生起する事象への対応協議と並置して進められた。主文をも含めた改訂をめざすという段階では，新たに発足した全国委員会を軸に，成案を得る作業は起草委員会による集中作業として進められ，その概要を逐次両地区小委における論議に諮る，という形になった。

　こうして宣言改訂の作業が進められた当時，図書館の自由にかかわってどのような問題が現実に生起し，図書館界内外で論議されたか，委員会での検討対象となったか，をここで概観しておこう。それは当然のこと，宣言改訂の議論にさまざまに影響し，内容の深まりに寄与することともなったはずである。一例として，警察官による刑事訴訟法第197条第2項に基づく利用者に関する記録の照会が各地で頻発する中で，1977年1月5日付で日図協が各

2章　宣言改訂を取り上げるに至る経緯と70年代後半の「自由」に係る事象　　73

県立図書館長宛に「読者のプライバシーの保護について」の文書を送付し，慎重な対処と県下の図書館への趣旨の徹底を要請したこと[4]などがあげられる。ここでは1970年代後半にしぼって，図書館の自由に係るいくつかの事実についてみておきたい。

○都立中央図書館における複写申込書閲覧事件（1975.5）[5]

　1975年5月1日，東京都立中央図書館に警視庁公安部の係官2人が訪れた。管理職Aが対応する。係官はあるレシートを持参し，それが都立中央図書館で発行した3月末までの複写料金のレシートであることを確認した。その際,「場合によっては，複写申込書を見せてもらえないか」と言って帰った。

　5月2日，前日と同じ係官が来館し，申込書を見せてほしいと求めたが，管理職Bが対応し，図書館の自由の立場から見せられない，と断り帰ってもらう。6日にみたび来館し，直接庶務に行って，刑事訴訟法第197条第2項に基づく捜査関係事項照会書を示し，申込書を見たいと請求した。

　管理職の間で協議し，求めに応えることとし，BとC係長が会議室に申込書を持参。公文書を確認の上，2人の係官に手渡した。申込書は3か月分，1～2万枚あった。係官は分担して1日分ずつ目を通していったが，メモを取ったり複写したりするということはなかった。そこで「図書館の自由やプライバシー侵害の事実はない」と判断しBは途中で退室し，終わりの方では職員は立ち会わず，係官だけで申込書を閲覧し，3時頃終わる。

　この事実に対し同館の職員組合が，安易に公安警察に利用者の複写記録を見せたことに抗議し，利用事実を記録に残さない申込書への改善を求めた。その後，図書館は氏名欄を切り離す方式に申込書の様式を変更している。

　この事件では，複写申込書が利用者の図書館利用記録として請求され，大量の利用記録が一時的には図書館側の立会いなしに警察の閲覧に供されたこと，請求に際して刑訴法に基づく捜査関係事項照会書が提示され，その規制力が問われたことが重要な問題点であった。これを機に，弁護士など法律の専門家からこの文書の拘束性等について学ぶことがなされ，法曹界との関係

74

が広がる契機となった。

○Ａ図書館における「新着図書だより」削除問題 (1975.6) [6]

　関西のＡ市立図書館において1975年6月，毎月発行している「新着図書だより」に，東上高志著『ドキュメント・八鹿高校事件』を掲載して配布した。それを目にした同市の同和教育指導室から，この掲載には問題があると指摘を受け，館長が自分の判断でこの記入を削除し，新しい版を刷り直して配布するという問題が起きた。同書は，八鹿高校で起きた同和教育に係る問題を部落解放同盟の運動に批判的な立場から執筆したものであり，この号にはこの本だけが記載されることにより，市立図書館がこの事件に関して反同盟系の本を推奨しているように受け取られる恐れがあり，同和教育についての市の方針にも反している，という視点での指摘だった。

　同市では，同和（教育）行政を進めるにあたって部落解放同盟と連帯して行う，いわゆる「窓口一本化」の立場をとっており，同盟を批判する運動や主張は差別を助長するものとして否定される関係にあった。図書館も社会教育機関の一つとして，この立場と無縁ではあり得なかったが，図書館のありようとして，いずれの立場の資料も購入はしていた。しかし，反同盟の立場の本は閉架になっており，扱いは違っていた。そういう状況の下でこの問題は生じた。

　部落解放運動の路線の対立がとりわけ激しかった1970〜80年代には，Ａ市のみならず，同和行政において部落解放同盟の影響が大きい自治体においては，同盟の方針に沿った施策が採られ，図書館にもそれが影響し，資料の購入，提供に際して一方の側の立場のものだけが，ということが各所でみられた。同盟がそれを求めたというよりは，同和指導室など行政が過剰に配慮した自己規制という側面も強く，図書館もまたそれに追従するケースが少なくなかったと思われる。

○『部落地名総鑑』問題[7]

1975年11月に大阪の部落解放センターに寄せられた1通の匿名の投書が，ことの発端であったようだ。「部落地名総鑑を買わないかというダイレクトメールがわが社に送られてきたが，許しがたいことなので取り上げてほしい」という内容で，チラシが同封されていた。部落解放同盟等による調査の結果，被差別部落の名前，所在地，戸数，主な職業等が府県別に記載された図書で，最初に現物確認されたものは電話帳くらいの大きさと厚さがあったという。8種類以上の類書があり，8番目に発覚したものの序文には，

就職や結婚に際して，身分差別をすることが，今日大きな社会問題になっていることは，皆さんご承知のことと存じます。(中略) しかし，大部分の企業や家庭に於いては，永年に亘って培われてきた社風や家風があり，一朝一夕には伝統をくつがえす訳にはまいりません。(中略) 採用問題に取り組んでおられる人事担当者や，お子さんの結婚問題で心労されている家族の方たちには，なかなか厄介な事柄かと存じます。このような悩みを，少しでも解消することができればと，此の度世情に逆行して，本書を作成することに致しました。

とあり，これが差別のための手引書であることが明白に語られている。

作成・販売者が興信所・探偵社などの調査業者で，購入者の大半が企業で一部個人も含まれていたこと，購入動機が人事採用における部落出身者の排除，結婚相手の身元確認であること，などが判明した。

国の九省庁が連名の次官通達で「同和地名総鑑は悪質文書」と指示（『毎日新聞』1975.12.16)，法務省が作成・購入企業に対し指導勧告をするなど，「地名総鑑」批判，厳しい追及が続くことになるが，こういった図書が言論・出版の自由の保護対象外にあり，いわゆる「悪書」であることには大方の異論はないであろう。宣言改訂への議論を提起した時期に顕在化したこの事実は，提供制限をせざるを得ない一つのカテゴリーにあげる「人権を侵害する

もの」の典型として，こうした出版物の存在が想定された。

○『凶水系』の記述をめぐって（1976.10）[8]

　推理作家の森村誠一が『週刊小説』1976年10月25日号に掲載した小説『「凶水系』連載第7回分の中に，実在する東京の大田区立池上図書館を場面設定して，図書館からの返却督促状が犯罪捜査の手がかりとなり，捜査で来館した刑事に図書館員が協力するというストーリーが描かれた。

　　「その同じ本を……田原春久という者が借り出していないでしょうか」，「ああ，ありましたよ。……同じ3冊を借り出していますよ」，「それで貸出日はいつになっておりますか」，「1月21日に借り出し，4月30日に返却しております」，……係員は，二人を刑事と知って協力的だった。

　作品には，刑事の依頼に積極的に協力して貸出事実についていろいろ応答する場面のほか，現実の池上図書館では採っていない貸出方式が記述されるなど問題が多く，図書館長が版元の編集長に会って事実に反すること，図書館に対する誤解を招きかねないことを指摘し，単行本にする際の配慮を求めた。単行本では，館名を「大田区立蓮沼図書館」という仮名に改めた。

　後に図問研「図書館の自由」委員会がこの件の問題点を『日本推理作家協会会報』1977年6月号に「犯罪捜査と読書の自由」として寄稿し，作家に対して図書館への理解を訴えた。それに対する森村の所感が『森村誠一長編推理選集』の月報11（1977年7月）に「推理小説のトラブル」として掲載された。その中で森村は，「日本の図書館が，一館の例外もなく統一して国民の読書の自由のために，警察の捜査に協力しないのであれば，小説といえども事実に反することを書くべきではあるまい」，だが「（自分の作品をあきらめるほどの譲歩を）まだ全国統一実施されていない，図書館の理念のために小説の作者がしなければならないのか」と問いかけている。図書館界が提起する「図書館の自由」に向けた厳しい発言であり，課題の提起である。

○日野市立図書館, コンピュータ導入にあたっての三原則を確認 (1976.6)

　1965年の開設以来, 市民の身近に豊富で魅力ある図書を, を目標に図書館の全域サービス体制の整備を進め, 公共図書館進展をけん引してきた日野市立図書館が, さらなる分館建設となお70～80％に及ぶ未利用者への貸出を広げる課題に向かうため, 開設以来のブラウン方式に代わる「貸出量の増大に対応できる貸出方式」の検討に着手し, 館内に検討委員会を設けて2年余の作業を重ねて, 1976年秋からコンピュータを活用した新しい貸出システムを導入することにした[9]。

　検討委員会では, コンピュータの利用を考えるにあたって, 貸出方式が備えるべき条件として,

＊貸出, 返却, 予約, 督促のトータルシステムであること

＊利用者にとって簡単で利用しやすく, 貸出返却の待ち時間の短縮などの大幅改善がはかれること

＊利用者の読書の秘密がシステムとして保障できるように, 本が返却されれば記録を消去し, あとに残さないこと

＊利用者と職員とのつながり, 職員と機器とのかかわり方などで, 可能な限り人間性を疎外しないこと

などの11項目を設定し, さらに近い将来に予想される行政事務のコンピュータ化によっておこる「統一個人カードによる住民管理」とのかかわりを重視し, 次の3点を明確にした。

(1)　図書館のシステムは, 「住民管理」ではなく, あくまで「資料管理」である。

(2)　システム全体を図書館の責任で管理し, 「人」に関するデータは, 将来とも民間委託処理などの形で図書館外にださない。

(3)　将来, 国レベルあるいは市レベルで, 統一個人コードが採用される場合でも, 図書館ではそのコードを用いない。

　この日野市立図書館における貸出三条件は, 貸出サービスの拡大に対してコンピュータを導入するケースが増えている状況に照らして, 学ぶべき先駆

的な経験として注目を集めた。

　自由委員会は，宣言改訂直後に刊行した宣言解説の冊子において，貸出記録の処理を外部に委託することへの危惧に関連してこの原則を取り上げ，慎重な扱いを強調している[10]。1984年5月に日図協総会で採択した「貸出業務へのコンピュータ導入に伴う個人情報の保護に関する基準」の策定に際しても，重要な参考資料として活用された。

○ピノキオ問題（1976.11）[11]

　1976年11月，名古屋の市民グループ「"障害者" 差別の出版物を許さない！まず『ピノキオ』を洗う会」が「障害者差別の童話『ピノキオ』の全面回収を求める」アピールを発表した。児童図書の古典として広く読み継がれてきた『ピノキオ』が障害者蔑視の思想で書かれた作品であり，現代の子どもにふさわしい本ではなく，障害児をもつ親の立場として許せない，という主張で，出版社に回収を求めたものである。この求めが図書館の蔵書にもおよぶことを危惧した名古屋市図書館の幹部が，ピノキオを各館の書架から事務室に引き上げるよう指示したことから，これが図書館問題になった。

　名古屋市図書館の職員集団は，「洗う会」の告発に対して館内で十分な検討もなく，直ちにピノキオを引き上げるという措置をした誤りを克服し，しかも「洗う会」が提起した問題の本質を，図書館のはたらきを通して受けとめようとする3年に近い実践を試みた。具体的には，館内各層からなる「ピノキオ実行委員会」を中心に，全職員参加でピノキオの「差別性」の有無を市民とともに考えようという試行であり，差別の克服に資する図書館活動の追求である。その中から引き出された三つの集約，

①　問題が起きた場合は職制判断だけで対処するのではなく，全職員で検討する。

②　市民の意見を聞く。

③　とくに人権侵害や差別にかかわる問題については当事者の意見を聞く。

を「検討の三原則」として確認したことは，この種の問題に対処する図書館

としてのあり方に貴重な経験を蓄積するものとなった。名古屋市図書館では
その後，館内に自由委員会を常設し，資料をめぐるトラブル等に対処してい
る。

注
1)　常務理事会記録『図書館雑誌』69巻2号　1975年2月　p.82
2)　総会資料『図書館雑誌』69巻8号　1975年8月　p.356-357
3)　『昭和51年度全国図書館大会記録　東京都』1977年7月　p.68-77
4)　日図協理事長名による要請文書は以下のとおり。
　　　最近，各地の警察署から図書館に対して，刑事訴訟法第197条2項にもとづい
　　て，貸出記録に関する照会請求が頻発していることを知られております。このこ
　　とは，捜査上の必要もさることながら，図書館職員には職務上知り得た秘密を守る
　　義務および読者のプライバシーを守る義務があり，この種の照会に対しては，慎重
　　に対処しなければならないと存じます。そのことを強く希望いたします。
　　　なお，この件に関して，貴県下図書館にも趣旨をご理解願い，事に当たって慎重
　　に対処されるよう徹底していただきたく，ご尽力を切望いたします。
5)　「警視庁の係官による都立中央図書館の複写申込書閲覧」『図書館の自由に関する
　　事例33選』(図書館と自由　第14集) 日本図書館協会　1997年　p.148-152
6)　近畿地区小委員会における事例研究の最初に取り上げたケース。次の2件の事例
　　研究報告として公表している。
　　　「"新着だより"の削除事件をめぐって」『図書館雑誌』1976年9月号（文責・石塚
　　栄二）
　　　「事例研究報告『"新着図書だより"の削除事件をめぐって』その後」『図書館雑誌』
　　1978年2月号（文責・塩見昇）
7)　友永健三「部落地名総鑑事件発覚から現在への軌跡」『そうぞう』14号　2005年9
　　月　p.4-5　ほか
8)　近畿地区小委員会「『凶水系』の問題」『図書館と自由をめぐる事例研究　その1』(図
　　書館と自由　第2集) 日本図書館協会　1978年　p.21-30
　　　『図書館の自由に関する事例33選』(図書館と自由　第14集) 日本図書館協会
　　1997年　p.140-147
9)　日野市立図書館貸出方式検討委員会「新しい貸出システムの試み」『図書館雑誌』
　　70巻6号　1976年6月　p.218-221
10)　『図書館の自由に関する宣言1979年改訂』日本図書館協会　1979年　p.29

80

11)　［名古屋市］図書館の自由問題検討委員会「『ピノキオ問題』と図書館の自由─名
　古屋市図書館における検討と結果」『図書館と自由をめぐる事例研究　その2』（図書
　館と自由　第4集）日本図書館協会　1981年8月　p.7-25

　　図書館問題研究会（愛知支部）編『ピノキオ問題に関する資料集』1－3　図書館
　問題研究会　1977～1979年

　　『シンポジウム "人間の自由" を求めて』図書館問題研究会　1979年

　　『図書館の自由に関する事例33選』日本図書館協会　1997年　p.104-115　など

3章 1979年宣言改訂の過程

　新設された図書館の自由に関する調査委員会（自由委員会）が，その任務の第一に掲げる「宣言の趣旨の普及を図る」に即して手がけた最初の大きな仕事が，「副文」を今日的に再生し，続出する図書館の自由の侵犯問題への対処に生かせるようにすることだった。そして，それが結果として主文を含む「図書館の自由に関する宣言」（以下，宣言または自由宣言）そのものの1979年改訂に至る起点となった。

　主文を含む改訂にまで進めることを決めてから1979年宣言の採択までの約1年間の委員会における議論の詳細，会員から寄せられた多くの意見・提言は，全国委員会の幹事を務めた酒井忠志の手で丁寧に整理し，和文タイプにより記録化されており，自由委員会の内部資料『全国委員会通信』（1978年7月～79年6月，30号まで）として残っている。提案された2度の改訂案に対して寄せられた意見の逐一を記録し，それへの検討結果を対置させて整理しており，委員会記録としても稀にみる精緻な労作であり，この間の事実を確かめる上で欠かせない基礎資料となっている。

　もっとも当の酒井によれば，『通信』は初めから委員会の記録として作ったものではなく，委員会の作業を進めていく上で必要だと考えこしらえたもので，いわば車が通った跡の「わだち」のようなものであり，それが結果として記録になったと思っている，とのことである。会員から寄せられた意見等は，当初から公表を想定したものではなく，ここで資料として活用することに躊躇もなくはないが，すでに30年以上の時を経ており，重要な事実関係として使わせていただくことにする。

　この資料と委員会の記録，『図書館雑誌』に掲載の記録等，そして検討に加

82

わった筆者自身のメモ，委員間の交換書簡等を基に，本章では1979年改訂
の過程をできるだけ詳しく，正確に記述することを課題とする。

3.1　副文の再生，採択をめざす　「副文案の問題点と改正の大綱」

　自由委員会が宣言の副文見直しに着手した最初は，1976年2月の関東地
区小委員会の定例会で，この日は出席者も少なかったのでフリー討論に終わ
る。5月の定例会で集中してこの課題を取り上げ，1954年の副文原案の全体
を対象に，手直しを要すると思われる個所の洗い出しを行い，そのまとめを
伊藤松彦委員長が5月16～17日の合同連絡会に提出することにした。

　副文の再生（最終的には宣言改訂に至る）を委員会の取り組む事業として決
定した最初の会議である5月の第3回合同連絡会では，関東地区小委員会の
まとめを基に副文全体の検討を行い，会員への呼びかけ文書の作成を伊藤松
彦委員に託した。

　すでに鹿児島短期大学での新たな教職の仕事に従事していた伊藤が多忙の
中で整理した文書に酒川玲子，塩見昇が協力して仕上げた「副文作成の基本
方針」を，委員会は『図書館雑誌』1976年9月号に，「『図書館の自由に関す
る宣言』解説文作成について—1954年『副文』案の改訂のために」として
公表し，広く会員による論議への参加を呼びかけた。

　周知のとおり宣言の主文はまことに簡潔である。したがってこれに今日
の事態と関心に即応する解説を添えることによって，宣言の原則的見地を
より説得力をもって明らかにする必要のあることは，改めて多言を要しな
いところである。ところで1954年副文案は，これに先立つ "中立性論争"
を経て館界の合意となりつつあった問題状況への認識と決意をふまえた立
派な文章で，今日でも十分読むにたえる生命をもっている。しかしこれを
今日の実践の指針とする立場から立入って検討すると，当然のことながら
力点のおきどころや表現などに若干の問題があり，そのまま今日の解説文

とはできないことも気付かざるをえない。

　　したがって本委員会は，この副文案の大綱を尊重したうえで，今日の到
達点に立って必要な改訂を加え，新しい解説文を作成することとした。作
成にあたっては何よりも内容・手続きの両面にわたり，会員の総意を反映
することを重視しつつ，下記の要領にもとづいて作業を進めたい。(以下
は要点)

(1)　委員会だけでただちに成文化せず，「副文案の問題点と改正の大綱」
　　　を本号に掲載し会員の検討を要請する。

(2)　これらの討議を参考に委員会で原案を起草し，さらに検討を重ねる。

(3)　解説文は読みやすいように，1954年案より長くならないようにする。

(4)　委員会発足後日も浅いので，具体的問題への言及は今後の事例研
　　　究等の成果で事後に補っていく。

(5)　現時点で主文には手を加えないことにしているが，論議が主文に
　　　及ぶことも想定されるので，主文に関する委員会の所見も付記した。

この「解説文作成の意義と方法」に続けて，手直しを要すると思われる個
所を具体的に提示する「副文案の問題点と改正の大綱」[1)]を掲載し，10月末
までに広く意見を聴取したいと呼びかけた。1979年宣言改訂の全過程を通
じて自由委員会が最初に公表した公式文書がこれであり，結果として最終的
に承認された1979年改訂宣言の大綱を構成する基となった。

　その内容を，検討を要すると判断した当初原案の当該個所との対比という
形で以下に紹介する。

　ただし「問題点と改正の大綱」はかなりの長文でもあり，ここでは1954年
の当初提案された宣言原案のうちの当該個所と対比しての要約した紹介にと
どめる。全文は巻末の【参考資料3】を参照いただきたい。

副文案の問題点と改正の大綱

[前文]

基本的人権の一つとして，「知る自由」をもつ民衆に，資料と施設を提供することは，図書館のもつとも重要な任務である。

（一）近代民主主義社会の原則は，民衆の一人一人が自由な立場で自主的に考え行うことによつて，その社会の動向と進歩とが決定されることである。

　　従って，社会の担い手としての民衆は，「知る自由」を基本的人権の一つとして保有している。

　　それと共に，その権利を正しく行使する社会的責任をもつている。

（二）図書館は，民衆のこの権利と責任に奉仕するものであり，その収集した資料と整備した施設とを，民衆の利用に提供することを根本の任務としているところの，近代民主主義社会にとつてその構造上不可欠の機関である。

問題点

(1)　近代民主主義社会の原則が戦後の獲得物であること，基本的人権としての「知る自由」が「人類の多年にわたる自由獲得の努力の成果」(憲法第97条)，「国民の不断の努力によって維持しなければならない」(憲法第21条)ことを補足する。

(2)　「知る自由」が憲法の保障する「表現の自由」，「学問の自由」，「教育を受ける権利」などと深くかかわること，「表現の自由」が情報の受け手の権利の問題としても捉えねばならないことにふれる。

(3)　戦前に図書館が果たした役割への反省，図書館が教育基本法や地方自治法の本旨によって基礎づけられることを補強する。

(4)　図書館の根本の任務を「資料と施設の提供」とするのは狭く古い理解なので，「全機能をあげて資料を提供する」という趣旨に改める。

(5)　宣言が公共図書館のみを対象とするものでないことを明確にする。

(6)　図書館間協力による「知る自由」の保障にふれる。

(7)　主文全体を通じての問題点

① 図書館の自由が国民の読書，調査の自由を守り広げるものという趣旨
をより端的に
② 「民衆」という表現の再検討。この文書ではとりあえず「国民」を使
用
③ 「資料と施設の提供」について
④ 「我々図書館人」という表現の吟味

［収集の自由］

1　図書館は資料収集の自由を有する。

（一）図書館は民衆の「知る自由」に奉仕する機関であるから，民衆のい
ろいろの求めに応じられるように出来るかぎり広く偏らずに資料を収集
しておく必要がある。
　　ここに資料に関する図書館の中立性の原則が存する。
　　この中立性の故に，図書館は資料収集の自由を有する。我々図書館人
は，この自由を守るため，障害になると思われる次のことに注意する必
要がある。

（二）我々の個人的な関心と興味から偏つた資料の収集をしてはならない。

（三）同時に，外部からの圧迫によつて，或る種の資料を多く集めたり，
反対に除外したりしてはならない。

（四）又，著者の個人的条件例えば思想的，党派的，宗教的立場の故に，
その著書に対して好悪の判断をすべきではない。

（五）このように図書館の資料収集は，自由公平な立場でなされなければ
ならないが，図書館の予算には限度があるので事実上無制限に資料の収
集をすることは出来ず，そこに我々による選択が加えられることになる。
　　然しこのように我々によつて選択収集された資料に対して，我々図書
館人はいちいち個人的に思想や党派や宗教上の保証をするものではな
く，それは資料として価値があると認めたが故に，自由に客観的立場で
選択収集したものである。

資料としての価値の判定については，我々は自ら誤らないように努力すると共に，広く社会からの援助を期待する。

問題点

（一）について

(1) 図書館の機能をより能動的に。提供のための収集，要求の予見やリクエスト・サービスの必要性などを含めて。

(2) 「自由」に接近するのに「中立性」の概念を媒介としているが，端的に「利用者の主体的な選択の自由を保障するための収集の自由」といったほうがよい。他方，中立性を重視する少数意見もある。

(3) 収集の自由が選択権の所在と不可分であることを明確に。大学図書館で選択権の所在が一様でないことなどの現状を把握した検討を。

（二）について

多様な，もしくは対立する意見のある問題については，各側面を代表する資料を積極的に収集すべきことの追加。

（三）について

問題が単に「外部からの圧迫」だけでなく，権力の干渉が「内部」で日常的に作用するようになっている事態を重視し，図書館員が誤った自己規制に陥りやすい問題の重要性を指摘する。政治・宗教団体からの寄贈攻勢についても触れる。

（四）について

「個人的条件例えば」は不要。

（五）について

(1) 選択が必要な根拠を予算の限度にだけ求めるのは妥当でない。むしろ予算を拡大することで地域社会の要求にこたえる積極面を強調する。

(2) 第2節は特になし。

(3) 第3節はこれでよしとするのが多数意見。それに対し，図書館の最善

の努力に対しても社会的批判は不可避であり，主体的積極的に利用者の要求や批判を受けとめる必要を明記すべしとの少数意見あり。

(4) 成文化された収集方針をもち公開することの必要にふれる。

［提供の自由］

> **2　図書館は資料提供の自由を有する。**
> (一) 中立の立場で自由に収集された資料は，原則として，何ら制限することなく自由に民衆の利用に提供されるべきである。
> (二) 勿論資料の性質によつては，例えば貴重な資料とか公開をはばかる種類のものとかは，必ずしも無制限の自由に放任さるべきでないことは当然である。
> 　然し思想その他の正当でない理由によつて，或る種の資料を特別扱いにし，書架より撤去したり破棄したりすることは望ましいことではない。
> (三) 外部からこのような圧迫があつた時，我々は民衆の支持の下に，資料提供の自由の原則を守るべきである。
> (四) 又，図書館の施設，例えば集会室，講堂等についても，原則として，すべての個人や団体に対して，平等公平に開放され自由な利用に提供さるべきである。

問題点

(一) について

　　「原則的に何ら制限することなく」につき，より現実的で適切な表現を探ったが適切な対案が得られず。

(二) について

(1) 「貴重な資料」，「公開をはばかる種類のもの」は削除する。ここには範疇を異にする次のような問題が含まれている。①人権，あるいはプライバシーを侵害するおそれが明確なもの，②図書館に資料を寄せた個人

又は機関が公開を否とするもの，③わいせつ出版物，④名誉毀損・剽窃
等により判決が確定したもの。

　①，②については当事者の要求，専門家の意見を尊重し，最終的には
図書館員の研究と見識で対処すべきこと，この種の制限は極力限定すべ
きで，時期を置いて再検討すべきことを述べる。③については今後の検
討課題だが，裁判で公開が禁じられたものに限って提供制限の対象とし
てはとの意見がある。

(2)　第二節中，「思想その他正当でない理由」は，「図書館が正当と認め
ないかぎり」と改める。「望ましいことではない」は「してはならない」
と言い切る。

(3)　これらの判断については，個々の館の主体性尊重と，個々の館及び
全国的な基準の用意とその公開の必要を付言する。

（三）について

　　文脈上，結びの項に移す。

（四）について

　　「講堂」は削除。年齢制限，身障者サービスの問題は触れない。

［検閲反対］

3　図書館はすべての不当な検閲に反対する。

（一）一般的に言つて，色々の種類のマス・コムニケーションの資料を検
　閲し発禁する等の弾圧手段は，或る政策を強行する早道のように思われ
　るが，このような措置は，民主主義社会になくてはならない弾力性，即
　ち民衆の批判力をなくするものであり，民主主義の原則に違反する。

（二）このような資料の一方的立場による制限は，資料の収集と提供の自
　由を本質として有する図書館の中立性の前提をおびやかすものであるが
　故に反対する。

（三）それと同時に，図書館に収集された資料も不当に検閲されて提供の
　制限を受けるべきではない。

（四）更に図書館の一般的利用状況については別であるが，利用者個人の読書傾向など個人的自由を侵すような調査の要求は，法律上正当な手続きによる場合の外は拒否する。

問題点

（一）について

　　憲法第21条第2項「検閲は，これをしてはならない」に基づき，検閲の不当性を簡潔に述べる。

　　宣言主文の「不当な」は将来改訂の必要があろう。

（二）（三）について

　　歴史的教訓にもとづき，図書館に加えられた事実を挙げ，図書館資料に対する検閲に反対する。

（四）について

(1)　「更に図書館の一般的利用状況については別であるが」を除去。

(2)　「法律上正当な手続き」については具体的内容をあげる。

(3)　利用者名の調査，複写申込用紙の調査の例を加える。

（五）　新設

　　以上は権力による直接的検閲行為に関する部分であるが，これに各種の組織団体等による同種の圧力も，同一原則で対処することを加える。

　　図書館員が利用者の秘密を侵す行為をしてはならないことを明記する。

［結び］

　図書館の自由が侵される時，我々は団結して，関係諸方面との協力の下に抵抗する。

（一）我々が図書館の自由を主張するのは，民衆の知る自由の権利を擁護

するためであつて，我々自身の自由の権利のためではない。

　図書館の自由こそ民主主義のシンボルである。この認識の下に，我々は図書館の自由が侵される時，それが日本のどの地点で起ろうとも，そこで戦つている仲間に向つて全図書館界の総力を結集して援助しうるように，組織を形成する必要がある。

（二）　それと共に，図書館の自由が侵される時は，独り図書館のみでなく，広く社会そのものの自由が侵される時であつて，社会を不安にし意見の発表をいじけさせ，一方交通のマス・コムニケーションによって民衆に盲従を強いることになる。

　自由に放任しておくと好ましくない結果が生ずるおそれがあると考える人もあるようだが，たしかに自由の途は迂遠にして時に危険を伴うこともあろう。

　然し一方的立場による弾圧によつて，社会が不自由になり弾力性を失うことの方がより危険である。よつて我々は図書館の自由が侵される時，広く教育・出版・ジャーナリズム・映画・ラジオ・テレビ・著者その他のマス・コムニケーションの関係各方面と密接に連絡提携し協力して抵抗する。

（三）　然し何よりも我々の味方は民衆である。民衆の支持と協力なくして我々の抵抗は無力である。

　そして民衆の支持と協力は，我々が日常活動に於いて民衆に直結し，民衆に役立つ生きた図書館奉仕を実行することによつて，獲得することが出来るのであるから，我々はこの点をよく認識し努力する。

問題点

（一）について

　　大筋は原文尊重。ただし図書館の自由の概念規定にあたる第一節については一層の正確を期し，図書館の自由を守るためにこそ，図書館員の一層の自覚と身分保障，民主的職場が必要なことを加える。「シンボル」は「一指標」とする。

（二）について

　　冗漫なので圧縮。（二）の記述は今日的見地から改める。文中「図書
館の自由」という表現は「収集・提供の自由」とする。

　　協力する対象を整理し，「読者」，「自治体」を加える。

（三）について

　　原案尊重。

（四）新設

　　図書館の自由に関する調査委員会の役割にふれる。

　　最後に，宣言を採択した日本図書館協会（日図協）がその自覚的担い
手として，日常的に努力する必要を確認する。

　　1954年に作成された副文の原案全般について点検を行い，この時点におけ
る問題点，手直しを要すると思われる部分の指摘をしたのがこの文書であ
る。およそ20年の時の推移があり，この間の図書館活動の進展により，明ら
かにいまの時代には合わないという内容や一般に使われない表現，用語もあ
るのは当然である。しかし，委員会としては極力この原案作成当時の関係者
の思いや盛られた趣旨を尊重したいという立場から，この問題提起をまとめ
ている。それでも各委員は館種，キャリアの違いもあり，委員会発足の当初
は委員それぞれがこれまでにそれほど意思疎通のある者同士というわけでも
なく，はじめは委員の間での考え方，意見の違いも少なくなかった。この段
階では，そういう実態とためらい，歯切れの悪さが随所にうかがえる文書に
なっており，いかにも論議を呼ぶための最初の問題提起らしさもみられて興
味深い。

　　指摘のうち，とりわけ重要な個所，その後の検討で議論が集まる部分など，
主要な論点と言える事項をここで念のため取り出しておこう。

　　＊前文冒頭における知る自由と表現の自由，図書館の基本的な役割等につ
　　　いての記述。いわば自由宣言の理念と基調をどう表現するか，という問
　　　題。

＊「知る自由」の保障に「中立性」を媒介とした論理展開はとらないこと。

＊図書館の自由が公共図書館だけではなく，全館種にわたる問題であることを明確に示す。

＊宣言を遵守し，履行する主体はだれかを明確にする。

＊「民衆」という表現は，現代にはなじまないので改める。

＊多様な考えのある問題について，図書館は各側面にわたる資料を備える。

＊上部機関からの示唆など，自己規制が生じがちな問題の重要性を指摘する。

＊収集方針を成文化し，公開することの意義，重要性に言及。

＊提供制限がありうる場合について，具体的に示す。
議論の焦点となる制限事項について，54年副文案にある「公開をはばかる種類のもの」という表現は採らず，それに該当するものとして，①人権，プライバシーを侵害するおそれの明確なもの，②資料を寄せた個人，機関が公開を否とするもの，③わいせつ出版物，④名誉毀損・剽窃の判決が確定した場合，を例示した。

＊制限は極力限定すべきであって，仮に制限するとしても，一定の時期をおいて再検討することを明記。

＊主文「不当な検閲」の「不当な」については将来における見直しの必要を指摘。

＊「検閲反対」(四) の後半に取り上げている利用者の記録の保守について補強・拡充する。

＊公権力からの検閲だけでなく，「各種組織・団体からの圧力」にも同一の原則で対処することを加える。

＊結びにおいて日図協，自由委員会の役割にふれる。

これらの問題についてどう考えるか，見解がどこまで一致するのか異なるのか，図書館から社会に向けての約束として，どれだけのことがいま言えるのか，その合意を探る共同作業として，ここから3年間の宣言改訂の取り組み

が進むことになった。

　この段階における整理として，明らかに不備もしくは不十分だったといわざるを得ない点もあった。標題で「解説文作成の意義と方法」と掲げたように，宣言の副文を不用意に「解説文」と表現したことが後の論議において，宣言の主文と副文の関係について誤解を生む要因となった。副文は「法三章」の主文の内容を展開する宣言本体であり，単なる補充の解説ではない，という理解に委員会のブレはなかったが，そのことの説明が不十分であったろう。

　図書館の基本的な任務を「資料と施設の提供」とするのは「狭く古い理解」だとして退け，資料の提供を強調する方向を示唆しているが，「施設の提供」には学生の勉強部屋（自習室）提供への拒否感がある一方，住民の開かれたひろばとして図書館の集会機能を捉えていこうという視点もあり，委員の間でイメージがよほど異なる状況が生んだ提起となっている。そのため「施設の提供」が集会室等の提供をめぐる対象，目的，公平性などとも絡めてかなりの論議を呼ぶことになった。

　宣言の主体（主語）を図書館とすることの合意は当初からはっきりしていたが，課題の提起としては徹底しきれていなかったという感は残る。これらもまた当然，以後の論議の焦点となる。

○1976年度全国図書館大会分科会での検討

　自由委員会は「副文案の改訂のために」の文書を『図書館雑誌』1976年9月号に公表し，10月末までを期限に広く会員からの意見を募った。そして11月26〜27日に東京で開催された1976年度全国図書館大会の第4分科会「読書の自由と図書館」において，初めて公開の場における副文再生に向けての検討を行った[2]。

　先にも述べたように，大会で自由の問題を扱う分科会を新たにつくることは事務局体制の面から難しいという事情が強い中で，それまで図書館員の問題調査研究委員会（職員問題委員会）が担ってきた枠を使って一緒に，という形でこの年に初めて大会の分科会に自由の問題が登場した。分科会のテーマ

が「読書の自由と図書館」で，冒頭の挨拶を兼ねた経過報告が自由委員会の森耕一委員長，司会を塩見昇，酒川玲子の両地区小委員会委員長が担当し，2件の事例報告（利用者の利用記録に関する守秘義務が問われた事例）が同様に両地区小委員会から関根敬一郎，石塚栄二，その事例にかかわる斎藤鳩彦弁護士による解説「図書館と守秘義務」があって，報告をめぐる質疑の後に酒井忠志が副文検討の提案を行い，最後に職員問題委員会の久保輝巳委員長が倫理綱領の提案をするというのがこの分科会の構成であった。結果的には，むしろ自由委員会が主導する形での分科会ということになる。自由宣言の副文についての論議を取り上げる最初の集会だということ，すでに議論の場にのぼっていた倫理綱領を考えるには，その土台となる自由宣言の議論を深める必要があるという配慮から，こういう構成になったのではなかったか，と思われる。

　ここでは副文の問題に絞って分科会の論議をみると，冒頭の報告で森委員長が自由委員会の設置に至る経過と，委員会の大きな課題としてまず副文の再生をめざすことになった事情を述べ，酒井忠志が「副文について」の提案を行った。ここまでこの課題を中心になって担ってきた伊藤松彦が，当初この提案をする予定になっていたが，所用のため急きょ酒井が代行することになった。酒井は提案の前段で，宣言が採択された1954年の状況と比べると，東村山市の図書館設置条例における図書館の守秘義務規定の明文化にみられるような住民の図書館についての認識の変化が顕著であり，日図協以外に日本図書館研究会と日本図書館学会の合同大会，大学図書館問題研究会（大図研）や図書館問題研究会（図問研），図書館活動推進全国労働組合協議会（図全協）などの場においても自由の問題が取り上げられるなど，自由をめぐる組織的な取り組みが広がっていること，などを取り上げ，宣言（副文）を論議する条件が変化しており，いまこの課題を取り上げる意義が大きいことを指摘し，『雑誌』9月号ですでに公表している「副文案の問題点と改正の大綱」の要点について説明した。

　酒井が指摘した要点――

- 「知る自由」の内容について，憲法との関連を含めてより明確に書く必要があること
- 図書館固有の自由ではなく，国民の読む自由，知る自由を保障するものとして図書館の自由があること
- 資料の問題について「中立性」を使わず，利用者の主体的選択の自由を保障するための自由とする。しかし，中立性について積極的意味を認めた方がよいとの考えもある
- 利用制限については基準が必要になるが，それは図書館員の理解だけではなく，利用者の理解を含めた公開・民主制が必要
- プライバシーについてはコンピュータの問題もある
- 団結して自由を守るというには，図書館員の身分保障，民主的な職場が重要

　副文問題の前後にセットされた2件の事例報告と，それに関連する弁護士からの解説，倫理綱領の提案，と非常に盛りだくさんの内容が組み込まれた分科会であったため，副文の検討にさける時間も限られざるを得なかったが，次のような事項をめぐって論議が行われた。

＊都立中央図書館における公安部の係官が刑事訴訟法第197条第2項に基づく捜査関係事項照会書をもって図書館の複写記録の公表を求めた事例を紹介した上で，図書館利用記録はそのすべてを見せないとすることが必要だ，という提起。

＊宗教団体などからの意図的な資料の寄贈についての対処のしかた。

＊この宣言が公共図書館だけを対象とするものでないというが，公民館，児童館など国民が本を手にする図書館以外の機関との関係をどう考えるか。

＊大学では自治が優先するという意見もあり，図書館の自由の理解が弱いようだ。

＊大学図書館の多くが図書館員以外によって管理運営されている事実と宣

言の履行主体について。図書館員が力量をつけていかないといけない。

＊検閲と図書館員が日常行っている選書行為との異同。

＊移動図書館で出かける際にはボランティアに貸出記録に触れて作業してもらっているが，宣言の対象はそういう準図書館員にも及ぶのか。

＊点字図書を郵送貸出しすると記録が残る問題など身障者のプライバシー保護について考える必要がある。

＊自由を守るには図書館員の身分保障が重要だ。

大会初日の全体シンポジウム「これからの図書館を考える」においても，自由宣言に直接言及するものではないが，日高六郎の次の発言など，国民の読書の自由を守り，広げる図書館の役割への期待やエールが，この大会の中で寄せられていたことも注目される。

　図書館を利用する利用者の秘密を守るという意味で，誰が何を借りて読んだかということを公表するということは，あるいはそれを軽率に扱うことはいけないと思うのですが，しかしどういう本が読まれ，どういう関心で読まれているかということを，図書館側でもう少しきちんとキャッチしていただけるとありがたいと思うのです[3]。

　読者（利用者）の読書についての反応を作り手にフィードバックする作用というのは，著作者や出版社サイドとしてもっともな図書館への期待であり，図書館の外からのこういう声との共感が広がり，共鳴しあえることが，図書館の自由についての国民の認識を広げ，自由宣言の社会的合意の形成に欠かせない，といえよう。

　全国図書館大会の分科会におけるこうした論議を踏まえて，自由委員会は分科会終了後に東西両地区小委員会の合同連絡会を開き，副文検討のその後の方向について協議した。副文の検討は，この時点で全面的に改めるというこ

とではなく，1954年の原案をベースにしつつ，これまでの論議，事例研究，今日の状況等に照らして手直しをすべき点，加え得る修正を提案し，今後状況に応じて随時修正を加えるよう柔軟に考えるということを基調とし，新たな副文へのイメージづくりの作業を進めることになった。

　近畿地区小委員会では，1977年1月の定例会でこの課題に絞った集中論議を行い，2月16日には大阪府立夕陽丘図書館を会場に，公開の副文検討会を呼びかけた。秋の全国大会が東京であったため，参加できなかった関西の会員からも広く意見を聞こう，ということで委員会が呼びかけた企画であった。そこでの特徴的な発言の要旨を以下に掲げる[4]。

＊主文も含めた見直しを進めてほしい。

＊原案（当初提案の副文）の内容も十分生かしてほしい。

＊「国民」はおさまりが悪い。在留外国人をどう考えるか。

＊「自由」という用語の使い方を慎重に。図書館員の独断，放任ということであってはならない。

＊圧力は権力からの自由に限るべきだ。権力的なもの，権力構造志向の団体に限る。

＊身体障害者など利用者の条件に対応した公平な利用の配慮をどう書き込むのか。

＊子どもの資料への接近を制限できるのは親だけだ，というアメリカ図書館協会（ALA）の考え方がある。子ども，年齢による制限は採るべきでない。

＊施設提供を古い考え方というのは疑問。論議の余地があり，ここで決着をつけるのは無理がある。

＊集会室はその目的にかかわらず，平等公平に開放されるべきなのか。図書館でやる行事，集会なのかどうか迷うことが多い。

＊検閲反対を憲法の条文だけで片付けるのはよくない。

＊個人の読書記録には必要なものもある。なくすことにデメリットはないか。

＊推理作家協会等への啓蒙を。

＊図書館員自身の主体的な自由が大事。そのことの強調を。

＊「われわれは団結して」というが，「われわれ」とはだれか。日図協会員か，図書館組織で働く者すべてか。

＊宣言を実行していくための具体策が必要だ。

＊自由の問題についての解説，パンフレットがつくれないか。

　関東地区小委員会では，浪江虔委員から成文化した新しい副文案（内部で副文一次改訂案と称す。参考資料4）が提示され，それを基に論議し，その概要を近畿地区小委員会にも伝えた。後にそれを承けての二次改訂案が，近畿地区小委員会の天満隆之輔委員によって作成され，小委員会で検討された。両委員による成文は，前記の「大綱」とそれを契機に寄せられた会員からの意見，全国大会の分科会における議論などを踏まえたものであるのは当然であるが，それぞれ執筆者の個性と文体の見られる案文でもあった。そうした特徴は，その後協議を重ねる中でしだいに没個性化（？）していくが，それはこの種の共同作業においては不可避な展開であった。

　改訂する宣言の文案づくりは当然，自由委員会の任務であるが，委員会だけがつくるのではなく，多くの会員，図書館界の総意でつくられなければならない，というのが委員会の当初からの一貫した意志であった。そのため委員会での検討と，その外で行われる多様な場と構成員による論議との結合を重視した。これは宣言改訂が成る1979年まで持続したこの作業の特徴だったといってよい。委員会としては各県の図書館協会の協力も得つつ，独自で検討の場をもつようにも努めたが，いまだそれに必要な手足が伴わず，自ずと限度があった。それをカバーしたのが，このテーマへの関心が深く，自由委員会の設置の是非を検討する初期の段階から積極的に参画してきた図問研，大図研の組織内でのさまざまな場における論議だった。とくに当初あまりこの種の問題は顕在化しにくく，関心も低いのでは，と思われがちであった大学図書館に関する大図研での論議が熱心だった。このことでは，後に大

図研委員長に就く酒井委員の働きかけが大きかったと思われる。

この間，各所において行われた検討の機会については，確認できるかぎりを前章2.2の時系列の経過記録に収めるようにした。

3.2 副文第一草案，第二草案

全国図書館大会の分科会における論議，「副文案の問題点と改正の大綱」に寄せられた会員からの意見を基に副文再生への検討を重ねた自由委員会は，そこからさらに一歩進めて，具体的な副文案の成文化に着手すべき段階に至った，と判断した。案文づくりは，まず，関東地区小委員会における浪江委員作成の修正第一次案をたたき台に進められ，2月27〜28日，大阪（なにわ会館）において両地区の合同連絡会の集中論議に持ち込まれた。

連絡会では初めに全国大会における自由の分科会の継続，地区小委員会を関東と近畿以外に広げること，1976年11月に顕在化した名古屋その他におけるピノキオ問題の経緯と展開，「図書館と自由」シリーズの続刊，などについて協議し，その後に中心課題の副文検討に入った。

検討はこれまでの大会分科会および大阪での公開の検討会等における論議，両地区小委員会である程度につめた課題を基に，浪江の修正第一次案に沿って進められた。全般的な事項と主文の柱ごとにその概略を以下に整理する[5]。

[全般にわたって]
・主文には原則として触れない。
・今後いくつかの段階を踏んだ日図協の諸会議を通すためにも，副文があまり長くならないようにする。
・簡略化のために，副文とは別に「解説」を作成してはどうか。【副文と解説の違いの認識を含めて，この段階では賛否あり】
・随所で使われる「われわれ」という用語の整理。
・「しなければならない」という表現は採らず，「する」と言うことで実践を

鮮明にする。

［前文に関して］

・前文で書かねばならないことは何か。

　　知る自由と図書館の関係，図書館とは何か，図書館員の働き

・館種について

　　公共性，公開性を備える図書館についてはこの宣言の対象とすることの
合意の上に，公立図書館と私立，大学，専門図書館等を同列に扱うか，公
共図書館が主対象である趣旨を明示するか，について両論あり，結論とし
て「この原則は，公共図書館ではいうまでもなく，他の図書館でも基本的
にあてはまるもの」の線で合意。

・「中立性」を立論の基礎に据えることの是非

　　案文を用意した浪江は，原案では収集の個所に記されていた「中立性」
を前文（三）に取り上げ，図書館の基本的な立場を明らかにする上でぜひ
必要，という考えを強調しており，それを支持する考えが強く出される一
方，「中立」という用語が時代の流れの中でどのように使われてきたか，に
照らして，宣言では使用すべきでないという異論も多く，激論となった。
この会議での集約は，「中立」の言葉は使用せず，実質的な内容でその本
来の意味，趣旨を盛り込む方向を探ることで収まる。

・倫理綱領とのすみわけが随所で論議になる（この連絡会には，図書館員の問
題調査研究委員会の田中隆子，久保輝巳元・現委員長も参加）。

［収集の自由について］

・資料費確保の必要性をどう扱うか。【図書館の自由，収集の自由を実質化
するには，十分な資料費の確保が欠かせない，という意見が多いことを受
けて】

・「相互協力体制を整え」とあるが，相互協力は提供の項に移すか，むしろ前
文で述べる。

・「偏った資料」ではなく「偏った資料収集」をしてはならない，とする。

・バランスと寄贈の関係。寄贈の問題はバランスではなく，自主的，主体性

という点で考えたい。

・収集と選択の区別。住民の持つ基本的な選択権と，実際の収集業務としての選択は異なるので，二つの用語を使い分ける必要がある。

・収集方針を成文化する主体（主語）は図書館とする。

[提供の自由について]

・「プライバシーと人権」は同意語であり，「プライバシー等人権」とする。

・名誉毀損，わいせつの判断主体。グルーピングする際の基準。

・「年齢」による利用制限（子どもの利用における制約）があってはならないことを表現しようという意見が，大阪における検討会以来散発的にあったが，文章化には至らず。

・「教育上の配慮からやむを得ないと認めたもの」は削除。

・「図書館施設の提供」をこの宣言の中でどう位置づけるかで論議盛ん。「施設」は前文で扱い，集会室とは切り離す。集会室の提供は公平な利用としたい。利用目的による制限の是非をめぐって論議あり。

[検閲反対について]

・検閲の禁止は絶対的であり，「不当な」は削除する。

・censorshipには，法（権力）によるものと，社会の諸勢力によるものの二面がある。前者が重視されるべきだが，ここでは後者を含めて考える。

・プライバシー，守秘義務には，人に知られたくない，権力に知られたくないの二つがあり，宣言採択当時は後者の面が強く意識されたが，現在は気兼ねなく本が借りられる，という側面に重点があろう。

・「教育上の必要から学校において，図書館利用者の利用歴を調べることは，拒否されない」という修正案の表現は採らない。読書記録と読書教育は別で，結びつけるべきではない。教育における方法で考えることである。

[結語について]

・宣言の主体は誰か。

・自由委員会の働きについて言及を，という希望意見あり。

・不利益を受けたものへの身分保障について触れたい。

初めて成文化された修正案に即して審議することで，副文全体をイメージしつつ個別の問題点，表現を論議することができ，結果として最終の改訂宣言にまで残る表現のいくつかが合意される一方，その後の論議で集中する，あるいは争点となるであろう事項を確認することにもなる検討となり，委員会として次のステップへの重要な作業となった。

2月の連絡会における時間をかけての検討を経て，3月28日の近畿地区小委員会に天満委員による修正第二次案が提出され，4〜6月にそれに基づく検討が両地区小委員会で続けられた。

6月の近畿地区小委員会では，後に『図書館雑誌』9月号に公表することになる副文第一草案の原形に相当する副文案がまとめられた。天満案についての両地区小委員会での検討を集約し，ここまでの副文についての意見，要望をとりまとめたもので，そこにはまだ委員会内部で異論のあるものはそれを並記するという方法を採り，過渡期の参考資料というべきものであるが，7月31日に開かれた大図研全国大会の分科会A，全体会議の論議の素材としてこれが提供された。

この場の論議[6]では，以下のようであった。

[前文について]
・自治体設置の図書館の利用対象は，その自治体の住民に限定され，公平平等ではない。外国人居住者と国民とが公平平等ではあり得ない。
・この原則はpublicな図書館に適用できるもので，大学の学科図書館，専門図書館には問題がある。対立する一方の側に立つ専門図書館，宗教図書館など。
[収集の自由について]
・成文化した収集方針をもつべきであるが，同時に収集方針が自らの手をしばることになる可能性もあるのでは。
・「寄贈者または寄託者が公開を否とする資料」を図書館が受け入れること

はあるのか。「一定の期間公開を否とする」なら理解できる。

［提供の自由について］

・「人権やプライバシーの侵害」の判断基準。

・「人権やプライバシー」を限定すべきである。例えば「特定の個人や団体の」
　をつける。

・「判決が確定したもの」を提供制限の対象として認めているが，「判決」そ
　のものが公権力の行使ではないか。

・判決が確定するまでの資料の扱いをめぐって，対立する意見が交わされた。

・判決が出たのち時間が経過して提供が可能となるケースがある（『チャタ
　レー夫人の恋人』など）。そのことを書きこむ。

・制限された資料を一部の研究者には見せるとすれば，利用を許可する「研
　究者」の判定基準は？

［結語について］

・ふだん自己規制をしながら仕事をしている。この原則を貫くのは困難だ
　が，職員の身分等を日本図書館協会で守れるのか。

・「これを救済し，保障することは日本図書館協会の重要な責務である」の
　理解については十分な説明が必要。基金の設立等。

・十分な討議を尽くすよう，ゆっくりやった方がよい。決定を急がず，いろ
　いろな場での討論を組織する。

　分科会では，前半に公共図書館におけるケースも含めて図書館の自由に係
る事例が交流され，後半で副文案の検討が行われた。大学図書館員を主とす
る場らしい意見，疑問も出され，議論の幅の広がりが感じられる。

　こうした多様な検討の場を重ねた上で，委員会が広く検討の対象として公
表した最初の案文，「副文第一草案」（参考資料5）が『雑誌』9月号に掲載さ
れた。結果として6月に近畿でまとめた草案と内容は変わっていない。委員
会の内部の検討で，副文案には採用されなかった異見9点についても，該当
の項に並記する形を採ることで，その後の論議への参考に供するように配慮

している。9月号に副文案を公表するに際しての前書きで，これは「委員会の中間報告である」と述べている所以である。

　そして，9月29～30日に大阪で開催する1977年度全国図書館大会の第4分科会の論議に討議資料として供されることになるが，それに向けて『雑誌』に掲載された「分科会への招待」（文責・塩見昇）では，「近年の事例や経験をふまえて，これだけはいえる，いわねばならないという点を中心にまとめた。早ければ来年度に日図協として採択できるところまでもっていきたい」と想定できるおよその日程を示して，さらなる論議を呼びかけた[7]。

○第一草案

　1977年9月に公表の副文案（第一草案）を，1954年の大会に提案された当初の原案と比べると，次のような手直し，特徴がある。1976年9月の「問題点と改正の大綱」の提起で始まった改訂論議の「中間報告」であるので，その枠組みを大きく越えるものでないのは当然であるが，全体として当初原案からはかなりの変化がみられる。主要な点を確かめておこう。

【前文】

＊前文の副文が二項であったものが六項になり，1954年原案が，民主主義と民衆の基本的人権の一つである知る自由の関係を述べ，それにかかわる図書館の役割，意義を強調していた内容を，（一）～（三）項で引き継いだ上で，新たに戦前の図書館が果たした役割への反省，国民の平等公平な図書館利用の権利，この宣言がすべての館種に妥当することを加えた。

＊知る自由を保障する図書館の役割，使命を述べるにあたり，すべての国民が必要とする資料を「社会的に保障」されることの重要性を指摘し，「真理がわれらを自由にする」という国立国会図書館法の前文を引用した。

＊この原則が「すべての図書館に妥当する」といいつつ，「公共図書館はもとより」という挿入句，「館種によって幅をもたせては」という異論

を付記するなど，このことでの模索の跡を残している。

＊主文はさわらないという基本方針であるため，主文の「民衆」と副文の「国民」が混在することのわかりづらさは避けられない。

＊原案にあった「我々図書館人」がだれを指すか明確でなかったのを，草案では，「日本図書館協会に結集する図書館員をはじめ，図書館に勤めるすべての人びと」と明示した。

【収集の自由】

＊広く偏らない資料収集＝収集の自由の根拠を「図書館の中立性の原則」から立論し，その障害となる行為として収集・選択の注意点をあげた1954年原案に対し，中立性を媒介にせず，「国民の知る自由に奉仕する機関」であるから，あらゆる資料要求にこたえる，それには……と資料選択に際しての留意事項をあげる展開に改めている。

＊原案に掲げた注意事項（留意点）は掲載順序，表現の変化はあるもののおおむね継承されているが，「資料としての価値」を強調した原案のニュアンスを除き，収集・選択への「社会からの援助と期待」に代えて，成文化された収集方針の公開により，「批判と協力を得る」とした。

＊「多様な，対立する意見のある問題」を扱った資料はそれぞれの観点を代表するものを収集することを加え，他に原案にはなかった寄贈受入れについてもこの原則にそうとした。

【提供の自由】

＊この条の基調として，全体的に原案より踏み込んだ内容となっている。「貴重な資料」，「公開をはばかる種類のもの」への配慮，「思想その他の正当でない理由」による特別扱い，除去は「望ましいことではない」という表現を除き，提供の自由に制限が加えられるケースを3点にまとめ，制限は「極力限定して適用し，時期を経て再検討されるべき」性質のこととしている。

＊1976年の「改正の大綱」で「公開をはばかる種類のもの」に代える，提供制限が不可避な範疇として，①人権，プライバシーの侵害，②寄贈

者の意志，③わいせつ出版物，④名誉毀損・剽窃の判決確定，をあげて
いたため，制限事項を掲げること自体を含めて論議が盛んだった部分で
あり，この段階では改正草案の表現に落ち着いた。

【検閲反対】

＊（一）～（三）に分けて述べていた検閲事項を（一）にまとめ，図書館
の自由を妨げるものが公権力による検閲だけでなく，「組織・団体によ
る圧力」もあることを取り上げ，検閲等による苦渋の歴史に言及，憲法
第21条の「検閲は，これをしてはならない」を無条件に守られねばなら
ないと述べている。原案に憲法の条項が採られなかったのは，「不当な」
を入れなければならなかったためであろう。改正草案が主文に手を入れ
ないことで，「不当な」が残ることへの対応としてこの憲法の言及となっ
ている。

＊原案（四）のプライバシー関連を（二）で当時の図書館の自由をめぐる
状況に即して詳しく膨らませた。主文にさわらないことを前提にした上
での対応で，この改訂の大きな特徴の一つである。「法律上正当な手続き
による場合」とあった代わりに，「刑事訴訟法107条による正式の捜索
令状」と書かれたのはその一例。

　守秘義務の及ぶ範囲をめぐって公務員，公務員以外の図書館活動従事
者の区別，異見にあがっている学校教育の場の教育的配慮の判断など，
この新しい領域での議論の集約がなお困難な様子がうかがえる。

【結び】

＊原案の趣旨は，整理した上でおおむね継承されている。自由の侵害を排
除する行動には「図書館の民主的な運営と図書館員の連帯の強化」が必
要なことが書きこまれた。

＊図書館の自由を守るたたかいで図書館員が不利益を受けた場合，それを
救済し保障する日本図書館協会の責務に言及した。

○1977年度全国図書館大会の分科会における検討 [8]

近畿大会の第4分科会「読書の自由と図書館」では，まず塩見委員が基調報告を行った。その中で最近の自由にかかわる事象の特徴として，次のことに言及した。それぞれに，当面する副文検討の今日的課題，留意点を提起するものでもあった。

・プライバシーにかかわる事象の頻発，官憲からの利用者記録の請求に刑訴法に基づく公文書を提示しての協力依頼が登場。
・東村山における図書館設置条例に，利用者の秘密を守る責務を盛り込むなど，住民サイドから図書館のあり方への期待が強くなっている。
・「ピノキオ問題」や部落問題に関連する資料の扱いなど差別を問う事象が多い。そこには弱者の立場からの提起と受けとめるべき面をもっている。
・差別解消に向けた図書館活動としてのかかわり方が問われている。
・図書館の自由はまさに「図書館とは何か」を問う問題である。

副文第一草案についての検討は，酒井委員による提案説明から始まった。その冒頭で，酒井は副文案の性格について，次の3点をあげた。

① 委員会内部でもまだすべてにわたって合意ができているわけではなく，一次的な文書である。今後の討論で全国の図書館員が一致して確認できるものに育てていきたい。
② 宣言の担い手については一応日図協の会員の合意と考え，これを基礎にすべての図書館活動に参加する関係者の理解と協力で輪を広げていきたい。
③ 宣言の主文には今回は触れない。

続けて提案文書の項を追って趣旨，論議になる点，検討してほしい事項，などを説明した。委員会から提起する最初の草案が示されたことであり，それをめぐってさまざまに論議された。質疑においては，酒川，塩見の両地区小委員長も登壇し，委員会における検討結果，見解を補足する役割を分担し

た。主要な論議を列挙する。

＊主文はどの段階まで触れずにいくのか。

＊判断の根拠となる条文を示すようにした方がよい。

＊「公共図書館はもとより」はない方がよい。他の館種がつけたしのような印象を与える。

＊「公務員以外の図書館活動従事者にも道義的責任が」とあるが，公共図書館向けに聞こえる。広く一般に受け入れられる表現に。（私立大学図書館員）

＊指導機関でもある学校図書館，学校における読書（指導）とこの原則の関係。

＊「外国人居住者」の中身，範囲。旅行者，留学生など。

＊資料選択の主体，責任の所在。

＊読者のあらゆる要求を満たすことが，民主主義を守ることにつながるか疑問。

＊図書館資料に対する異議申し立て，再評価の要求を，住民の要求と受け取るか圧力ととるかの判断は難しい。

＊「国民的支持を得る機縁」とあるが，単なる「機縁」か。もっと基本的な基礎構造の部分ではないか。

＊集会室の公平な利用で，営利団体の自由な利用までもが保障されるのは困る。

この大会の直前に顕在化した児童図書『ピノキオ』を障害者差別の本と非難する動きと，それをめぐる論議の影響が各所にうかがえるのが，この時期の特徴を示す大会論議となった。

　大会の閉会後に開いた連絡会（9月30日，京都教育センター）では，大会での議論を踏まえて第二草案を早期に作成して各所に広く配布し，さらなる討議を呼びかける，東西両地区で1回以上公聴会を企画すること，翌年3月の理事・評議員合同の会議で方向づけをし，5月総会で結論を求めるという日

程が確認された。内容面では，本文中に少数意見を併記することはやめ「説明」欄を設けてそこに記す，参考資料として根拠法を付記する，分科会で「収集の責任は館長にある」ことを明記せよという意見が多くあったが，理論的にはそのとおりながら，現実には無資格館長も多く，現場が選書することを館長が規制する論拠となる恐れもあり，避けることが妥当，などが論議された[9]。

　この集まりではその他の協議事項として，倫理綱領との関係，中央委員会（全国委員会）の構成について話し合い，後者について森委員長，両地区小委員会から各3名のほか，小委員会設置のめどはまだ立たないが，地区の代表として北日本，中部，九州ブロックから各1名の参加を求めていくことを申し合わせた。

○第二草案と合同検討会
　両地区小委員会の論議とそのつきあわせを経て，手直しをした第二草案は『雑誌』12月号に掲載され，会員の論議に供された。

　第一草案からの修正は，全体の構成には変わりなく，以下の諸点である。

【前文】

　・冒頭の「知る自由」の説明において，基本的人権の内容を憲法の名辞に即して，「思想及び良心の自由，信教の自由……」と修正。

　・(五)において「平等公平な権利」から「平等」を除き，差別の根拠になってはならないカテゴリーとして，「人種」の後に「信条，性別，年令」を追加。

　・(六)「すべての図書館に基本的に妥当する」と「基本的に」を追加。

【収集の自由】

　・資料選択は，「図書館の<u>責任において行う</u>もっとも重要な任務……」(下線追記)

【提供の自由】

　・(一)－3)「判決が<u>最終的に</u>確定したもの」(下線追記)

・「施設の利用は，営利を目的とする場合を除いて，個人・団体を問わず」
（下線追記）

【検閲反対】

・（二）「利用事実は職務上知ることのできた秘密であって，何人もこれを
漏らしてはならない。」（下線追記，行替え）

・「公務員の身分を持たない図書館活動従事者」⇒「公務員以外の図書館
活動従事者」

　　ここで「図書館活動従事者」というのは，「公共，大学を問わず私立
の図書館に勤務する図書館員，長期あるいは短期的に臨時雇用で働く
人々，善意等から図書館の仕事を援助してくださる人々，地域文庫や家
庭文庫等の活動に参加するお母さん，等々，それらを総称するもの」と
して使用している。

・「支持を得る機縁となることを銘記すべきである」⇒「支持を得るため
の必須の条件である」

【結び】　変更なし

　1977年11月に委員の委嘱が更新され，両地区小委員会の構成に一部変更
があった。新しい任期は1979年5月までで，基本的に1979年の宣言改訂ま
で地区小委員会はこのメンバーで構成されることになる（ごく一部のやむを得
ざる交代はあるが）。

　［関東地区小委員会］

　　大滝則忠（国立国会図書館）

　　小野格士（大田区立洗足池図書館）

　　加藤　清（大田区立図書館）　　　　　　1978年4月就任

　　河井弘志（日本体育大学図書館）　　　　1978年4月辞任

　　是枝　洋（法政大学大原社会問題研究所図書館）

　　酒川玲子（横浜市山内図書館）　　　　　委員長

　　鈴木紀代子（東京都立田無工業高校図書館）

関根敬一郎（埼玉県立浦和図書館）

　浪江　虔（私立鶴川図書館）

　伴野有市郎（国立国会図書館）

［近畿地区小委員会］

　石塚栄二（帝塚山大学）　　　　　　　　委員長

　鬼丸貞彦（芦屋市立図書館）

　久保和雄（豊中市立図書館）

　神代　明（高槻市立図書館）

　酒井忠志（京都府立大学図書館）

　塩見　昇（大阪教育大学）

　志保田務（大阪女子大学図書館）

　白瀬長茂（豊中市立図書館）

　信田昭二（西宮市立図書館）

　藤井　収（関西大学図書館）　　　　　　幹事

　森　耕一（京都大学）

　1978年に入って2月11〜12日，図問研東北集会で副文案検討が組み込まれることになり，委員会から石塚委員が参加する。3月11日には関西大学天六校舎を会場に，委員会として副文公聴会を企画し，高校図書館の司書，子ども文庫や図書館運動の市民の人たちにも参加を呼びかけ，論議の広がりを図った。そうして，大きな節目となる3月22日の理事・評議員による合同検討会に備えた。

　合同検討会には40余名が参加し，草案全体について論議された。内容面では，集会室の公平な利用など，いくつかの点で意見の大きく分かれるところもあり，検討への現場の図書館員の参加がなお広がりに欠けるのではないか，日図協役員がさらに会員への参加を呼びかけていくことが必要だ，ということで，日図協としての集約を当初予定からもう1年延ばすこと，それ以

上の延伸はしないこと，その間にかねて議論のある主文のいくつかについて
も手直しを考える，という方向を確認することで終わった[10]。この集約は，
翌日の評議員会において承認された。

　検討会の夜に開催された全国委員会（1978年1月発足。その初回）ではこの
流れを受けて，主文を含む手直し，新たな宣言の策定，翌年5月の総会にお
ける承認を得る，それは1954年宣言の改訂版である，を不退転の決意で進め
ることを申し合わせた。宣言の改訂を採択する場は全国図書館大会か，日図
協の総会か，についても議論になり，まずは実行の母体を備える日図協の組織
としての決定を行うことが重要であり，総会とするのが妥当だということに
落着した。

　こうして1年間の検討期間延伸により，改訂作業は主文の一部手直しを含
む新たな段階に向かうこととなった。

　なお，新たに発足した全国委員会の当初メンバーは以下のとおりである。
北日本，中部，九州地区にはまだ小委員会が組織できていないが，その下地
となることを見込んで，荒木英夫，伊藤松彦，中村幸夫に地区を代表して全
国委員に加わってもらうことになった。

　　森　耕一　　委員長
　　荒木英夫（北日本地区，気仙沼市立図書館）
　　石塚栄二
　　伊藤松彦（九州地区，鹿児島短期大学）
　　是枝　洋
　　酒井忠志　　幹事
　　酒川玲子　　幹事
　　中村幸夫（中部地区，名古屋市図書館）
　　浪江　虔
　　信田昭二

　5月26日には地元からの要請を受けて，福岡市立婦人会館を会場に，副文

第二草案を基にした公聴会を開催することになり，塩見委員が出席した。

3.3 これまでの検討の総括

　委員会は新たな段階でのさらなる検討の広がりに備えて，第二草案を対象とするこれまでの検討の結果を集約し，『雑誌』1978年6月号に発表した（文責・酒川玲子）[11]。誌面4ページを使って，副文採択までの日程を示した上で，副文第二草案の各項目ごとに，これまでの討論の場で問題になったところ，提案や意見を整理し（●印），必要に応じてそれに対する委員会の見解（○印）を並記したものである。もとよりこれまでの論議のすべてを網羅するものではないが，論議の集まることが多かった事項を主に整理しており，第二草案の全文も収録されており，最終的な宣言の改訂（主文を含めた宣言の改訂案）にもつながるきわめて大事なまとめとなっているので，その全文をここに採録する。

「図書館の自由に関する宣言」副文
―第二草案をもとに，検討された意見の総括

　基本的人権の一つとして，「知る自由」をもつ民衆に，資料と施設を提供することは，図書館のもっとも重要な任務である。

（一）「知る自由」は，思想及び良心の自由，信教の自由，表現の自由，学問の自由，健康で文化的な生活を営む権利，教育を受ける権利等の基本的人権を基盤とし，これらの諸権利を貫く基礎的要件を意味し，それは，“真理がわれらを自由にする”との確信と寛容の精神によって支えられる。

　「知る自由」は，人類が多年の努力の結果かちとった，民主主義を実現するための不可欠の権利であって，憲法が示すように国民の不断の努力によって保持される。

●「主文」の「民衆」と副文の「国民」の用語上の違いをどう解釈するのか，二種類の用語を使う意味は何か。
　○ここでは憲法で使っている「国民」という用語を使ったので，それ以上の深い意味はない。
●「真理がわれらを自由にする……」とは何を意味しているのか。
　○国会図書館法前文から引用しているが，若干違和感があり，更に今後検討したい（出典は聖書）。

（二）すべての国民が，いつでもその必要とする資料を入手し利用する自由を社会的に保障することは，「知る自由」成立の重要な一環である。
（三）図書館は，まさにこのことに社会的責任をになう機関である。図書館は，権力の介入や社会的圧力に屈することのない自律性にもとづき，図書館間の相互協力を含む図書館の総力をあげて，収集した図書館資料と整備された施設とを国民の利用に供するものである。

●現在の「知る自由」の概念が明らかでない。なぜ，「知る自由」があるのかを述べて欲しい。また「知る自由」の定義付けも必要である。
　○これら指摘のあった部分については，更に討議を深めることとする。
●図書館も権力機構の一部であるのだから，権力に抗して自律性をもつというのは論理的におかしい。
　○図書館法にいう公立図書館が教育機関であることは，地教行法［地方教育行政の組織及び運営に関する法律］30条に明示されており，兼子仁氏も認めている。行政内での図書館の自律性の問題は法律論だけでなく，国民の運動によって位置づけられるであろう。すくなくとも，権力機構の一部だから，図書館の自由・自律性を論じても効力がないと考える立場は，われわれは絶対にとらない。
●不当な権力の介入に屈しないという，教育基本法の一部をここに引用してもいいのではないか。

3章　1979年宣言改訂の過程　*115*

（四）戦前のわが国においては，図書館が国民の「知る自由」に奉仕するのではなく，国民に対する思想善導の機関として行動し，国民の「知る自由」を妨げる役割さえ果したことを忘れてはならない。この反省の上に，国民の「知る自由」を守り，ひろげていく責任を果すことが必要である。

●戦前の図書館の果たした「思想善導」とはどんなことか，具体的に知りたい。

　○「戦争と図書館」（清水正三編）にくわしいので参考にして欲しい。ここでは戦前の反省の上に立って宣言するという意味を重視したい。

●図書館の戦争責任がいわれたのは大きな意義がある。この項を一番最初へもっていってもいいと思う。

●戦前・戦後という言葉はあいまいなので再考を要する。

（五）すべての国民および外国人居住者は，図書館利用に公平な権利をもっており，人種，信条，性別，年令やそのおかれている条件等によっていかなる差別もあってはならない。

　○「すべての国民および外国人居住者……」は，「すべて」を削除して「国民および外国人……」とする。

●外国人居住者と特にいう必要はない。「人」でいいと思う。（世界人権宣言を参照）

（六）ここに掲げる原則は，公共図書館はもとより，すべての図書館に基本的に妥当するものである。

●すべての図書館を対象とするといっているが，私大などむずかしいので

はないか。大図研会報No.67の意見などを参照して十分検討してほしい。
- ●「公共図書館はもとより」をとった方がいいと思う。

　図書館のこのような任務を果すため，我々図書館人は次のことを確認し実践する。

1　図書館は資料収集の自由を有する。

　図書館は，国民の「知る自由」に奉仕する機関であるから，国民のあらゆる資料要求に応えなければならない。このためには豊富な資料費の獲得につとめる必要がある。

　また，国民の資料要求に的確に応えるために，資料選択は，図書館の責任において行うもっとも重要な任務であり，その際次のことに留意する。

1)　図書館員は，その個人的関心と興味によって，偏った収集をしてはならない。

2)　多様な，対立する意見のある問題については，それぞれの観点を代表する資料を収集すべきである。

3)　著者の思想的・宗教的・党派的立場にとらわれて，その著作を排除してはならない。

4)　図書館の選択収集した資料が，どのような思想や主張をもっていようとも，それを図書館および図書館員が支持することを意味しない。

5)　外部からの圧迫によって資料収集の自由を放棄したり，紛糾をおそれて自己規制したりしてはならない。

6)　寄贈受入にあたっても以上の原則を適用する。

7)　図書館員は，資料の価値判断を誤まらぬよう常に研鑽につとめるとともに，図書館は，成文化された収集方針を公開して，広く社会からの批判と協力を得るようつとめる。

- ●資料費の獲得のことは，大切な問題とは思うが，この項では理念的なものを出すべきであって，政策的問題を入れることに違和感がある。
- ●副文そのものは，額縁の中に入れて飾っておくものではなく，現実に働

きかける力をもつものであるという意味からも，資料費獲得の文言は入れるべきだと思う。

●国民の読む自由の享有はいかに資料費がふえるかにかかっているといえる。積極的発言として入れておきたい。

●資料収集の自由を保障するための外的条件の整備の必要を説明する一環として，示唆するにとどめた方がよい。

●「……次のことに留意する」とあるが，表現が弱い。「……次のことを原則とする」としたい。その方が外部に対して説得力がある。

●「党派的」⇒「政治的」
「図書館員は，その個人的関心と……」⇒「図書館は図書館員の個人的関心と……」

●4) は図書館の立場を説明していて，ここでは異質である。前文へ入れてはどうか。
○歴史的経過があって，干渉排除のよりどころとしていっておかなければならないと考えた。

●資料選択を，図書館の重要な「任務」としているが，「固有の権利」とするべきではないか。

●1)，2)，3)，5) があれば，4)・6) はない方がよいと思う。

●資料の価値判断を誤らぬよう，という表現は，図書館員が「いい本」「悪い本」の価値判断をするような誤解を生じやすい。表現を再考して欲しい。

2　図書館は資料提供の自由を有する。

（一）資料提供の自由を守ることは，国民の「知る自由」を保障するため，図書館に課せられた重要な責任である。すべての図書館資料は，国民の自由な利用に供されることが原則である。したがって，ある種の資料を特別扱いしたり，書架から撤去したり，廃棄したりしてはならない。図書館員の判断で資料の内容に手を加えてはならない。

次の場合に限って提供の自由の原則に制限が加えられる。これらの制限は，極力限定して適用し，時期を経て再検討されるべき性質のものである。

1) 人権やプライバシーを侵害するもの。

2) 寄贈又は寄託資料のうち，寄贈者又は寄託者が公開を否とする非公刊資料。

3) 名誉毀損およびわいせつ出版物であることの判決が最終的に確定したもの。

（二）集会室等図書館施設の利用は，営利を目的とする場合を除いて，個人・団体を問わず公平に認められる。

● 1) 人権やプライバシーを侵害するもの　⇒　特定の個人・団体の人権やプライバシーを侵害するもの

● 何らかの制限をつけなければ，拡大解釈される危険性がある。

　○この項については，委員会の中でも多くの論議のあるところで，人権やプライバシーの侵害という判断を，どういう視点で，誰がするのか，ということが，問題になる。「明らかに」「いちじるしく」などの制限的言葉をつけ加える意見もあるが，単なる文章表現としての解決ではなく，長い実践を通じて，文意を本当に生きたものへとして行く道も大切であろう。多くの方のご意見を伺いたい。

● 集会室の利用について，「あらゆるもの」とすると現状では非常に問題が出て来る。あまりにも理想論になる。旧副文の方が，その点現実的でよいと思う。

　○この項については，位置が適当でないとも考えられるので再考したい。

● 3) 判決があったことと，社会的規範として公表の制限をすることとは結びつくのだろうか。「公開を否とする判決が出たとき」としたらどうか。

　○この解釈については，法律の専門家に意見をきいて更に検討したい。

3　図書館はすべての不当な検閲に反対する。

(一)図書館の自由を妨げるものには，公権力の行使による検閲だけでなく，組織・団体の圧力もある。いずれの場合にも，力による思想の抑圧への偏執と国民の良識に対する信頼の欠除から生ずる。

　検閲等は，事前に図書館資料の収集を制約し，除去・廃棄に及び，遂には図書館の死命を制するに至るものである。このことは内外における苦渋にみちた歴史と経験に照して明らかである。また，検閲等をおそれての出版における自己規制も「知る自由」や収集の自由を妨げる。

　憲法第21条第2項の「検閲は，これをしてはならない」との規定は無条件に守られなければならない。

(二)　図書館は，利用者のプライバシーを守る責任を負う。図書館利用者の利用事実は，職務上知ることのできた秘密であって，何人もこれを漏らしてはならない。

　公務員の場合には守秘義務が課せられており，また，公務員以外の図書館活動従事者にも当然道義的責任が課せられる。

　したがって，刑事訴訟法第107条による正式の捜索状が発せられたことを正確に確認した場合を除いては，利用者の利用事実を明らかにしてはならない。

　図書館における利用者のプライバシー擁護は，利用者の図書館への信頼を確立し，国民的な支持を得るための必須の条件である。

● (一) で検閲を，公権力の行使と，組織・団体の圧力とに別けて使用しているようだが，現在は両方の意味を含めて使うのが普通ではないか。

●刑事訴訟法第107条による正式の捜索状といっているが，憲法の条項を示し，さらに図書館員が判断をするべきだと思う。

●旧副文にくらべ原則性が薄い。ハウ・トゥ的になりすぎている。例えば，検閲がなぜ悪いか，ということをこの項で書くべきである。

● (二)「公務員の場合は守秘義務が……」ということを特にいう必要はな

いのではないか，この三行削除してはどうか。

図書館の自由が侵される時，我々は団結して，あくまで自由を守る。

(一) 図書館の自由は，一国の民主主義の進展をはかる重要な指標である。
日本のいずこであろうとも，図書館の自由が侵されようとするとき，日
本図書館協会に結集する図書館員をはじめ，図書館に勤めるすべての
人々は，その侵害を排除する行動を起さなければならない。このことを
可能にするのは，かかって図書館の民主的な運営と図書館員の連帯の強
化である。

(二) 図書館の自由が侵されようとするときは，とりもなおさず国民の自
由と権利が侵されようとするときである。したがって，図書館の自由を
守るたたかいは，自由と人権を守る国民のたたかいにほかならない。
　図書館員は，共通の立場にたつあらゆる団体・機関・人々と提携して，
図書館の自由を守りぬく責任をもつ。これに対する国民の支持と協力は，
国民が，図書館員の日常の図書館活動を通して，図書館の自由の尊さを
体験している場合にのみ得られるであろう。したがって，図書館の自由
を守る努力は，不断に続けられなければならない。

(三) 図書館の自由を守るこうしたたたかいにおいて図書館員が不利益を
うけることがあってはならない。これを未然に防止し，万一そうした事
態が生じた場合には，これを救済し，保障することは日本図書館協会の
重要な責務である。

● (一)「日本のいずこであろうとも」⇒削除

● (三) 救済措置については日図協はどういうことをやるのか。
　○まだ具体的に決まっていない。今後の問題としたい。

● (一)で行動の主体を「日本図書館協会に結集する……すべての人々」
　と表現しているが，もっと巾広く，利用者も含めて図書館にかかわる
　人々すべてというとらえ方は出来ないか。

また「図書館活動従事者」にも道義的責任が課せられるのであるから，救済と保障の面でも図書館員だけであってはならないはずである。

＜全体を通じて＞

●副文の作成の意図があいまいである。主文の解説文なのか，副文としての独自の意味，性格をもつものなのか。

○副文＝解説文とは考えていない，主文が非常に簡潔にまとめられているので，副文と一体となることで，はじめて完全なものになると考える。さらに具体的事例と重ね合わせたところで，より詳細な解釈等で，解説文が必要な場合は，その都度行うことになるであろう。

●全体的にハゥ・ツゥ化していて，旧副文の方がいいと思う。

●副文の今後の取扱について，今期総会での副文採決は早すぎるのではないか，もう少し「館界をあげて」という気運をもり上げる必要がある。

○これについては，副文採決の場も含めていろいろ論議がされたが，その結果が，冒頭に述べた，「副文案採択までの日程」である。

副文の作成は単に文章を作ることだけが目的ではなく，実践の指針を形作っていくことを狙いとしており，そのためには，まず館員一人一人が自分自身の問題として，この案を読み，考え，意見を出していただくことにある。今後一層の論議のわき起こることを期待したい。

3.4　副文改訂論議のまとめ

1978年3月の理事・評議員による副文検討会で，さらに検討の論議を広げるために副文再生の結論を1年延ばし，その間に主文をも含めた宣言の改訂へと課題を広げることになった。状況が大きく変わることにもなるので，ここでこれまでの副文検討が，1976年9月に委員会が提起した「副文案の問題点と改正の大綱」（その要点を先に14項目に整理しておいた）が会員にどのように受けとめられ，第一草案を経て第二草案にどう反映したか，後の宣言改訂

の骨格にどこまで近づくことになったかの要点を整理しておこう。前節3.3
の委員会による総括と多分に重なることではあるが，筆者として独自に，第
二草案に表現されているこの時点での結果と，その間の検討の推移と課題を
確認することが本節の主眼である。

○前文冒頭における知る自由と表現の自由，図書館の基本的な役割等につい
ての記述

　　図書館の自由の原理を考察し，宣言全体の基調となる部分である。図書
館が国民の基本的人権としての「知る自由」を保障することで，民主主義
の発展に資する，という認識に変わりはないが，このことにかかわる憲法の
規定により近い表現とすることで，文章の組み立て・表現が変わっている。

　　資料の収集・提供の自由の根拠に原案では「図書館の中立性」を据える
ことで立論していたが，改訂案ではあえて中立性を引き出すこともない，
むしろ「知る自由を保障する」ために必要と言い切ることが適切と判断し
たのが大きな違いとなっている。それを補う文言として，「真理がわれら
を自由にする」という国立国会図書館法の前文を引用し，寛容の精神を重
視している点に関して，この改訂作業を強く意識した山下信庸の継続した
研究論文[12]の示唆もあり，原典に照らして誤解を生む恐れもあるため，
後の宣言改訂案ではこの引用は除かれることになる。
○図書館の自由が全館種にわたって妥当する問題であることを明確にする。

　　この提起への基本的な異論はなく，当然だと受けとられてきたが，公共
図書館と大学，学校，専門図書館をまったく同列に置いてよいかどうか，
には議論が続いた。第二草案では「公共図書館はもとより」と表現するこ
とで，他の館種においても，というニュアンスを示しているが，この記述
の有無についても賛否が残った。
○宣言を遵守し，履行する主体はだれか。

　　原案において「我々図書館人は」と表現されたこの宣言の主語，担い手
については，前項のこの原則が妥当する館種の問題，利用者に係る情報の

守秘義務の範囲，などの項とも関連して論議が多かった。改訂案では「日本図書館協会に結集する図書館員をはじめ，図書館に勤めるすべての人びと」と表現したが，結びにおける日図協による保障・救済の対象とも絡んで，なお論議の余地がある。

○「民衆」という表現は改める。

　1954年当時の時代背景から使われた表現であり，1970年代のこの時点ではあまりなじむ表現ではなく，変えた方がよいという点に異論はない。すべての館種にわたる原則ということに関連するが，「とりあえず国民を用いた」という委員会の提起でここまでは来ている。ただ「国民」というと，図書館を利用する日本人以外の人のことで違和感があるという指摘があり，なお課題は残っている。

○多様な考えのある問題については，各側面を表す資料を備える。

　これについてはほとんど議論の余地なく受け入れられてきた。

○自己規制が生じがちな問題の重要性を指摘する。

　日常の現場における資料収集・選択，提供の経験に照らすと，非常に苦衷の判断を迫られる問題であり，この原則を主張することに異論はないが，このことへの言及に寄せる思いには微妙なニュアンスを感じさせるものが少なくなかった。図書館現場で経験する差別表現にかかわる資料の扱いの難しさが反映していることは確かだろう。

○成文化した収集方針を公開することに言及。

　委員会としては積極的に提起した事項であるが，ここまでの段階ではあまり論議になっていない。収集方針の成文化・公開の事例がまだ少なく，そのイメージが持ちにくかったかもしれない。

○提供制限がありうる場合について，具体的に示す。

　議論の焦点となる制限事項について，54年副文案にある「公開をはばかる種類のもの」という表現は採らず，それに該当するものとして，①人権，プライバシーを侵害するおそれの明確なもの，②資料を寄せた個人，機関が公開を否とするもの，③わいせつ出版物，④名誉毀損・剽窃の判決が確

定した場合，を例示した。

　委員会としても当然予想したことであり，提案をめぐって議論の最も集中した個所である。知る自由を保障する宣言になぜ提供制限があるのか，という基本的な疑問，違和感を底流にもちつつ，人権や人の尊厳を傷つけるような行為，表現が現に存在する現代社会の実態に即してある種の制限をしないわけにはいくまい，という受けとめはかなり共有されていたといえよう。この検討の段階で生起したピノキオ問題など，差別関連資料の扱い，対応を意識しての発言がめだったことが特徴的。

○「検閲反対」(四) にある利用者の記録の扱いについて補強する。

　貸出記録等に示される利用者の読書事実など，プライバシーにかかわる記録を図書館はみだりに公表すべきでない，ということを強調することは，原案のような検閲の個所ではおさまりが悪いし，より積極的な扱いが当初から望まれてきた。この時期に図書館の自由をめぐって最も多く顕在化している事実がこの種の内容であったことによる。主文にも最小限の手を加えるとなることで，次の段階には主文の3として独立することになり，扱いが大きく変わることになる。

○公権力からの検閲だけでなく，「各種組織・団体からの圧力」にも同一の原則で対処することを加える。

　社会の右傾化への危機感が底流として強かった1954年当時は，公権力による検閲が主要に意識されたし，戦前への反省もそれを意識してのことであったが，図書館活動の進展の中であらわれる「それと同様」の結果をもたらす営為として「各種組織・団体からの圧力」を取り上げることに異論はほとんどなかった。ただその中身をどうイメージするかには，発言者によってかなり幅があったと思われる。館種による違いもみられた。

○結びにおいて日図協，自由委員会の役割にふれる。

　論理として当然必要，という内容であり，受けとめだっただろう。しかし，日図協の現実として何が，どこまでできるか，という不安や戸惑いは常に意識しながらの発言であっただろうし，また，そのように対処できるよ

うな組織へと日図協を強化する課題についても言及されてきた。

○副文とは何か

　最後に，基本的な問題であるが，副文とは何か，主文と副文の関係，副文は主文と一体のものなのか，単なる解説か，ということが折々に問われた。委員会が副文検討のために提起した最初の呼びかけ文書が「『図書館の自由に関する宣言』解説文作成について」(傍点筆者) であり，本文においても「解説」という表現を繰り返していたことが，誤解を招くもととなったのは否めない。「解説」という言葉の使い方があいまいで，不用意だったのは確かだろう。委員会として，副文は主文と一体をなす宣言本体だという説明にぶれはなかったが，それを内容としてより明確にするには，主文にも手を加える次のステップを待たねばならなかった。

3.5　宣言と倫理綱領の関係

　ここで副文検討の過程でよく話題にのぼってきた，職員問題委員会が採択をめざしている「図書館員の倫理綱領」と自由宣言との関係について整理しておこう。

　最終的には「図書館の自由に関する宣言」を前提にし，それを踏まえた文書として宣言の翌年に採択される「図書館員の倫理綱領」であるが，採択に向けての始動は倫理綱領の方がよほど早かった。倫理綱領制定への動きは，1966年の全国図書館大会に初めて「図書館員の問題」部会（分科会）が設けられ，翌年の部会で日図協に図書館員の問題を扱う委員会の設置を要望する決議がなされ，68年1月に臨時委員会を設置，70年1月に常置委員会として「図書館員の問題調査研究委員会」(委員長：田中隆子) が設置されたことに始まる[13]。

　頻発する司書の配転問題に対応し，図書館員の専門性，司書職制度の確立をめざしたこの委員会は，委員会での検討の中間報告として，1970年11月に「図書館員の専門性とは何か」を『図書館雑誌』に発表した。その中で専門

職に必要な要件として倫理綱領の必要性を主張した。委員会が綱領の内容を具体的に提起したのは71年で，73年2月には「倫理綱領具体化のために」を『雑誌』に発表し，条文の構成や内容の骨子案を具体的に提示した。この年の8月に山口県立図書館における図書封印事件が顕在化する。

委員会が初めて倫理綱領の文案を示したのは，1974年3月の「図書館員の専門性とは何か（最終報告）」を『雑誌』に発表し，その第5章「倫理綱領」においてである。以後，この最終報告について検討する中で，主要なテーマの一つとして倫理綱領の策定が論議されてきた。同年の全国図書館大会が「倫理綱領の制定」を日図協に申し入れる決議を採択し，これを受けて倫理綱領策定が日図協の事業として決定し，案文作成が職員問題委員会に託された。委員会ではその後，第1次案，2次案，3次案を作成し，全国的な検討を呼びかけることになるが，ちょうどそれは宣言改訂の検討と時期的に並行する形となり，全国図書館大会の分科会では両者の検討が同時に並行して行われることにもなった（前述の1976年大会など）。

この二つの委員会，文書（案）の関連についてであるが，日図協に自由委員会の設置を求める動きが始まった当初，常務理事会において関連の深い委員会ということで，自由の問題は職員問題委員会に対応を委ねては，という考えもあったことを先に紹介した。自由委員会の設置の是非を検討する委員会の構成に，この委員会が推薦するもの2名（後に3名に拡大）が加わったことも先述のとおりである。

両委員会の設置の経緯に照らしても，両者はもともと非常に近い関係をもっていた。委員会の構成メンバーについてみても，関東地区小委員会の当初委員長である伊藤松彦は，職員問題委員会の発足時から参画していた中心メンバーであるし，図書館憲章委員会の一員であり関東地区小委員会の当初メンバーでもあった裏田武夫は，中立性論議の中で「図書館員の立場」を執筆し，図書館員の戦争責任，検閲に立ち向かう姿勢を問い，もし「図書館員が支配勢力の非合理的な犠牲に供せられる」ような事態が起きたとき，それに対処できる「知的ようご委員会」のようなものを日図協が備える必

要を提起していた[14]。近畿地区小委員会の石塚栄二[15]は，すでに1967年に professional codeについて言及し，1970年に執筆の「図書館員の倫理」においてその内容を10点にわたって提言し，倫理綱領の具体化に関する『雑誌』特集の段階で「市民に対する誓約としての綱領を」を提起するなど，図書館員の専門性，倫理綱領への関心は強かった。塩見も1974年の全国図書館大会第10部会「図書館員の問題」で依頼を受けて，「図書館員の倫理綱領――とくに『図書館の自由』を中心に」を発表し，このテーマへの関心を披歴している。自由委員会の東西連絡会に職員問題委員会の委員長である久保輝巳が幾度も参加し，倫理綱領と自由宣言の関連についての協議に加わっている。

　もともと1954年の宣言提案に至る中立性論議の中で，倫理綱領の必要を提起する発言[16]もあったし，当時注目された主要論文に前記の裏田武夫の「図書館員の立場」があった。宣言の母体となった図書館憲章を日図協が制定する趣旨説明において，憲章策定小委員会の韮塚一三郎が次のように述べている。

　　従つて直接的には憲章そのものはどういうものであるかというと，図書館職員の道徳的な一つの規定であります。図書館道徳ともいわれるべきものだと考えていいかと思います。……この図書館憲章はこれを制定した人達にとつては道徳的な拘束力は持つているわけですが，法律的な拘束力は考えておらないわけです[17]。

　当初提案の宣言は，図書館の自由，中立性を具現化する担い手として図書館員の自律的規範をうたう要素を内包していた。むしろそれをめざしていたといっても過言でないくらいである。1954年宣言の副文案では基本的に「図書館は」という表現でこの文案の主語が「図書館」であることを示しているが，同時に「我々図書館人は」，「我々は」という文言もあり，図書館員の規範という側面を備えている。

　1980年に制定された図書館員の倫理綱領は，主文の冒頭に，

この倫理綱領は，「図書館の自由に関する宣言」によって示された図書館の社会的責任を自覚し，自らの職責を遂行していくための図書館員としての自立的規範である。

と述べ，「解説」において宣言と綱領の関係を次のように説明している。

　「自由宣言」を発表したことで，図書館と図書館員は，自らの役割を自覚し，その任務を遂行するという責任を社会に対して負ったことになる。この責任は大きい。個人の献身や一館内の努力ばかりで果し得るものではない。図書館という機関と図書館員という集団とが共通の考え方を確認し，協同してこの責任を負っていかなければならない。この内，個人及び集団としての図書館員の共通の考え方をまとめたものが「図書館員の倫理綱領」であって，日常の図書館活動と社会の中での図書館という大きな展望との中での図書館員の内容の充実をはかり，職責を明らかにし，その姿勢をただして責任を果し，社会の期待に答えることを目標とするものである。従って「自由宣言」は，自由の侵害へのおそれを契機として社会に対して発表したものであり，「倫理綱領」はそれを内から支えるものであって，この点から表裏一体と表現されるのである[18]。

　まさに宣言と綱領は「表裏一体」としての性格を構想された当初から備えており，その故に時期的には先に提案された倫理綱領であったが，宣言の改訂が成るのを待って，その1年後に日図協総会で決議するという手順がとられた。「このことは倫理綱領で扱っては」というやりとりが宣言改訂の過程でよくみられたし，そのように綱領の案文づくりの過程で考慮することは十分可能なことでもあった。1年後に，というのは，この大きな課題を一緒の会議で扱うことは無理があるという職員問題委員会サイドからの提案が最終段階で自由委員会に寄せられた，という経緯もあったが，それは内容的にみて

も当然そういう順序になるべきものであった。

3.6 主文も含めた改訂へ

　主文の一部にも手をつけることになったことから，委員会では改めて新しい宣言をつくるという課題の体制を組むことになり，1978年3月22日夜の全国委員会で改訂案の作成を森委員長も属する近畿地区小委員会に託し，近畿から起草委員を選ぶことにした。4月12日の近畿地区小委員会で森，石塚，酒井，塩見をその委員に決め，両小委員会の活動と並行して「改訂第1次案」作成に着手することになった。

　起草委員会では，委員会の中でもなお意見が分かれる個所のうち，とくに主文の表現に直接かかわる事項として，主文冒頭の図書館の任務を「資料と施設を提供すること」と表現している原案を，「資料」の提供に限定し，副文の関連個所をそれに合わせて修正する案を対置し，それをA案，B案の二案とし，さらに，主文3として「図書館は集会室等の施設を公平な利用に供する」を新設する考えも示し，両地区小委員会でその是非を検討してもらうことにした。その結果，ともに「資料と施設」を並記するのがよい，施設の利用で新たに主文を立てる必要はない，ということになり，それに基づき次のステップの成文化に進んだ。

　起草委員の集まりを幾度か重ねた後，6月10〜11日の第2回全国委員会で改訂第1次案をまとめ，これまでの経過の報告と「広範な討論と意見表明を望む」という呼びかけを付して『雑誌』8月号に発表した。起草委員会からの提起のうち，「集会室等の施設の公平な利用」は主文に取り出すことはせず，副文の中でその趣旨を表現することになった（したがって，集会室等の公平な利用を主文に掲げた案文は委員会内部の討議の段階にとどまり，公表された案文にはまったく登場していない）。

　改訂宣言で「最小限手を加える」ことになった主文の大きな修正点としては，

＊基本的な枠組みは54年宣言を踏襲し，「民衆」を「国民」に改める

＊第3「図書館は利用者の秘密を守る」を主文に新設

＊第4「不当な検閲」の「不当な」を削除

で，議論のあった「知る自由」か「知る権利」かについては，「知る権利」と改めることが望ましいという思いは委員の中でも強かったが，先人の明を尊重して「知る自由」の概念を積極的に解することで権利としてのアクセスにも対応できると判断することにし，残した（この件は第4章で後述）。

　第1次案への意見の聴取を10月中旬までにしぼり，それを活かす論議の場として青森大会の分科会を設定し，11月18〜19日の全国委員会（大阪）ではそれまでに寄せられた22件の意見について逐一検討し，採否を判断した。それを基に12月に1979年改訂第2次案を作成し，日図協理事長に提出，『雑誌』2月号に掲載することで，改訂作業も大詰めを迎えた。

　第1次案，2次案への意見は正確を期するため文書による提出を求めることにした。委員会に寄せられた意見は2回分を合わせて35件，そこで取り上げている事項は延べ300件以上に達した。これは稀にみる多くの会員の参加と協同，合作による新宣言づくりであったといってよい。

　1979年3月には遠方の会員の声を聴くことも重要ということで，九州地区において公聴会を開催した上で，27日にこれまで文書で意見を寄せた人を中心に最終の検討会を設定した。そこでの議論を踏まえた微修正を施し，その結果が翌日の評議員会への提案となり，その承認を経て5月30日の総会での最終判断に供された。

3.7　改正案作成の起草委員会

　前述のとおり，主文も含めた自由宣言の改訂原案づくりは近畿地区小委員会に属する森耕一，石塚栄二，酒井忠志，塩見昇の4人による起草委員会の手で，1978年4〜6月に集中的に取り組まれ，6月10〜11日の全国委員会による審議を経て，改訂第一次案として『雑誌』8月号に公表された。

起草委員会の作業は，新たな内容を書き起こすということではなく，副文案についてのこれまでの各段階における議論の蓄積を確認し，いまの段階としてここまでは言い切ってよいだろうという公約数を整理し，一つの文書に仕上げる，というものとして進められた。

　4人の委員の分担する範囲を，

　　　前文，第1（収集の自由）　　森　耕一
　　　第2（提供の自由）　　　　　酒井忠志
　　　第3（利用者の秘密）　　　　石塚栄二
　　　第4（検閲），結び　　　　　塩見　昇

と割り振り，それぞれが執筆したものを持ち寄り，読み合わせて当否を判断することで成文化を進めた。これまでの検討段階をともに担ってきたもの同士の作業であり，どう表現するかという文章上のやり取りは当然あったが，内容面で是非を議論することはそれほど多くはなかったはずである。公約数の合意にはいまだ難しいと思われる事項については，この段階での文章化は見送り，宣言とは別に解説のような文書を作成し，その中で取り扱うのがよいだろう，ということが暗黙の了解のような形で意識されていた。宣言の1979年改訂が成った後，日を措かずに『解説』パンフレットの作成に進んだのは，この作業の中で醸成されていた共通理解の必然的な展開であった。

3.8　改訂第1次，2次案

○副文第二草案から改訂第1次案への変更点

　副文の再生という段階からの大きな変化である主文の見直しをも最小限行う，という方針に則り，主文の見直しがまず課題になった。副文検討に着手した当初から再三話題になってきた，「不当な検閲」の「不当な」を削除する件，「民衆」という用語の見直しはすでに十分合意のあることとして受け入れることに異論はなかった。さらに，1954年原案では第3の検閲の項で，

（四）更に図書館の一般的利用状況については別であるが，利用者個人の
　　　読書傾向など個人的自由を侵すような調査の要求は，法律上正当な手続
　　　きによる場合の外は拒否する。

とあった「利用者の読書事実，プライバシー保護」に関する事項を新たに主
文に取り出して独立の項目とすることが大きな課題であった。この当時，利
用者の利用事実について警察から照会を受ける事実が各地で頻発しており，
フィクションやテレビドラマで図書館の利用記録がストーリーの展開に重要
な役割を担うケースも相次いで問題になるなど，図書館の自由をめぐる案件
としては，差別表現とされる資料の扱いとともに，最も関心も高く論議の焦
点となる事案として集中する内容であった。
　これにかかわる内容を新たな項目として主文に取り出すことについては，
この時点における宣言の見直しとして当然に必要だという点で合意は早かっ
たが，それをどう表現するかには起草委員会，全国委員会でかなりの議論が
交わされた。「利用者のプライバシーを守る」，「利用事実を明かさない」など，
さまざまな表現が模索される中で，最終的に「図書館は利用者の秘密を守
る」[19]とずばり言い切ることに落ち着いた。利用者の「秘密」という表現に
違和感をもつ向きもあったが，「読書の秘密」という用語法から連想するこ
とで合意に至った。
　宣言の主体（主語）を「図書館」とすることを一層明確にする表現上の配
慮が，副文の部分を含めて全体的にみられることが今回の改訂の特徴である
が，主文においては，冒頭部の「図書館のこのような任務を果すため，我々
図書館人は……」という表現を，「このような任務を果たすため，図書館は…
…」と改めたことにそれが明白である。
　先述したように，結果的には検討の対象となる案文に登場することにはな
らなかったが，起草委員会が最初に両地区小委員会に示した案の主文の中
で，「施設の提供」が独立項目として構想されたこともあった[20]。
　一方，副文に関しては，主文に新設した「利用者の秘密」の部分，提供の

自由の項での保存の重要性と集会室の位置づけに関する内容を別にすると，ここまでの積み上げに照らしてあまり大きな変更は生じていない。とくにこれまで論議の多かった前文の「図書館の自由」の把握，基本的人権との関係等の記述では，これまでの論議を通じての集約を文章化するという起草委員会の役割からも，1～4については副文第二草案の内容をそのまま継承するものとなっている。

　5の図書館利用の権利に関しては，「すべての国民および外国人居住者は」とあったのを，「すべての国民は」とした上で，行替えをして「外国人居住者についても，その権利が保障される」とした。6の適用範囲については，「公共図書館はもとより」という表現を削除し，この原則が「国民の知る自由を擁護するためである」ことを強調する文章を挿入することで，どの館種にとってもその表れ方には違いがあっても，利用者の知る自由を保障する原則は共通であることを鮮明にしている。

　収集の項では，若干の表現上の修正のほか，留意事項の7）にあげていた「成文化した収集方針の公開」，それによる社会からの批判と協力を得ることを3として独立させることで強調した。

　提供の項では，これまでの検討過程で要望の強かった資料保存の重要性，圧力・検閲による資料の廃棄のことに新たな2項を起こし，3項の集会室の利用制限に「特定の政党・宗派の活動」を加え，図書館における集会室の備える意義，位置づけの説明を加えることで，集会室の公平な利用の重要性を強調している。

　改訂案の最も目を引く変更点が，主文第3「図書館は利用者の秘密を守る」の新設とその副文の登場である。第二草案でも第3「検閲」の（二）で座りの悪さはありつつも，かなり書き込んでいたので，内容的には大意に変更はないが，主文が立ったことで副文を1～3に整理し，利用者のプライバシーに属する事項を読書記録とそれ以外の利用事実に区別し，1と2でその守秘を述べている。読書事実の秘密性は当然だが，その他の利用事実も，というニュアンスで，ここには複写記録や外国人留学生の来館事実など，近年に図書館

の現場で，実際にあった事件の経験が反映している。守秘義務を負う対象については，草案の公務員と公務員以外の図書館活動従事者の使い分けはなくし，「図書館に関係するすべての人々」とまとめた。

「不当な」が削除されたことですっきりした検閲の項では，プライバシー関係が抜けたことにより，これまで副文で一つの項に並べていたことを1〜4に整理し，公権力による検閲と，それと同様の結果をもたらすものとしての「組織・団体による圧力」を分けて記述した。

結びは，主文の「我々は」を「われわれは」と改めた以外に変更はない。ここは「図書館は」とするには無理があろうと考え，「われわれは」と人をイメージした主語になっている。

これによって，自由宣言が文字通り主文と副文とが一体として成り立つ文書であることをより明白に体現することが可能となった。

○第1次案についての検討

改訂第1次案を『図書館雑誌』1978年8月号に提案した自由委員会は，その前書きで，これまでの副文検討と委員会が重ねた作業の経緯を紹介するとともに，以下のように今後の進め方，希望するスケジュールを掲載し，より一層の「広範な討論と意見表明」を呼びかけた。

1　10月中旬までに，個人として，職場において，あるいは図書館関係団体主催の集会などにおいて，宣言案を検討していただく。

2　その結果も反映させながら，青森大会の第3分科会で討議する。

3　本年**10月21日**までに，修正（追加・削除をふくむ）すべき箇所，その理由，修正した文案を文書で委員会に提出していただく。

4　修正意見をとりいれて，12月中に改訂第2次案を作成する。

5　改訂第2次案を『図書館雑誌』1979年2月号に発表する。

6　1979年3月に，役員を中心とする検討会を開催する。

5月の総会において最終判断を得るためには，第2次案は「現段階におい
て大多数の合意が得られる，最終的な宣言文にできるかぎり近いものに仕上
げたい」という希望を込めて，「館界の総力を傾注し」たさらなる討議を呼
びかけた。

この呼びかけに呼応して寄せられた意見（厳密にはその直前に改訂案につい
ての委員会内部からの意見を含む）を忠実に記録化するものとして，前記の『全
国委員会通信』が7月から作成された。その発端を，幹事の酒井は，『通信』
第1号の末尾に次のように付言している。

　　伊藤さんから手紙をもらって，その内容に，早くみなさんに伝えた方が
　　よいと思う点があり，こんなものを作ってみました。「部内資料」として扱っ
　　て下さい。いつまで続くか，保障のかぎりではありません。（酒井）

この酒井の執念が，改訂宣言が成立するまでの約1年間，和文タイプを駆
使しての30号までの『通信』として継続され，この事業の土台を支えること
になった。まさに「わだち」の蓄積をそこに見ることができ，酒井委員によ
る貴重な貢献である。

文書による会員からの意見は，8月10日，9月12日付の小川徹（後に第3代
の自由委員会全国委員長を務める）による詳細な文書を皮切りに，次々と委員
会に寄せられた。改訂案への意見とは別に，1954年宣言案の起草にかかわっ
た佐藤忠恕からも激励のレターが届いた（これも酒井がはらった配慮への応答
である）[21]。

第1次案への寄稿者を次に列記する。

　　小川　　徹（法政大学）　　1998.8.10受理

　　小川　　徹　　9.12

　　徳島県立図書館（藤丸昭）　　10.16

　　富山県図書館協会　　10.16

　　北海道図書館振興協議会長　　田中保　　10.16

東京大学農学部図書館　　10.13

竹内真弓（東京都立中央図書館）　　10.13

東京都立図書館東京室　瀬島健二郎ほか5名　　10.20

菅原　勲（大田区立大森南図書館）　　10.21

大学図書館問題研究会愛知支部運営委員会　　10.23

木俣靖一（愛知県立大学図書館）　　10.23

新潟県図書館協会司書会議　　10.23

志保田務（桃山学院大学）　　10.23

清水正三（立教大学）　　10.25

中里妙子（大宮市立図書館），杉山英夫（大宮市立図書館），渡辺三好（岩
　槻市立図書館）　10.26

天野哲雄（神奈川県立図書館）　　10.27

荒木英夫（気仙沼市図書館）　　10.30

細井五，加賀谷憲助，奥宮実枝子，大日方祥子，山川次郎　　11.15

　文書は個人名になっているが，職場や仲間による話し合いをとりまとめた
ものも少なくない。

　寄せられた文書の内容は，語句・表現の修正から数ページにわたる意見，
論稿にまで及び，それぞれ委員会で検討に付された。委員会からの要請にこ
たえて，多くは代案を示しての意見，提案であったので，これまでの検討の
結果とも照らし合わせて，一つひとつ採否を判断した。小川の詳細な提起は
宣言全体の論理構成，主文と副文の関係，宣言にふさわしい表現のあり方に
わたり，そのいくつかは第2次案への重要な示唆となった。

　このあたりの段階での発言となると，すでに一度出された意見で消えた内
容が，別の人によって再提案される，ということも珍しくない。

　寄せられた意見の中で，これまでの検討では出ていなかった新たな論点や
意見，検討が不十分なままに推移してきた事項としては，次のようなものが
あった。

【前文】

* 「すべての国民は，図書館利用に公平な権利をもっている」とあるが，現実には実現可能かどうか疑問のあることがある。子どもの登録，貸出手続きの違い，自治体外の住民への利用制限など。大学・学校・専門図書館では奉仕対象を限定していることが多い。それらの解消が直ちに難しい以上，まじめに考えると同意しにくい。副文をつけない方がよいのではないか。

* 「ここに掲げる原則は，国民の知る自由を擁護するためのもの」，という表現は繰り返しにすぎず不要。「すべての図書館に基本的に妥当」という表現はあいまいで，この項はすべて削除するのがよい。

* 「すべての図書館に基本的に妥当」と館種別を配慮することにより，部分的に妥当しないこともあるといったあいまいな表現になっている。国民に向けた宣言である以上，「公共図書館はもとより」の挿入句があった以前の草案の方がまだましだ。

* 本文中の「　　」の使い方が統一されていない。

【収集】

* 資料費だけで豊富な資料が集められるわけではない。「図書館は寄贈も含めて積極的な資料収集活動を行い，資料の充実に努める」を加える。

* 「図書館の自由」を守るためには，「豊富な資料費」だけでなく，必要に応じて図書館員の数を増やすことが必要である。「豊富な資料費と十分な人員」とする。

* 成文化された収集方針をもつこと自体が努力目標にある段階では，「広く社会からの批判と協力を得るようつとめる」は虚言に等しい。「つとめる」ことは望ましいので否定はしないが，当面重要なのは職員の資料への研鑽であり，研鑽を削除した前案の復活を求める。

* 収集方針の成文化・公開で「社会の批判と協力を得るよう努める」とあるが，批判を得る努力というのはおかしい。

【提供】

*「図書館員の判断で資料に手を加えてはならない」というが，それはあり得ないことだし，そういうことを書くこと自体が図書館に対する社会の不信を招く。削除すべきだ。

*大学図書館で表現の自由を研究する学生に，「判決」のあった資料の公開を制限することはできない。「ワイセツ」の判決があったものに図書館が従うのは筋が通らない。

　判決は一つの考え方であって，他の人間が自動的にそれに従わなければならない社会規範ではない。

*利用者が図書館の資料から得た知識や情報を社会通念上不当と思われる使用をした場合，その結果生ずる問題について，図書館は一切責任を負わない，という一項を加えておいてはどうか。

*副文で「施設の利用」を扱いながら，主文に「施設」が出ないのは不自然だ。主文にも「資料と施設を」としてはどうか。【ここは既述のように起草委員会が主文改訂の最初に考案したA案，B案で示した内容に通じる】

*集会室等の提供の項は，図書館における集会室等の特色を意義付けた点で画期的だが，その提供原則を一項でまとめることは非常に難しい。「個人・団体を問わず」は削除する。集会室の個人利用は考えられまい。資料と集会の相関関係，相乗効果を踏まえた文案をどう創りあげるか。

【秘密】

*貸出記録の様式，保存期間を最小限とし，永久保存しないよう意思統一したい。

*電話による利用者の呼び出しに応ずるのは，利用事実を漏らすことになるのだろうか。いろんなケースがあって考えさせられる。

*第3－3の利用者の秘密保守によって「利用者の図書館への信頼が培われる」を削除する。蛇足だし，信頼を得るために秘密を守っているわけではない。（同種意見複数あり）

【結語】

* 「日本図書館協会の重要な責務」とある個所に，「その図書館員が所属する図書館及び」を挿入する。館員の勤務する図書館（の上司）が知らん顔でいては困るのではないか。
* 救済と保障の義務を掲げる趣旨は賛成だが，協会の現状では砂上楼閣の感。そうあるように協会を強化することが重要。

　改訂第1次案についての公開の検討は，8月5日の第9回大図研大会におけるA分科会を皮切りに，10月の全国図書館大会（青森）の第3分科会「利用にこたえるための図書館の自由と専門性」で集中的に行われた。

　青森大会の分科会には約130名が参加し，酒井委員の報告・説明を受け，論議に入った[22]。

* 『現代用語の基礎知識』，『原爆読本』など最近の事例を取り上げつつの意見表明があった。
* 参加者相互の意見のやり取りが見られた。
* 収集方針の公開はよけいな火の粉を招くのでは，という意見に対し，ぜひ必要という反論の意見も応酬された。
* 刑事訴訟法の条文を羅列するのではなく，憲法第35条を使った方がよい。
* 集会室の項は，図書館における意義を述べた後段を冒頭に置くのがよい。
* 結びの「たたかい」という表現をめぐって論議が多く集まる。強すぎる，もっと平易で受け入れられやすい表現に，の一方で，検閲の歴史的経験はまさに「たたかい」だ，これはぜひ必要な表現だ，と賛否の応酬あり。

　最終的な成文に活かされる提起もいくつかあったが，論議の中でかなりの時間を費やして交わされた，収集方針の公開によって社会の批判と協力を得ること，結びの「たたかい」という表現をめぐる議論には，1954年に自由宣言が採択された当時のもっぱら「抵抗」をめぐる議論が大半を占めた様子

と通底するものがあり，地域性による受けとめ方の違いが浮上している。

○第2次案の作成

　青森大会の論議とそれまでに文書で寄せられた22通，事項にして240件の意見，修正提案の逐一について検討する全国委員会を11月18〜19日に大阪・日生研修所で開催し，それを承けて24日の起草委員会で改訂第2次案を作成した。その結果が『全国委員会通信』18号に，「第1次案に対する主な修正部分の説明」として整理されている[23]。最終的な成案に向けての大詰めの作業である。

　以下，その内容を掲げる。

① 　前文−主文　「図書館」を主語にした方がよいという意見を採用。

② 　前文−3　「外国人居住者」の「居住者」を削除すべきという意見があったが，それでは海外にいる外国人も含まれ広すぎるので，「居住者」を残した。

③ 　第1−1　「資料費」のことは宣言になじまないという意見があり，削除した。

④ 　第1−2　「国民の資料要求にこたえるために」は，前項と重複するので削除。「収集方針」をつくるという趣旨をここにもりこむ。

⑤ 　第1−2　第1次案の(1)を(3)にくりさげた。図書館の意志・見解の表明となる表現を採るのが妥当，という意見にしたがい，「……してはならない」を「……しない」と改めた。

⑥ 　第1−2　「外部からの圧迫」，「特定の個人・団体からの圧力」など不統一だった表現を，「個人・組織・団体からの圧力や干渉」に統一。

⑦ 　第1−2　(4)は他と異質だとの指摘があり，位置を変えた。

⑧ 　第2−1　第1項の冒頭を簡潔化した。

⑨ 　第2−1　「図書館員の判断で資料の内容に手を加えてはならない」は自己規制（検閲）の問題なので，ここでは削除する。

⑩ 　第2−1　弁護士の意見を参考にして，「名誉毀損または」，「公開を否

とする」を削除。

⑪　第2-3　図書館の集会室がもつ特徴の文をこの項の初めに移す。

⑫　第2-3　「特定の政党・宗派の活動を目的とする場合」を削除。特定の政党・宗派であっても，資料を使う学習活動には門戸を開放すべきという意見があった。特定の政党・宗派に偏するかどうかが問題で，それは「公平な利用」で対処できる。

⑬　第2-3　「図書館の企画する集会や行事」は，図書館内の施設を利用するとは限らないので，項を独立させた。

⑭　第3-主文　近年，各地の図書館で読者のプライバシーを侵害する事例が増えており，図書館の自由の重要な柱として主文に独立させる。

⑮　第3-1　1次案に引用の刑訴法条文以外にも関係規定があるので，基本規定である憲法第35条の令状主義の原則を引用。

⑯　第4-1　宣言の趣旨にかんがみ，検閲が図書館に及ぼす影響を中心にするべきであるという観点で，二つの文節を統合した。

⑰　結語-1　宣言は図書館にかかわるすべての人によって守られねばならないものであるから，日本図書館協会の会員であるなしにかかわらないというのが修正の趣旨である。

⑱　結語-4　図書館の自由を守ることで不利益を受けた図書館員を保護することは，図書館の自由の重要な柱であるが，現在の日本図書館協会にこれを保障し救済する態勢が整っているとはいい難いので，「救済につとめる」とした。

　ここに整理されている趣旨，内容で改訂第2次案が作成された。図書館が主体（主語）であることを一層明確にするようにしたことのほか，小川徹の指摘[24]を容れて，宣言は図書館が自らの責任において行うべき事項について述べるものであるから，「……してはならない」，「……すべきである」という法令や規則のような表現は採らず，「……する」，「……しない」に改めた。もっともなことであり，これまでの各段階の案文でもずっと意識されてきた

ことではあったが，それを一層徹底させることになった。最終改訂の大きな
特徴といってよい。

　こうして確定された改訂第2次案は，「図書館の自由に関する宣言」1979
年改訂案として12月に日図協浜田敏郎理事長に提出し，1979年2月に最終
案（1979年改訂案）として『図書館雑誌』に公表された。

　その前書きでは，これまでに寄せられた会員からの多くの協力に謝意を示
した上で，寄せられた意見は大別すると，

①　ご意見をそっくり，あるいはほとんどそのまま改訂案に採用（または
　　反映）した。

②　ご意見の主旨を，できるだけ生かして採用した。

③　検討はしたが，採用しなかった。

になるが，③については委員会の中でも賛否の意見が分かれるものも少なく
なかったこと，双方が納得するまで討議を尽くしたことを紹介し，その結果
としての現時点の最終案であることを報告している。

　この案についての最終検討の場として，3月27日に役員・意見の提出者を
主とする検討会を開くこと，改訂案への意見は2月28日までに文書で，修
正（追加・削除を含む）すべき箇所，その理由，修正した文案を委員会宛に出
してほしいこと，検討会の当日は文書で出された修正意見を優先して審議
し，それ以外は時間の余裕ができた場合のみとしたい，と提案して，さらなる
協力と参加を訴えた[25]。

　評議員会の議案を先議する2月15日の理事会では，3月27日に予定の検
討会の結果によって多少の修正があるかもしれないという条件つきで，この
1979年改訂案が承認された。

○3月27日　検討会

　1979年改訂案を日図協として承認する上で重要な会議となる評議員会を
翌日に控え，評議員会では定例の重要議題があるので，その前に改訂案につ
いての実質審議を十分時間をとってやっておこう，という趣旨の検討会が3

月27日に設定された。評議員のほかに理事，第2次案（およびこれまでの検討段階を通じて）への文書による意見を提出したもの，そのほか関心のある会員を対象とした集まりで，出席者は37名となった。

委員会はこの検討会に向けて，これまでに委員会に寄せられた13件の文書による意見，修正案（1次案の検討会における文書意見を含む）をすべて討議資料として「修正意見一覧」に整理し，審議の参考に供した。資料は，1979年改訂案の各項目に対応する形で13件の文書から事項ごとに意見を取り出し，並置することで，どの部分にどんな意見があるかを総覧できるようにし，意見提出者番号を付記することで，それがだれからの意見であるかも識別できるように整理しており，B4判で7枚に及ぶ膨大なものとなっている（この資料は酒井幹事の労作であり，すべて後に『全国委員会通信』に採録された）。

一覧に採録されている文書の提出者は以下のとおりで，自由委員会の委員を含む個人会員，職場あるいは地区における議論を集約したものなど，多様である。

修正意見1　小川　徹

　　　　2　山下信庸

　　　　3　藤井　収

　　　　4　大学図書館問題研究会広島ブロック

　　　　5　菅原　勲

　　　　6　関根敬一郎

　　　　7　東京都立中央図書館・評議員一同

　　　　8　細井　五

　　　　9　木俣靖一

　　　10　「改訂第一次案」に対する意見提出者と委員会との話し合いで出された意見

　　　11　矢野暉雄

　　　12　木村秀明

　　　13　九州地区検討会

修正意見として提出されたもののうち，これまでにあまりみられなかった内容，大きな変更を求めること，として次のようなものがあった。これまでの論議の流れに逆行するような意見もあり，意見はほぼ出尽くした感を呈している。

＊「図書館は」で始まる主文—前文は改訂１次案に戻すべき。「図書館」を主語とすることにこだわりすぎ，文章として悪くなっている。

＊「図書館の自由に関する宣言」という名称は国民にわかりにくい。「国民の知る自由に関する図書館の宣言」としてはどうか。

＊併せて主文の組み立て，表現を全面的に見直しをしてはどうか。

＊資料の回収要求への対応について触れる。

＊提供制限の判断をするのに判決に依拠するのはおかしい。

＊制限される資料名は，その理由を含めて利用者に示すべきである。

＊新設された主文の「利用者の秘密」はなんとかならないか。公開されている資料の利用に「秘密」という語は当たらないと思う。

これらの内容を含む資料が配布され，検討会の論議に供された。検討会は栗原均事務局長の司会，浜田敏郎理事長の挨拶で始まり，議長に自由委員会の石塚，酒川両委員を選任。初めに総括説明として森委員長が全体にかかわる次の点に言及した[26]。

① この宣言は，だれが，だれに対してアピールするものか。

② 1954年宣言で中心に据えた「図書館の中立性」を改訂では採らなかったこと。

③ 「知る権利」という用語を採らず，「知る自由」を残した理由。

④ 図書館員の倫理綱領とこの自由宣言の関係。

次いで逐条説明に移り，前半を酒井委員，後半を塩見委員が行い，逐条的に審議を進めた。修正提案については議論した上で一つひとつ採否を問う形をとり，丁寧な審議を重ねた上で，いくつかの件についての修正を含めて最

終的には改訂案全体の合意に至った。

　27日夕方，検討会の終了後全国委員会を開催し，採決にまで至った事項を含めて，検討会で交わされた意見について慎重に再吟味し，1979年改訂案を微修正した案文を作成して翌日の評議員会へ提案することにした[27]。

　この段階での修正点は，

1　　知る自由，表現の自由の「　　」をすべて除く
2　前文－主文　　提供することを，もっとも
3　前文－3　　…ことなく，自らの責任にもとづき
4　　　　　　　図書館資料 ⇒ 資料
5　　　　　　　施設とを ⇒ 施設を
6　前文－4　　として行動し 「行動し」を削除
7　前文－5　　「居住者」削除
8　第1－2　　収集を行う。その際
9　第1－5　　以上の原則を守る　⇒　同様である
10　第2－1　　特別扱いしたり，資料の内容に手を加えたり，書架から…
11　第3－3　　これらは，図書館が ⇒ 利用者の読書事実，利用事実は，図書館が
12　第4－3　　生みやすい。しかし図書館は，

という程度で，内容的にはもう大きなところでの手直しはなかった。

　論議は煮詰まっていけばいくほど，同じ問題が否定されたり，復活を求められたりの行きつ戻りつもみられる。資料費のことを宣言に書き込むかどうか，などがその典型である。10の「資料の内容に手を加えたり」の第1次案への回帰（復活）には，菅原勲からの文書意見で，「東京の区立図書館では，自由に関する問題の中で，この"資料の内容に手を加える"問題が最大の焦点であり，……（これが削除されることは）宣言自体に自己規制が行われたのではないか，と心ある図書館員は心痛している」という長文の意見[28]の反映がある。一つ前の段階で，「資料に手を加えるなどあり得ないし，こういうこ

とを書くこと自体が図書館への不信を招く」という強い拒否意見があって削除した内容であったが，それと対置する強い意見を受けて再修正したものである。

検討会で採決にまで行った修正意見には次のことがあった。

・宣言の名称を「国民の知る自由に関する図書館の宣言」としてはどうか。

　　　2対21で原案のまま

・前文3－2の「自律性」を「自らの責任」にしては。

　　　9対13で原案のまま

・「豊富な資料」を入れるかどうか。

　　　3対21で入れない

論議を重ねる中で最終的には原案に落ち着いた事項としては，次のことがあった。

・「知る自由」と「知る権利」の問題。

・第2－1－(1) の「人権またはプライバシーを侵害するもの」への拡大解釈を危惧する意見が多く出され，「特定の個人」にかかわる人権と解してよいか，という質問に委員から「そうです」との回答もあった。

・第3－1の「外部に漏らさない」の「外部」について，学校図書館の場合の解釈が問われた。

・結語の「われわれ図書館にかかわるもの」を「日本図書館協会に結集する図書館員をはじめ，図書館にかかわるすべての人びと」(第1次案) に戻しては，という提案に，検討会では賛意が強かったが，委員会では，現場の図書館員に協会会員が少数であること，戦線を狭めることになると考え，それを採らなかった[29]。

翌28日の評議員会には，5月の総会に提案する原案として「図書館の自由に関する宣言　1979年改訂案」が提案された。議案内容については，前日の検討会で審議はほぼ尽くされており，その概要が報告されたことで，二，三

の発言はあったが，「原案通りで行きたい」という委員会（提案サイド）の考えを了とし，全会一致で提案が承認された。

　自由委員会が発足して4年，宣言の再生を図るため，副文の見直しを事業化してから約3年，長い道のりであった。委員会の幹事として，改訂作業の記録化に非常な力を注いできた酒井忠志委員は，その所産である『全国委員会通信』の28号に次のように所感を記している。

　　3月28日に開かれた日本図書館協会評議員会において，宣言1979年改訂案が，今年度総会へ提案する原案として，満場の拍手で承認されました。午後4時23分でした。

　　そのとき，浪江さんはその時刻と「歴史的瞬間」ということばを書いて塩見さんに見せ，塩見さんがそのことばを発言しました。会場の拍手の中で，森委員長が深々と頭を下げている姿が印象的でした。

　　評議員会終了後，委員の間では「拍子抜けがした」という声がもっぱらでしたが，私がその時の会場を見廻した印象では，それぞれの人が思い思いの感慨を込めて拍手をしているかにみられ，また，委員会に対する支持表明の拍手でもあったように思い，気のせいか拍手の音も大きく感じられました[30]。

　本書のような性格の記述に，情緒的な感想はなじまないかもしれないが，やはりこの3年間は長く，かつ凝縮された時間であったし，委員会のメンバーだけでなく，この過程にかかわったという思いの多くの人たちにとって，「やっと先が見えた！」，「ついにここまで来た」という一つの仕事の区切りを実感させる瞬間であったと思われる。1954年の宣言採択以来の，積年にわたる宿題の打開だと考えると，まさに「歴史的瞬間」と評しても過言ではないだろう。

　いよいよ最後の仕上げは5月末に予定の日図協総会への提案と，そこでの最終承認を残すのみとなった。

3.9　1979年日図協総会における採択決議

　新宣言案は1979年3月28日の評議員会で満場一致の承認を受け，5月30日の日図協定期総会に「総会決議」として提案された。総会は午後1時開会，伊藤松彦・三苫正勝を議長に，日図協会議室で行われた。

　「図書館の自由に関する宣言1979年改訂案の承認」案件の討議にあたって，まず理事会を代表して森耕一常務理事（自由委員会委員長）が提案説明を行った。森は，今回の改訂に至る流れを紹介した上で，改訂案の承認を全国図書館大会ではなく日図協の総会に諮ることについて，次のように述べている。

　　1954年の場合は大会決議をしているのだから改訂案も全国図書館大会にかけるべきだというご意見があった。もっともな面もあるが，大会というのは恒常的組織を持たないものである。宣言は発するだけでなく，日常的な活動を必要とする。協会には'75年から自由に関する調査委員会が発足し，活動もしているので，まず日本図書館協会でこれを決定してもらいたい。秋の大会においてはこれを受け，……宣言の精神を普及発展させる場と考えたい。

　総会におけるこの案件についての論議は，もう宣言改訂案の内容に関するものではなく，宣言の改訂を機にこれと同じ理念に立っている図書館法第9条を国民の知る権利を保障する立場から積極的に生かしていくべきだ，という意見（棚橋満雄）など，宣言採択後の展開を期待する発言がいくつかあった程度で，提案が承認された。議論の最後には，石塚栄二の「図書館の自由を守っていくためには，図書館員としての決意が必要である。特にJLAが組織体としてどう維持発展させていくかが重大な課題である。理事長の決意表明を願いたい」という発言を受け，浜田理事長から，「今後利用者及び図書館を管理する側の人等，多くの人に知らせるべきである」との応答があった[31]。

　1979年改訂「図書館の自由に関する宣言」は，こうして「5月30日総会決議」

として確定をみた。

3年間の改訂作業を委員長としてリードしてきた森耕一は，深い感慨をこめてその瞬間を，『全国委員会通信』最終号に，次のように綴っている。

　　審議の後半，「もう大丈夫」と感じられたころ，私は（　）の中の「総会承認」に代わることばのことを考えていた。「承認」というのは弱い。迫力がない。「総会決定」か「総会決議」か，しばし迷う。そうだ，定款は……調べてみると「総会は……決議する」とある。そこで，宣言案が満場一致で可決されてから，議長の伊藤さんに，「『案』を消すこと，（1979年5月　総会決議）とかきかえること」を提案した。そのあと，「30日という日を入れた方がよい」という注意が，塩見さんから届く。もっともである。

　　ふりかえってみると長い道のりであった。時日としては満3年。……民主主義には，手続と時間がだいじであるということの経験の一つであった，と思います。……どうもありがとうございました。そして乾杯！[32]

　日図協はこの日，宣言の決議を受けて，「知る自由を保障するための図書館の任務に関する声明」を公表し，宣言履行への強い決意を示すとともに，「国民全体の奉仕者であり民主主義を擁護する一機関としての図書館の立場に対する深い理解と強力な支援」を社会に呼びかけた。

知る自由を保障するための図書館の任務に関する声明

社団法人　日本図書館協会

　日本図書館協会は，1975年以来，委員会を設置して，憲法で保障されている表現の自由を守るために図書館のとるべき態度と方針について検討をすすめておりましたが，本日，東京で開催された本協会の定期総会において，別添の「図書館の自由に関する宣言　1979年改訂」が可決承認されました。

わたくしたち図書館員は，いまから25年前，1954年5月に開催された全国図書館大会において，「図書館の自由に関する宣言」を採択しました。それは，「知る自由」を権利として有する国民に，収集した図書，視聴覚資料，その他の資料と集会室等の施設を提供することが図書館の重要な任務であるとの認識に立って

1　図書館は資料収集の自由を有する

2　図書館は資料提供の自由を有する

3　図書館はすべての不当な検閲に反対する

という三か条と，これらの自由が侵されようとするとき，団結して，あくまで自由を守るという内容のものでありました。

　その後十数年間は，図書館の自由を侵害するような事件が顕在化することが少なく，そのために宣言の維持発展をはかる日常活動を怠ったことを，今となっては反省するのであります。しかし，1970年代に入って，図書館の振興がはかられ，図書館を利用する住民が増加し，図書館という存在が従前より身近なものになるにつれて，図書館の自由にかかわる事件がたびたび表面化するようになったのであります。発行所から寄贈図書の回収を要求されたり，あるいは警察から利用事実の報告を求められたり，あるいは問題のある資料の提供について図書館の責任が問われるなどの事件が，あいついで発生し，その一部は新聞にも報道されて，今日にいたっております。

　図書館が収集し保存している図書その他の資料を，たといその一部でも破棄することは，過去から受けつぎ後の世代に伝えるべき文化的遺産を滅却することを意味し，あるいは，自分たちと異なる思想の存在を否定するような行為は民主主義の根幹をゆるがすものであって，図書館は，これらの干渉に対して，あくまで冷静に慎重に対処しなければならないと，わたくしたちは考えます。民主主義は寛容の精神によって支えられており，不寛容は人びとの自由と平和を危険におとしいれるものであります。しかしながら，国民の学習権と知る自由を保障し，文化的遺産を後世に伝えると

いう図書館の使命を守り貫くことは，単に図書館員だけの責任と能力で果たせることではなく，ひろく社会の同意と支持を得なければ達成されないことは，歴史にてらしても明らかであります。

　日本図書館協会では，図書館の自由をめぐる昨今の状況を十分に考慮し，そこで得た貴重な経験をいかしながら，1954年の「図書館の自由に関する宣言」をより充実した内容のものに改訂し，図書館運営の基本的な指針として採択しました。ついては，この新しい宣言を公表して，わたくしたちの決意を表明するとともに，国民全体の奉仕者であり民主主義を擁護する一機関としての図書館の立場に対する深い理解と強力な支援を願うものであります。

　　　1979年5月30日

『全国委員会通信』最終号（1979.6.10）には，先の委員長の述懐に続けて，数名の委員が感想を寄せている。酒井幹事の要請にこたえた寄稿であり，宣言のこれからへの各人それぞれからの思いの一端が，各様に語られているので，再録しておきたい[33]。

○荒木英夫「日常業務にも深いかかわり」

　昭和29年に「宣言」が採択された時，私は図書館員一年生だったから，「自由」の問題と私の図書館歴とは丁度同年齢になる。当時，副文案が陽の目を見なかった理由の一つは，「雉も鳴かずば撃たれまい」ということだったらしいが，今回はそんな反対意見もなく可決にこぎつけたのは，その必要性が認識され，論議が充分に積重ねられたためとはいえ，「日本の図書館は25年前より力強く進んだ」ことを確信でき，うれしかった。

　だが本当に大切なことは，今後この「図書館の自由」を職員の中で如何に自覚し，仕事の上でどう守っていくかだと思う。我々の間にはまだこう考えている人々が多いのではないだろうか。「図書館の自由？　何処かの館では問題が起きているらしいね。でも幸い自分の所では何も起きていな

いから，我々にはあまり関係ないことだ」と。だが我々の日常業務を考え直してみると，小さな所にもこの「自由」との深い関り合いが発見され，それを見のがしているため，大切なものを自ら放棄しているのではないか。決して無関係ではない。研究と自覚を深める余地があるようだ。

図書館とは楽な仕事と思っている社会人や当局者が多い。が果たしてそうなのだろうか。消防士が火の下をくくり，医学者が病菌を扱うが如く，不幸，知的自由の侵される時代には，坑に埋められる覚悟をもって仕事に当たるのが図書館員というものではないのか。

「自由宣言」を職員の倫理として一人一人が守って行くなら，思い切った良い仕事も出来ようし，「図書館の専門職なんて誰でも出来る」などと考えていい加減な人事をやっている行政当局の考え方を変える大きな方法ともなるのではないか。

評議員会で賛成拍手をしている人をみて，我々現代の図書館人が，後に続く職員と社会とに残した誇るべきことは，今ここで承認したものではないかと思ったのだが，自分の独りよがりだっただろうか。

○酒井忠志「改訂後雑感」

宣言改訂が総会で決議された。まる3年間，議論に議論を重ねてたどりついたという感じである。この宣言は，伊藤さんの手で副文作成の方向付けが，浪江さんによって最初の文案が，天満さんによって最初の委員会草稿が作られたと記憶しているが，現実にでき上がったものを見ると，それらの個性的な文章の面影はまるでなくなってしまった。

この3年の間に何らかの形で討論に参加した人の数は，おそらく千人を超えると思う。とくに最近1年間の議論の密度は，近頃めずらしく濃いものであった。全国から寄せられる意見の内容は多岐にわたり，それらの一つひとつを尊重しながら文章は書きかえられた。まさしく全国図書館人の良識を凝結させたものと思う。読む人によってはまだ内容に不満があるかもしれない，文学的な表現の美しさや格調の高さに難があるかもしれない。

没個性的で面白くないという人もあるかもしれない。しかし，私はこの文章が作られる過程そのものに誇りを感じている。一歩前進と思っている。

宣言は，評議員会においても総会においても，1人の反対者もなく満場一致で可決された。私はその点に満足している。この手の議決はすべからく「満場一致」でなくてはならない。

総会において，宣言の精神をふまえて図書館法九条の実質化を提起する意見と，全国ネットワークに結び付ける意見とがあった。これを聞きながら，宣言が決議されるその瞬間から，宣言の波及効果というか，あるいはひとり歩きというか，そんなものが始まっていると思った。それは，ある意味では，今日の情勢にみあった実にうまいタイミングでこの宣言が出されたということを示しているとも受けとれる。それを思うと，時を移さず今からすぐに，宣言の理解と，内容の具体的実践と，経験の交流（事例の研究）を深めることが，われわれにとって特別に重要であると，痛切に感じる。

私がこの宣言改訂にかかわることができたのはしあわせであった。

○塩見　昇「"自由" 宣言改訂に思うこと」

29年ぶりに宣言の改訂がなった。「宣言の趣旨の普及につとめ，その維持発展をはかる」ことを任務とする自由委員会として，最初の大きな仕事だった。それがいま一つの段階をこえた。ここに至る過程でずいぶん多くの人が参加し，まさに共同作業の成果だという感を強くする。

改訂がこの時期になったことの意義は大きい。このところ国政レベルでの図書館政策の論議がさかんで，ようやく図書館にも陽があたりだしたともいわれている。そのことの論議はさておき，私はこれからが図書館のはたらきの内容が問われる時代だと思う。60〜70年代を通して蓄積してきた図書館運動の成果と真価が問われるときだろう。

80年代の図書館の課題をそのように考えるなかで宣言改訂の意義を重視したい。私はかねてからこの宣言の改訂を，図書館という社会的しくみ

が国民に対して何をなし得るか，国民が図書館に何を求め得るかを示し，そういう図書館づくりへの国民の参加を呼びかける運動の新たな出発を約束するものだと考えてきた。宣言の具体化とそれを通してのさらに新たな改訂の素材を蓄積することに，80年代の図書館の中核的な課題を見出したい。

　私自身，さきに50年代の中立性論議と「自由」宣言採択を評して，「総じて図書館活動の実態を離れた観念的なものであり……実践的な課題の追求とはならなかった」と述べたことがある。当時の熱い論議と宣言づくりに直接参加した人の想いを考えると，このようにいうことにいささかのひっかかりを感じるけれども，やはり当時はそうだったと思う。だが今後またいつの日か，「この改訂に中心的にかかわった人たちの想いはわかるが……」という批判を招くことがあってはならない。宣言改訂は一つの作業の終わりではなく，新たな出発であることをとりわけ大事に考えていきたい。そしてその条件はよほど強まっていると思う。

　それにしてもこの新しい宣言を，「図書館活動に従事する」どれだけの人が，「私たちの宣言」として受けとめてくれているだろうか。一人ひとりの胸を叩いてみたい思いが強くする。

○是枝　洋「宣言成立に思う」

　宣言成立の瞬間はいかにもあっけなかったように感じられた。それは委員会成立後四年にわたる様々な，わけても起草委員各位の超人的な努力によってうみだされたあっけなさであったろう。しかし，宣言の意義についての自覚は時と共に次第に高まってくる性質のものと思う。

　54年宣言が大会で採択されたのは，私が養成所に入った年で，当時学生は受付や傍聴などで大会に参加することができた。図書館界に足をふみいれた最初の大きな行事であっただけに自由宣言が論議されているということはそれなりに強い印象を与えた。しかし，内容については非常に大きな意義をもった宣言が討論されているのだというように受けとめることは

できず，あたりまえのことをいっているだけだというような感じであった。
その後宣言の意義について理解を深める機会はなかったし，授業でとりあ
げられた先生もおられなかったと思う。

　今にして思えば54年宣言の先駆的意義はまことに大きなものであった
と感ずるのである。ある意味では時代に先んじすぎていたというか，少な
くとも図書館界全体の空気からはかなり先んじていたために棚ざらしの運
命にあったといえよう。当時の公共図書館といえば，三度通ってやっと貸
出してもらえるといったような状況で民衆の生活からは縁の遠い存在で
あった。

　25年たった今，図書館は飛躍的な発展をとげ，このことが79年宣言を成
立させる土台になっている。しかし，もはや棚ざらしの運命はないかとい
うとそうは断言できない。総論賛成，各論反対という立場が多分かなりあ
ると思う。今後の委員会の活動はこの面でかなり重要であるが，それとと
もに「自由」に関心をもつ多くの人が討論に参加できるような場，日常の
現場でおきている事実を知らせるような場をもつ必要があると思われる。
具体的にはALAのニューズレターに，現場からの率直な意見交換をプラ
スしたようなものはどうであろうか。

○石塚栄二「“読書の自由”と宣言」
　最近，我われ日本人の人権に関する認識を試すニュースがあった。
　ひとつは金大中氏の事件をめぐる政治決着の見直し問題であり，もうひ
とつは国際人権規約の批准承認である。
　後者の国会審議の過程で，前者がどの程度関連づけて論議されたのか，
新聞のニュース面で見るかぎり明らかでないが，そのことこそが日本人の
人権感覚を示しているといえはしないか。
　『法学セミナー』は条約審議の最終段階にあたって特集を行ったが，その
「序」において，「従来は，基本的人権……は国家の憲法，法律によって保
護される，つまり法律の定めた範囲・程度内で保護されるのだと考えられ

ていた。人権を保護するのは国家の権限であり，……どのように国家がその国内で個人を処遇しても，外国からとやかくいわれる理由はなく，……それに対して非難したり抗議するのは「内政干渉」になる，という意見が大手をふってまかりとおってきた。

　しかし，国際人権規約を批准し，その締結国になれば，そのような考え方はもはや通用しなくなる。国際人権規約は，国家に人権の保護を義務づけており，それはいまや国家の国際的義務なのだからである。いままでは「個人は国家に服する」と考えられていた。しかし，これからは「国家は個人のためにある」ことになる，と述べている。つまり，「この条約の発効は，国家の時代が去り，人類の時代がはじまるその黎明を告げている」のである。こうした観点からは，金大中氏の人格を踏みにじった例の事件が，どのように見直されるべきかはおのずと明らかであろう。

　「図書館の自由に関する宣言」は，こうした時期において，人権に対する認識のにぶい政府の下で改訂される。審議の途中で，関根さんから「国民の知る自由に関する図書館の宣言」としてはどうかと提案されたが，私はむしろ「読書の自由についての図書館の役割に関する宣言」とする方が，より内容を明確にするのではないかと考えている。「読書の自由」こそ，人間が普遍的に持つ基本的人権のひとつなのであるから。

3.10　全国図書館大会における支持決議

　5月の日図協総会で成立した1979年改訂宣言は，この年の10月25〜27日に東京・三多摩で開催された全国図書館大会の3日目の全体会に，日本図書館協会からの提案として支持決議が諮られた。総会への改訂案の提案に際して森委員長が述べているように，宣言の改訂案は日常的な実践の組織を備えている日図協として承認することが重要であるが，その上で，日図協の文書にとどめることなく日本の図書館界が共有する文書として活かしていくために，全国大会においてその精神の理解を広げ，それを支持する意志を示してい

ただきたい，ということがあった。当初の宣言を採択した1954年には，まず大会に提案し，採択を決めたのち，総会で一部修正してその具体化を日図協に託すことを確認している。今回はそれとは逆に，まず総会で決定し，大会でその普及と実践の足場を広げるという手法をとることになったわけである。

　ちなみにこの大会の実行組織は，主催が日本図書館協会，東京都図書館協会，東京都公立図書館長協議会で，文部省，国立国会図書館，東京都教育委員会，全国公共図書館協議会，国立大学図書館協議会，公立大学協会図書館協議会，私立大学図書館協会，専門図書館協議会が後援し，出版界の日本書籍出版協会，日本出版取次協会，日本雑誌協会，日本書店組合連合会，読書推進運動協議会が協賛に名を連ねている。図書館員以外も少なからず参加する全国大会の場で，この宣言を認識し，支持してもらうことの意義を重視しての提案であった。

　大会3日目の全体会において，初めに問題別の8分科会からの報告があり，最後に協議事項として，2件の決議が提案された。その1が「『図書館の自由に関する宣言』を支持する決議」である。森耕一常務理事（図書館の自由に関する調査委員会委員長）が提案を行った。森は，5月の総会で決議に至った自由宣言のこれまでの経緯を簡単に紹介した上で，「これの普及をはかる，理解を深めるということで大会決議をお願いしたい」と決議案を読み上げた。

　拍手で承認された決議は次のとおりである[34]。

「図書館の自由に関する宣言」を支持する決議

　「図書館の自由に関する宣言」は，1954年に開かれた全国図書館大会において，わたくしたち図書館関係者の総意として採択されました。それは，「知る自由」を権利として有する国民に，資料と施設を提供することが，図書館のもっとも重要な任務であるとの認識に立って，図書館は，資料の収集と提供の自由を有すること，および，すべての不当な検閲に反対することを明らかにし，これらの自由が侵されるとき，団結して，あくまで自由を守るという内容のものでありました。

その後，今日まですでに25年の歳月を経過しました。その間，図書館を
めぐる社会の状況の変化とともに，とりわけ，1970年代に入って図書館の
振興がはかられ，図書館を利用する人びとが増加し，図書館という存在が
従前より身近なものになるにつれて，図書館の自由にかかわる問題がたび
たび表面化するようになり，わたくしたちにとって軽視することのできな
い事件も発生しながら今日にいたっています。

日本図書館協会では，1954年宣言の採択以降，25年間にわたる全国の
図書館活動で蓄積された貴重な経験を生かしながら，図書館の自由をめぐ
る昨今の状況を十分に考慮し，1954年の「図書館の自由に関する宣言」
に“図書館は利用者の秘密を守る”を加えるなど，全体としてより充実し
た内容のものに改訂し，本年5月に開かれた日本図書館協会定期総会にお
いて，「図書館の自由に関する宣言　1979年改訂」を決議しました。この
ことは，わが国の図書館の歴史と，現在の図書館の姿を思うとき，まさしく
時宜にかなったものであると考えます。わたくしたちは，この新しい宣言
を支持し，自らその理解を深めるとともに，ひろく国民の支持と協力を求
め，宣言の精神と内容を日常の図書館活動の実践に生かし，そのことを通
じて，国民の全体の奉仕者であり民主主義を擁護する一機関としての図書
館が一層発展するよう努力するものであります。

　　　　　　昭和54年10月27日

　　　　　　　　　　　　　昭和54年度　全国図書館大会

注
1)　図書館の自由に関する調査委員会「『図書館の自由に関する宣言』解説文作成に
　　ついて─1954年『副文』案の改訂のために」『図書館雑誌』70巻9号　1976年9月
　　p.377-379
　　　この文書は，「解説文作成の意義と方法」，「副文案の問題点と改正の大綱」からな
　　る。この時点で「解説文」といっているものは，採択当初の宣言原案にあった「副文」
　　を指しており，「解説文」，「副文」の用語が混用されている。後の論議の中で，副
　　文は解説なのか宣言本体の一部なのか，が問われることもあったが，当初の委員会

3章　1979年宣言改訂の過程　*159*

内部での混用がそれに影響したことは否めないだろう。

2)　『昭和51年度　全国図書館大会記録　東京都』1977年7月　第4分科会「読書の自由と図書館」第21回近畿地区小委員会（1976.12.14）記録

3)　同上『大会記録』p.30　全体会のパネルディスカッション「これからの図書館を考える」における日高六郎の最終発言。

4)　検討会の塩見メモによる。

5)　図書館の自由に関する調査委員会第4回東西連絡会（1977.2.27-28）記録

6)　大図研第8回大会に関する参加者メモによる。
　　ほかに，『大図研会報』63号　1977年11月　p.10-12

7)　塩見昇「読書の自由と図書館―昭和52年度大会への招待　第4分科会」『図書館雑誌』71巻9号　1977年9月　p.414

8)『昭和52年度　全国図書館大会記録　近畿』第4分科会「読書の自由と図書館」1978年3月　p.63-73

9)　第5回東西連絡会記録による。

10)　役員会議事録　評議員会（1978.3.23）『図書館雑誌』72巻5号　1978年5月　p.220-221
　　「部会通信　図書館の自由に関する調査委員会」『図書館雑誌』72巻5号　1978年5月　p.211

11)　図書館の自由に関する調査委員会「『図書館の自由に関する宣言』副文―第2草案をもとに，検討された意見の総括」『図書館雑誌』72巻6号　1978年6月　p.278-281

12)　山下信庸「いわゆる『図書館の自由』について」『獨協大学教養諸学研究』10　1976年3月　p.96-118
　　山下信庸「『図書館の自由』に関する研究ノート　国立国会図書館における特殊ケース」『獨協大学教養諸学研究』12　1977年12月　p.78-102
　　山下信庸「『図書館の自由に関する研究ノート』（続）―図書館の自由に関する宣言副文改訂案のために」『獨協大学教養諸学研究』13　1978年12月　p.42-66

13)　図書館員の問題調査研究委員会の設置前後以来の略史は，同委員会による『図書館員の倫理綱領　解説』（日本図書館協会，1981年，p.49-51）参照。

14)　裏田武夫「図書館員の立場」『図書館雑誌』47巻6号　1953年6月　p.170-174

15)　石塚栄二「プロフェッションとしての協会を」『図書館雑誌』61巻11号　1967年110月　p.479-481
　　石塚栄二「図書館員の倫理」『図書館界』22巻1号　1970年5月　p.2-7

16)　伊藤旦生「図書館倫理要綱について」『図書館雑誌』（1952年12月号）　など

17)　「第7回総会議事録」『図書館雑誌』47巻7号　1953年7月　p.26

160

18) 『図書館員の倫理綱領　解説』日本図書館協会　1981年　p.11-12

19) あれこれ議論があった中で，「利用者の秘密を守る」という表現については筆者が発案して同意されたはずだったと記憶する。併せて補記すると，自由委員会の設置検討以来の一連の会議の中で，筆者の発案で決着をみた内容として，自由委員会の役割規定に，「利用者の読書と調査の自由をまもり，ひろげる責務」と「ひろげる」を加えたことがあった。利用者の「自由」は既有のものにとどまらず，図書館がともにつくりだし，醸成するもの，という思いを当時強くもっていたことの証左として，記憶に残る。ほかに，図書館の集会室が備える文化創造の機能を強調することで，施設提供の積極的な側面を盛り込んだ点，資料収集方針の成文化と公開の積極的な推進，などがあった。

20) 起草委員会が提示した草案の中で，主文について，

　　1　図書館は資料収集の自由を有する。

　　2　図書館は資料提供の自由を有する。

　　3　図書館は集会室等の施設を公平な利用に供する。（下線筆者）

　　4　図書館は利用者の秘密を守る。

　　5　図書館はすべての検閲に反対する。

という構成を対案として考えたこともある。しかし両地区小委員会の検討でこれは同意されなかった。

21) 「佐藤忠恕さんからの手紙」『全国委員会通信』4号　1978年8月16日

　　改訂作業を進める上で，1954年当時の関係者の意見等をできるだけ聞こう，という酒井幹事の配慮への反応である。

22) 『昭和53年度　全国図書館大会記録　北日本』p.43-48

　　『全国委員会通信』8号　1978年10月20日

23) 『全国委員会通信』18号　1978年12月25日

24) 『全国委員会通信』5号　1978年9月25日　p.2

25) 「図書館の自由に関する宣言　1979年改訂案」『図書館雑誌』73巻2号　1979年2月　p.71-73

26) 森の総括説明は，『全国委員会通信』28号（1979.4.9）に収録。

27) 『全国委員会通信』28号　1979年4月

28) 『全国委員会通信』23号　1979年2月　菅原勲意見

29) 「日本図書館協会昭和54年度定期総会議事録」『図書館雑誌』73巻8号　1979年8月　p.423-425

30) 『全国委員会通信』23号　1979年2月　p.1-2

31) 『全国委員会通信』28号　1979年4月　p.1

32) 森耕一「宣言の改訂を終えて」『全国委員会通信』30号　1979年6月10日　p.2

33) 『全国委員会通信』30号。その一部が1979年10月発行の解説『図書館の自由に関する宣言　1979年改訂』のあとがきに引用されている。

34) 『昭和54年度全国図書館大会記録　東京』全体会　1980年4月　p.113-114

4章 改訂論議の主要な論点

　1976年5月の図書館の自由に関する調査委員会（自由委員会）東西両地区小委員会の連絡会で，現代の課題に対応できるように，法三章の「図書館の自由に関する宣言」（宣言）主文だけでなく，それを補強する副文の再生を図ることを委員会の大きな課題として確認して以来，79年5月の日本図書館協会（日図協）総会決議に至る3年間の自由宣言改訂論議を通じて，最も多く，かつ繰り返し取り上げられてきた事項，その後に課題を残していることなど，主要な論点をここでとりまとめておきたい。前章の改訂の過程として記述した内容と重複するところがあるのは避けがたいが，1979年宣言改訂の締めとして，ここで一章を設けることにしたい。

4.1　図書館の自由とは何か

　宣言の名称にも直接かかわる最も基本的な概念である，「図書館の自由」についての論議をまず最初に取り上げる。各段階を通じての検討，議論を通して，「図書館の自由」についての定義が必要だという指摘は幾度かあった。「図書館の自由」がわかりにくい，図書館のための論理のように誤解されかねない，という指摘もあった。

　「図書館の自由」とは，とその内容を直接に説明する文言は，1954年の原案にもない。第1章で考察した自由委員会の設置の是非を検討した委員会の最終段階で，「読む自由を守るための調査委員会」という名称を提案したことにも示されるように，「図書館の自由」というと，図書館が固有に備える自由，図書館のための自由，という印象を与えかねない語感のあることが議

論になることが折々にあった。1954年の全国大会において自由宣言を提案した際の有山崧事務局長の説明でも，宣言の名称について，「図書館の自由を守るというのは，図書館のためとか，図書館員のためではなく，民衆の知る自由を擁護するという意味であり，根本は民衆のための宣言である」とあえて言及していた経緯もある。

　自由委員会が活動を開始した最初の東西両地区小委員会の合同連絡会において，冒頭でこの委員会の名称の適否が話題になった際にも，関東地区小委員会の裏田武夫委員が，「図書館の自由とは図書館員の自由ではなく，宣言にある収集・提供の自由も決して図書館固有のものと考えてはならない。図書館の自由とは，市民の基本的人権を広げ，printed media を通じて図書館がその一部を担当し，その個人の自由を擁護することだと思う。図書館の自由は慣用上は使えるので，その定義の際に，附帯的に条件を付けておくべきだ」とこの用語の使用について留意を喚起しており，設置検討委員会の論議の段階でもそれは話題になっていたことの紹介があり，その趣旨は確認されていた[1]。

　そのような経緯に照らせば，この宣言の副文の最初に「図書館の自由とは」という定義ふうの説明が謳われることは必要であったかとも思われるが，すべての段階での案文を通じてそれはなされていない[2]。それが不要だという積極的な議論の記録（当事者としての筆者の記憶を含めて）はないが，宣言の主文全体を通じてそれは明らかだろう，という認識を前提とした結果ではなかったかと思う。すなわち，「知る自由をもつ国民に資料と施設を提供する任務を果たすため，図書館は収集の自由，提供の自由，利用者の秘密保持，検閲に反対することを実践するし，その危機に対しては団結して自由を守る」ということが図書館の自由の内実であり，それを社会に示す文書がこの宣言だ，という理解である。

　このことをもう少し敷衍化して文章化した内容として，1971年5月に『図書館界』が図書館行政の特集を組んだ際，筆者が天満隆之輔との共同で「図書館の自由」についての文献レビューを行った中で，「図書館の自由とは」

として提示した次の内容,

　「図書館の自由」とは，図書館（員）が住民の真実を求める知的要求,
自主的な学習要求を，住民の権利としてとらえ，それに積極的にこたえて
いこうとするとき，その活動を支える理念であり，利用者の要求を満たせ
る資料を図書館が自由に収集し，提供できること，それに専念する図書館
員の身分が守られること，図書館利用における読者のプライヴァシーの擁
護などを内容の一部とする[3]。

が，当時この内容に言及した数少ない文献の一つであり，大方の共感も得て
いたことがあって[4]，自由委員会の設置を検討した会議や宣言の改訂作業の
中でも「図書館の自由」の意味内容として，およそこういう理解が共有され
ていたといってよいだろう[5]。
　内容の理解に特段の違いがあるわけではないので，宣言（副文）の冒頭に
「図書館の自由」が図書館利用者（国民）の読む自由を権利として保障する
ためのものであることを成文化して明示することは，今後の検討課題として
よいかと思われる。

4.2　宣言の主体（主語）

　この宣言は，だれが，だれに対して，何を表明し約束するものか，という自
由宣言の基点，根幹にかかわることが，検討の諸階梯で，繰り返し問われて
きた。修正意見として1979年2月に寄せられた大学図書館問題研究会（大図
研）広島ブロックからの文書の冒頭になお，「この宣言は誰が誰にアピール
するのか明確でない。……図書館が国民に呼びかけるのが主旨ではないか。
そうでなければ専門家集団たる図書館員が国民にアピールすることになる。
その点，主語と目的語を明らかにされたい」[6]という内容がみられる。その
ことを念頭において幾度も手を加え，修正されてきたはずであるが，文章表

現上の問題がなお残っていたようだ。

　この宣言が表明する図書館のあり方に責任をもつのはだれか，この文書の主語がだれかをめぐる論議は，非常に重要な，宣言の根本にかかわる論議であった。ここには二つの要素が含まれる。一つは1954年宣言では輻輳している主語としての「図書館」と「図書館員」の区別であり，もう一つは宣言を具体化するはたらきの担い手として想定するのはどういう人か，具体的には日本図書館協会の会員と会員以外，専門職員とその他職員，さらに図書館にかかわるさまざまな立場の人々とこの宣言の関係，などがある。

　まず前者の問題を取り上げる。

　宣言の主体，主語が誰であるかは，主文の組み立ての最も根幹にかかわることであり，当然，個々の副文の実践主体を本文中にどう明示するか，ということである。

　1954年宣言案は，全体の骨格の組み立てとして，

　基本的人権の一つとして，「知る自由」をもつ民衆に，資料と施設を提供することは，<u>図書館のもつとも重要な任務</u>である。（下線筆者，以下同じ）
　図書館のこのような任務を果すため，<u>我々図書館人は</u>次のことを確認し実践する。
　1　図書館は資料収集の自由を有する。
　　　　　・・・・・・
　図書館の自由が侵される時，<u>我々</u>は団結して，関係諸方面との協力の下に抵抗する。

という構成になっていた。

　この宣言が，民衆の基本的人権の一つである「知る自由」を保障し，具現化する図書館の社会的役割を表明しようとするものであることは明らかだが，そのための実践主体は「我々図書館人」となっており，宣言の主体（主語）は「図書館人（図書館員）」だと受け取れる構成になっている。先に自由宣

言と倫理綱領の関係について取り上げた3.5でもふれたように，1954年宣言はもともと図書館の中立性，図書館の危機にかかわっての図書館員のあり方なり使命を問う論議に端を発するものであり，宣言の主体に図書館と図書館員が混在する要素を内在していたことは確かである。

　たしかに具体的に何かことを処する行為の主体が人であることは間違いないが，「図書館の自由に関する宣言」は図書館の基本的なあり方を社会にアピールする文書であり，実際には図書館で働く個々の職員の判断や行為が問われる場面が多いとはいえ，そうした判断や行為をうみだす組織としての図書館のあり方，責任を示すのが自由宣言であって，主語は当然「図書館」でなければならない，というのが自由委員会が改訂作業に着手した当初からの認識であった。

　しかし，副文の再生をめざすことが当面の課題で，主文の構成には手をつけないという当初の前提に立つとどうしても無理があり，矛盾が生じることは明らかだった。1978年3月の検討会を経て主文の一部にも手をつけることに踏み込んだ後半に至って，この課題への対処がまず問題になったのは当然であり，1978年8月の改訂第1次案で，「我々図書館人は」を「図書館」に改め，さらに79年2月の第2次案では，主文の書き出しの「基本的人権の一つとして……」を「図書館は，基本的人権のひとつとして『知る自由』をもつ国民に，資料と施設を提供することをもっとも重要な任務とする」と改めることで，図書館が主語であることを一層明確にした。この変更は，公開の論議を通してというよりは，主文にも手をつけることでの委員会の判断による決断としてなされたといってよいだろう。主文の修正は行ったが，積み上げてきた副文案にはなお図書館員が主語と受け取れるような文章が散在していたかもしれない。それをこまめに指摘したのが，最終段階の山下信庸による文書意見だった[7]。

　もう一つのこの宣言を実践する担い手はだれか，という問題については，公開の論議の中で頻繁に取り上げられた。主文の結語にある「図書館の自由が侵されるとき，われわれは団結して，あくまで自由を守る」の「われわれ」

がだれか，という問題である．副文1項で，「自由が侵されようとするとき，われわれ図書館にかかわるものは，……」と承け，侵害を排除する行動を提起している．ここは「図書館」とするのには無理があり，やはり人のあり方を問うものとならざるを得ず，それが具体的にはどの範囲の人を想定しているかが随所で論議になってきた．主文第3の利用者の秘密についての守秘義務が及ぶ範囲は，というところに関連づけての論議もあった．

日本図書館協会が採択する宣言であるから，まずは日図協に結集する図書館員が想定され，さらにそれに加えて図書館（事業）にかかわる人々，というのが順当な認識であり，改訂第1次案ではそのように表現されているが，最終的には，日図協の会員であるかどうかにかかわりなく，「図書館にかかわるもの」と表現することで，この宣言が日図協の策定した文書という枠にとどまらず，日本の社会における図書館のあり方にかかわる基本的な文書であり，そのような存在となるような活かし方を強めていこうという結論に落ち着いた．しかし，最終の検討段階の文書による提出意見でも，「宣言がJLAの提案であり，JLAの役割を明確にするため」にも第1次案に戻すべきだ（矢野暉雄）等の異論があり，検討会でもむしろそれを支持する雰囲気が強かった．だが最終的には，提案サイドが「協会会員にこだわらず，このたたかいに参加する戦列を広げたい」と2次案の趣旨を強調して理解を訴えることで原案への同意を得た経緯があった．

自由宣言を組織としての図書館の責任を約束する文書であると捉え，それを「日図協の宣言」にとどめず，日本の図書館界の，図書館にかかわるすべての人が支える権利宣言たらしめる不断の努力，取り組みが求められよう．

4.3 「知る自由」と「知る権利」

自由宣言の最も中核にかかわる概念であり，用語である「知る自由」をめぐって，「知る権利」に改めるべきだ，という提起が幾人もから，論議の各段階を通じて出されている．次章で取り上げる改訂宣言への法曹界からのコメ

ントにもそれはみられた。委員会の内部でも当然その論議は初期に一定程度
なされた。

1954年宣言は，そのきっかけを開いた1952年に始まる中立性をめぐる論議
以来の「図書館憲章」を制定しようという流れの中で，「図書館の自由に関
する宣言」という名称と，国民の基本的人権である「知る自由」を保障する
という理念を設定することで一つの節目をもたらした。この時期の宣言の採
択が，わが国の図書館事業の進展と十分かみ合い，その基盤を一層確かなもの
とする成果を生み出した，とは必ずしもいえない状況が長く続いたことは，
本書の前段で見たとおりであるが，1950年代前半という早い時期において，
こうした宣言を採択した当時の図書館人の意思と行動は高く評価されてしか
るべきものであった。

図書館への関心が強い憲法学者の清水英夫が1976年に著した『出版業界』
の中で，「読者の主体性と読む自由」を論じた文脈において，アメリカの図書
館人による図書館権利章典（Library Bill of Rights）や「読書の自由」声明など
を取り上げ，表現の自由を受け手たる読者の立場から捉えていく問題意識に
注目を寄せ，それの日本における展開として，次のようにこの宣言にも言及
している。

　　日本の図書館人たちも，アメリカの示唆を受け，1954年の全国図書館大
　　会で「図書館の自由に関する宣言」を採択している。すなわち，その冒頭
　　には「基本的人権の一つとして『知る自由』をもつ民衆に，資料と施設を
　　提供することは，図書館のもっとも主要な任務である」という指摘がなさ
　　れている。独立後まもないこの時期に，早くも民衆の"知る自由"という
　　理念がうたわれたことは十分注目に値する出来事である[8]。

清水はこの後，法曹界における知る権利（自由）をめぐる動きに触れ，
1969年の「サド・悪徳の栄え」事件の最高裁判決における色川幸太郎裁判
官の少数意見を次のように紹介する。

憲法21条にいう表現の自由が，言論，出版の自由のみならず，知る自由をも含むことについては恐らく異論がないであろう。辞句のみに即していえば，同条は，人権に関する世界宣言19条やドイツ連邦共和国基本法5条などと異なり，知る自由について何らふれるところがないのであるが，それであるからといって，知る自由が憲法上保障されていないと解すべきでないことはもちろんである。けだし，表現の自由は他者への伝達を前提とするのであって，読み，聴きそして見る自由を抜きにした表現の自由は無意味となるからである[9]。(傍点は清水)

「知る自由」と「知る権利」の違いを説明する憲法学に即した区別として，前者を国民が知ることを公権力によって妨げられることなく，自由に享受できる自由権としてあるのに対し，後者は国民が国家に対し積極的に情報の開示を求める社会権だという理解が通説として存在する。それを前提にすると，前者は妨げられずに情報を入手する，受け身的，消極的なものであるのに対し，後者は情報源に積極的にアクセスし，所要のものを請求する能動的な権利と受け取ることができ，図書館の役割を国民の人権保障としての知識・情報の提供をアピールするには，社会権としての「知る権利」という概念をこそ使用すべきではないか，ということが検討の過程でしばしば指摘されてきた。

宣言の改訂に着手した当時，清水による上記の評価のほか，1969年の「サド・悪徳の栄え」判決，博多駅テレビフィルム提出命令事件，1972年の外務省機密漏洩事件，などを通して，「知る自由」，「知る権利」に関する社会的関心や認知もよほど進んできていた。憲法が基本的人権として明示する「表現の自由」が実質的に保障されるには，表現の送り手の権利だけではなく，受け手の権利が不可分で表裏一体のものとして保障されねばならないことが広く認識されるようになっており，「知る自由」についても，単に受け身的・消極的というだけでなく，「(知る自由が) 国家が干渉しないという消極的な意

義にとどまらず，進んで多種多様な情報を求めてゆく積極的な理念であることが理解できよう」[10]という清水の判断等をも参考に，1954年という早い段階で「知る自由」を謳うことで民衆の基本的人権に応えようとした先人の明を尊重して，宣言改訂においても「知る自由」を残すという方針を委員会は早期に共有していた。

　宣言の改訂を取り上げ，提起した自由委員会のこの問題についての基調は，「知る自由」と「知る権利」のどちらがよいか，を白紙の状態で比較衡量をして知る自由を採ったわけではない。当初の副文の再生に着手したときもそうであるが，主文の一部に手をつけることになった際，基本的には1954年原案を尊重し，どうしても変えなければならない点，原案の表現では無理があると考えられる点を改めるというのが基調であり，すでに54年宣言案で使っている「知る自由」では説明しきれない問題があるかどうか，どうしても改める必要があるか，を問い直す流れで，法学関係の文献にも学び，「知る権利」との異同が検討されたわけである。

　図書館の利用において日常的に人々が求めるのは，情報公開請求で取り上げられるような国や地方自治体など公的機関が保有する資料・情報へのアクセスだけではなく，もっと幅広く一般的に，日常の市民生活の中で必要とする暮らしの知恵や楽しみ，仕事の参考になりそうな知識・情報を求めることが通常であり，それらの自由で積極的な活用を考えた際には，だれはばかることなく，あらゆる資料にどこまでもアクセスし，自由に心をひらいて読書（読むこと）を享受できる図書館利用を，国民の自由な主体として生きる基本的な権利（例えば憲法第13条の「健康で文化的な最低限度の生活を営む権利」など）として保障するには，「知る自由」という表現こそがなじむ。その中で所要とするものを請求するという「知る権利」の側面をも包みこんで対応することも十分可能であろう。ここでは「図書館の自由」との関連からも，先人の明を尊重して「知る自由」を残すことがむしろ適切，と判断したのが委員会の選択であった。

　改訂宣言採択後に委員会がまとめた解説冊子には，「知る自由」をとった

意味と根拠について,「国際人権規約B規約」の次の条文を紹介している[11]。

第19条2項

　すべての者は,表現の自由についての権利を有する。この権利には,口頭,手書き若しくは印刷,芸術の形態又は自ら選択する他の方法により,国境とのかかわりなく,あらゆる種類の情報及び考えを求め,受け及び伝える自由を含む。

　ここで指摘される「あらゆる種類の情報及び考えを求め,受け及び伝える自由」がこの宣言でいう「知る自由」であり,図書館は,印刷物として,あるいは視聴覚的な方法で表現された「あらゆる種類の情報及び考えを」伝え,それを必要とする利用者（国民）が「求め,受け」ることを支援する責任を託された機関である。ここに「図書館の自由」の根拠がある,というのが,改訂作業を進めた委員会の基礎認識であった。

　1978年10月段階の文書意見でもなお,「知る自由」を「知る権利」に改めるべきだ,という意見が,竹内真弓,清水正三,荒木英夫から寄せられているが,公開の場の論議としてはこの違いはもうほとんど交わされることはなく,「知る自由」とすることの理解はほぼ定着していたといえる。

　この問題は,法曹界における両概念をめぐるその後の検討,論議も含めて動向に注目し,「図書館の自由」の理念の展開にとって最も適切な用語の使用として,将来再検討されてもよい課題であろう。

4.4　「中立性」の扱い

　1954年宣言案では,「民衆のいろいろの求めに応じられるように」広く偏らない資料の収集が必要であり,そのために「図書館は資料収集の自由を有する」,という論理展開の基礎に,「図書館の中立性の原則」を据えていた。「中立性」は自由宣言を支える中核としての概念であった。今回の改訂作業にお

いては，最初の「副文案の問題点と改正の大綱」において委員会は「中立性を媒介にしなくてもよい」と判断し，それを採らない考え方を提示した。「より端的に，利用者の主体的な選択の自由を保障するための収集の自由」と言い切った方がよい，という判断である。

　さらに「中立性」という概念自体への当時のネガティヴな受けとめも強かった。1979年3月の大詰めを迎えた検討会における提案の総括説明[12]で，森委員長は，「なぜ中立性という言葉を使わなかったか」について，二つの面から説明している。一つは，54年宣言を採択した当時，「教育の政治的中立を確保する」という目的で制定された教育二法が，実態として日本教職員組合（日教組）の活動を規制し，現体制を擁護するものになっており，「中立性」の言葉が汚れてしまっていること，二つには，中立性が「左にも右にも偏しない，左右両極のイデオロギーを排除する」という誤った意味で考えられがちなこと，をあげている。「中立性こそ図書館機能の本質的特色だ」，「中立性を大事にすべきだ」という意見があることについて，委員会もそれを否定するものではないが，現に使われている「中立性」には，「汚れ」があり，左も右も広く包み込んでの積極的な意味合いでなくなっていることから，あえてそれを使わない方がよいと判断した，と述べている。

　図書館資料の一点一点が，右にも左にも寄っていない，中庸だ，ということなどあるわけはなく，総体としてのコレクションがあらゆるものを包摂し，いずれか一方に偏したものであってはならない，ということが本当の意味での「中立性」であろうが，いずれかの立場に寄った思想や主張のものを偏った資料として排除する論拠に「中立性」が使われる現実がある中で，この表現をいま使用することはやめよう，という説明は大方の理解を得ることになった。しかし，そのことを踏まえた上でなお，積極的な意味で「中立性」を謳うことが，図書館のあり方，図書館のコレクションの特徴を説く上で有効であり，重要だという主張もあることは確かである。

　「中立性ということばは，やはり嫌われているようで，最後までその姿を見せて呉れなかったのは残念ですが，そうした意味を盛り込む表現が処々に見

えるようになったことが伺われました」と，最終段階の文書意見で山下信庸が述べている[13]。本来の意味での中立性の趣旨が，宣言案全体の中で生きているという安堵と共感の弁であろう。

4.5 すべての図書館に基本的に妥当

1954年の宣言原案には，この宣言がどの範囲の図書館に適用され，あてはまるものかについての言及は一切ない。「図書館は」という表現で，すべての館種の図書館を包み込んでいることは，日本図書館協会が策定した文書であることから当然であるが，そのきっかけを開いた中立性の論議を通して，そこでイメージされる図書館がもっぱら公共図書館であったことも明らかである。

1952年12月に埼玉県公共図書館協議会からの提起を受け，日図協が小委員会を設けて図書館憲章を制定するという判断をし，その承認を1953年6月の総会に諮った際（0.2を参照），憲章制定に反対の立場で発言した小野則秋が，この憲章の対象は公共図書館かそれとも広く全図書館を包括的に指しているのか，と問うたのに対し，提案者の韮塚一三郎が，学校図書館には教育基本法があり，大学には学問の自由が絡んでおり，公共図書館はわれわれと直接的なものである，この憲章は「直接的な図書館である公共図書館と考えている」と答えている[14]。これは率直なところ当時の実情としてそうだっただろうと思われるし，その後の自由宣言採択までの流れも，もっぱら公共図書館を想定しつつ，公共図書館の関係者の議論で進められた。

改訂に向けた自由委員会からの最初の呼びかけである1976年9月の「副文案の問題点と改正の大綱」では，前文にかかわる事項として，

(5) 宣言は用語上も公共図書館を主眼としているが，成立当初は全館種にも共通する問題意識に支えられていたように思われる。今回は，宣言が単に公共図書館だけを対象にしているものではないことを明確にす

る。この点はとくに検討していただきたい。

と述べることで，これまでが公共図書館が主の流れで来たことは認めつつ，この段階では全館種にわたる課題として重視していきたいし，その点についてとくに意識して議論をしてほしいということを強調していた。

　宣言の対象館種の問題は，検討過程のどの場面においても話題になることが多かった事項である。しかも，すべての館種に共通する原則だということを否定する意見は皆無であった。委員会の最初の提起は一貫して受け入れられてきたといってよいが，それぞれの館種においてその受けとめ方が同様であったとはとてもいえないし，案文の中で公共図書館とその他をどう表現するかではいろいろ変遷があった。

　「図書館の自由」そのものについて，館種による関心の度合いにもともと違いが大きかったことは確かである。自由委員会を設置することの可否を検討する委員会の段階において，専門図書館部会からの参加が得られなかったし，学校図書館部会も常務理事の広松邦子が部会の代表として参加はしていたものの，学校図書館員の立場からこのテーマについて発言する人を得ることはほとんどなかった。宣言改訂に当たっていた当時の自由委員会に，学校図書館の関係者がメンバーに加わることは，関東地区小委員会における検討委員会以来の経過のある広松とその後を継いだ鈴木紀代子だけで，近畿地区小委員会に学校図書館員が参加するのは宣言改訂の課題が終わった後のことになる。

　そういう中で，委員会内での最初の検討素案となった1977年2月の浪江案では，前文の（二）項として，

　　この原則は，公共図書館では全面的に，他の図書館ではその特殊性への配慮を加えながらも基本的にあてはまるものである。

と述べ，提供制限のあり得る場合の一項目に，「教育上の配慮から，やむを

得ないと認められたもの」を掲げていた。この「教育上の配慮」は委員会の
中で同意が得られず，早々に削除されたが，前文でいう館種ごとの「特殊性」
の一つとして想定されたものであったことは確かだろう。

　この段階を経て，最初の改訂案として公表された副文第一草案（1977年9
月）は，「ここに掲げる原則は，公共図書館はもとより，すべての図書館に妥
当するものである」と表現した。現状に沿った，正直な表現であったとはい
えようが，公共，大学図書館において予想されるケースに対して，それ以外
の館種（学校，専門図書館）においてこれがどのように妥当するか，について
なんらかの検討がされたか，といえば，ほとんどその実態はなかったといって
よい。むしろ，教育的な配慮や建学の精神，設置者（親機関）の意思，などに
よって公共サービス一般に求められる自由や公平な扱いは，学校や専門図書
館では難しいのではないか，という危惧が散発的に話題になる程度であった。

　しかし，この表現ではいかにも公共以外はつけたしのような印象だ，という
批判が大学図書館関係者には強く，第二草案で，「すべての図書館に基本的
に妥当するもの」と「基本的に」を挿入しても，その違和感は大きく変わる
ものではなかった。

　結局，主文にも手をつけることになった改訂第1次案で，

　　　ここに掲げる「図書館の自由」に関する原則は，<u>国民の知る自由を擁護</u>
　　<u>するためであって，</u>すべての図書館に基本的に妥当するものである。（下線
　　筆者）

と表現したものが，最終的な改訂の内容となった。「国民の知る自由を擁護
するためであって」という挿入句が，言わずもがなであり，不要だ，という
声も少なくなかったが，どの館種にも「基本的に妥当」するのはなぜかを説
明するための視点としてこれを加え，公共図書館が主要に想定されるという
印象を与える要素は極力除くようにした苦心の策である。

　公共や大学図書館以外，とくに学校図書館においてこの原則がどのように

「妥当する」かの論議や実践的な経験の蓄積がないままに，すべてを宣言採択後の実践に託す形でスタートしたことになったが，採択からそれほど時をおかずに1981年，愛知県立高校の図書館で発覚した禁書事件[15]がこの妥当性を立証することになる。図書の選択・購入に対する権力的な規制だけでなく，借り出し者の名前を記入するブックカード方式の貸出の是非をはじめ，子どもたちの読書の自由，教師の教材選択の自由などを含めて，学校図書館における図書館の自由についての関心，認識が広がる転機となった。

4.6　施設の提供

施設の提供に関しては，二つの面でかなり論議の対象になることが多かった。

一つには，主文にもかかわることとして，原案で図書館の最も重要な任務を「資料と施設の提供」としながら，「資料」と比べて「施設」のあり方，提供についての言及が乏しく均衡を欠くという批判であり，それに対する一つの対応として，改訂第1次案を準備する過程で，起草委員会が主文の一つに「図書館は集会室等の施設を公平な利用に供する」を立てる考え方も一案として打診した経緯のあったことを先に紹介した。

「施設の提供」については宣言の改訂を検討した当時，委員会のメンバーの中にもそこから構想するイメージに大きな隔たりがあり，図書館の機能としての把握に共通理解が乏しかったことが論議の根底にあった，と考えられる。委員会の最初の提起に「図書館の根本の任務を"資料と施設の提供"にあるとしているのは狭く古い理解なので」[16]と指摘した背景には，1960～70年代を通しての公共図書館の機能を「資料提供」と捉える主たる実践の流れと，施設利用を「自習室の提供」として否定的に捉える考え方があったことは否めない。それに対して，施設の提供を自習室利用に矮小化してイメージするのではなく，市民が資料を媒介として自由に交流し，地域文化を創造する拠点として積極的に捉えていこうという考え方も当時生まれていた。

4章　改訂論議の主要な論点　*177*

　前者の立場からは，図書館の任務についての主文から「施設」を削除する表現も一案になり得た。そういう認識の幅がある中で，委員会は改訂第1次案において，「図書館の集会室等は，国民の自主的な学習や創造を援助するために，身近かにいつでも活用できる豊富な資料が組織されている場にあるというところに特徴がある」と，貸し部屋をもっぱらとする施設とは異なる図書館の集会室が備える特徴を積極的に強調する表現を取り入れることで，施設＝自習室という理解を払拭するようにし，合意形成を図った。このあたりの議論の変遷は，公開の検討の中でというよりは，むしろ委員会での論議が主であったといってもよい[17]。

　「施設の提供」をめぐるもう一つの論点は，集会室等の利用に際しての対象，目的，制限等に関する事項である。1954年原案においては，「図書館の施設，例えば集会室，講堂等についても，原則として，すべての個人や団体に対して，平等公平に開放され自由な利用に提供さるべきである」と，だれに対しても自由で公平な利用を約束しており，自由委員会が提示した副文案でも基本的にそれを踏襲していた。それに対し，公開の検討，討論において，だれに対しても一切の制限なしに自由に提供する，と言い切ってよいのか，という疑義が出されることが多かった。そこで副文第二草案，改訂第1次案では，営利を目的とする場合，特定の宗教・政党の利用などを除いて，という除外事項を加えたりしているが，最終的には，「営利を目的とする場合を除いて，個人，団体を問わず公平な利用」に落ち着いた。「公平な提供」を唯一の運用原則とし，営利目的での申し込みは図書館法第17条の無料公開原則が当然集会室利用にも適用されるという認識を前提に，認めないとすることが合意された。

　しかし討論の場での発言を通して，集会室等の施設提供がどこまで図書館の本来的機能なのか，現実にはふだんの図書館運営において，図書館に直接関連する行事や集会にのみ部屋を貸し出している日常とのギャップで，だれもに自由で公平な提供とすることについて少なからず抵抗感を残したことはありそうである。

4.7 提供を制限する場合

　資料を提供することで国民の「知る自由」を保障する図書館のあり方を約束する文書において，提供を制限する場合について規定するというのは自己矛盾ではないか，撤廃すべきだ，という指摘は，改訂論議の当初からみられたし，制限する場合の内容をめぐっては最後までさまざまな議論があった。けだし当然のことであり，提起した自由委員会としてもそれは当初から十分予想し得ることであった。

　1954年の原案にも制限のあり得る場合として，「貴重な資料とか公開をはばかる種類のもの」を例示しており，「思想その他の正当でない理由」によって特別扱いや書架からの撤去，廃棄をすることは「望ましいことではない」と述べていた。この内容は，最初の「副文案の問題点と改正の大綱」を検討した段階で早々に否定され，ここに掲げている例示表現は削除し，「望ましいことではない」という表現は「してはならない」と改めることを提案し，その上で制限せざるを得ないであろう場合として，具体的に次の四つのケースを提示している。

　　①　人権，あるいはプライバシーを侵害するおそれが明確なもの
　　②　図書館に資料を寄せた個人又は機関が公開を否とするもの
　　③　いわゆるわいせつ出版物
　　④　名誉毀損・剽窃等により判決の確定している場合

　このカテゴリーはその後さまざまに表現，内容が変化するが，提供制限を考えるケースについての論議の枠を用意するものとなった。

　この段階で，自由宣言に制限せざるを得ない場合のあることを明示することの理由，根拠について，特段の記述はしていなかった。「国民の知る自由を保障するため，すべての図書館資料は，原則として国民の自由な利用に供されるべきである」ことを前提とする自由宣言に，提供を制限することもあるとする理由について，委員会の公式の説明を後の資料で確かめよう。

宣言改訂直後に作成した解説冊子では，「しかしながら，現在の図書館が
おかれている社会的諸条件のもとでは，提供の自由に対するいくつかの制限
が設けられることも，またやむをえない」としか書かれていない[18]。これを
当時の委員会における議論で補えば，「現在の社会的諸条件」の中身として，
『部落地名総鑑』（p.75参照）のように明らかに差別を助長することを目的と
した図書が出版される事実が示すように，「人権やプライバシーを侵害する」
事態が現存しており，決して好ましいことではないが，いかに知る自由に応
えるためとはいえ，まったく無限定に一切の資料をフリーに提供できるもの
ではない，むしろそのことを率直に示すことが，1970年代後半という時期に
おける日本の社会の中の図書館の自由の現実を直視することだ，と考えられ
た。さらに言えば，図書館の本来の役割である資料の提供を通して「差別を
なくす」活動を具体化し，こうした制限をしなくてもよい世の中になること
に図書館としての力を尽くすことが大事だと考えた。そういう図書館活動の
事実を通してこそ，図書館の自由が社会的に理解され，受け入れられようと
いうのが委員会の認識であった。そのためその制限は「極力限定して適用
し，時期を経て再検討すべき」であり，たとえ制限することになったとして
も，その資料を保存する責任が図書館には大きいことを合わせて成文化した
のである。

これは改訂宣言に盛り込まれた三項目，

(1) 人権またはプライバシーを侵害するもの。

(2) わいせつ出版物であるとの判決が確定したもの。

(3) 寄贈または寄託資料のうち，寄贈者または寄託者が公開を否とする
非公刊資料。

のうち(1)にかかわることであり，「侵害するもの」であるかどうかは図書
館自身が判断しなければならない，という難しい課題を抱えることになる。
(2)，(3)については，ことの当否はともかく判決の確定，寄贈者・寄託者の意
思という明確な判断の拠りどころがある点で，(1)とは明らかに異なった対
処のしかたとなる。

検討の諸段階で，この制限条項は当然のこと，多くの論議を呼んだ。とくに(1)に関連する議論が集中した。図書館が自ら侵害の有無を判断しなければならないという難しさ，と限りなく拡張解釈して歯止めがきかなくなり，自己規制の口実を与えることになるという危惧が出された。とくに人権の侵害にかかわる場合として，差別の助長，差別表現に関連する資料の扱いが議論の対象になっている。部落差別をはじめ，この時期に顕在化した『ピノキオ』が提起した障害者差別や人種差別，職業差別，性差別などにつながる恐れがあるとみられる資料を想定しつつ，制限の是非，判断基準，制限方法などが論議された。

委員会は，図書館自身が行わなければならない判断の難しさ，厳しさはありつつも，「多くの図書館が今後において直面するであろう，さまざまな事態と，それに真剣にとりくむ中で得られる経験と教訓の，全国的な蓄積と討論によってより内容を具体的に整理し，広く社会的に認められる合意点をつくりだしていくべき重要な課題」[19]だと考え，宣言の改訂はその起点であり，そこから始まる蓄積によって，その内容が豊かになっていく展開に期待を寄せた。その後の実践による考え方，判断基準の醸成に託したといっても過言ではない。

制限事項(2)の判決を制限の基準（目安）とすることをめぐっては，判決も一つの公権力意志であり，無条件に判決の存在を拠りどころにしてよいのか，という意見が最後まで続いた。出版物の内容にかかわる判決が，出版社や著作者だけでなく，資料提供機関である図書館をどこまで拘束するものか，図書館での扱いまで規制する判決がどこまであり得るか，といった判決についての検討も含めて今後の課題があろう。

4.8　利用者の秘密，守秘義務

主文の一部にも手を加えることになって今次の宣言改訂が非常に明快になったのが，「図書館は利用者の秘密を守る」を主文に立てたことであり，

それによってこの内容を「検閲」条項から分離できたことである。文書意見の最終段階で，「利用者の秘密」の「秘密」は何とかならないか，「公開されている資料の利用に秘密という語は当たらないと思う」という意見もあったが，これは当を得ておらず，図書館蔵書に利用をはばかる資料があるわけではなく，利用者（読者）の立場として，何を読んでいるか，何に興味があるかを人に知られたくない，他人の目を気にすることなく自由に利用したいという場合が少なからずあることへの配慮を明文化する項目である。

　読書は本来「密室の営み」という側面をもつ個人の営みである。それが保障されてはじめて，人は自らの好むものを自由に手にし，楽しむことができる。それを図書館の蔵書を借りることで体験しようとすれば，そのための記録を貸借以外の用途に絶対に使わないという原則を図書館が利用者に約束しなければならない。レファレンスの記録，複写で提供する資料の記録などを含めて，貸出記録を第三者に知らせないことがこの項の最も重要な守秘事項であり，その上に図書館への来館事実など図書館利用のもろもろの記録もまたプライバシーに属することであって，当人の了解抜きにそのことを他に漏らさないというのがこの内容である。

　論議の過程では，守秘義務とその内容についての理解にはあまり隔たりはなかったが，自由委員会の発足早々に起きた都立中央図書館の複写記録請求事件で顕在化した刑事訴訟法に基づく公務所への照会という法規に則った請求方式への対応のあり方，その拘束性とそれにどこまで抵抗できるのか，といった対処の問題が新たな課題として論議にのぼった。

　開示の根拠となりそうな法規として刑事訴訟法第197条第2項以外にもいくつかありそうだということから，それらを列挙するのではなく，大本である「憲法第35条にもとづく令状を確認した場合」を掲げるのが妥当だ，ということに落ち着いた。この点も今後，法曹界との協力の中でさらにケースを重ねる必要があろう。

4.9 年齢制限と子どもの問題

　1954年の宣言案では利用者の年齢による対処の違いや配慮，児童サービスに関連することについては何も触れていない。「図書館の自由」を考えるとき，子どもの問題はまったく意識の外にあったわけで，それは当時の「図書館と子ども」の状況を反映しているとみてよい。

　この原案についての手直しが必要と思われる事項を洗い出し，提起した委員会の最初の文書「副文案の問題点と改正の大綱」においてもそれは変わりなく，わずかに集会室等の利用について述べた個所で，「年齢制限，身障者サービスの問題はとくに触れないこととする」としているだけである。

　図書館利用にだれもが権利をもっており，利用者の様態によっていかなる差別もあってはならないという趣旨を初めて文章化した副文第一草案（1977年9月）には，「人種やそのおかれている条件等によって」（下線筆者）と書いているが，まだ子どものことに特段の目配りはない。そういう段階で，第一草案をもとに論議した1977年度の全国図書館大会（近畿）の分科会における副文検討の中で，森崎震二が，

　　制限の根拠としてはならない要件として人種やそのおかれている条件がとりあげられているが，「年令」が入っていないので，それを加えて欲しい。今度書く時には発想の転換をしていただいて，文庫のお母さんの立場からも読めるような文章にして欲しい[20]。

と発言しているのは，記録に残るものとして唯一の貴重なこの関連内容である。

　12月に公表した第二草案で初めて前文の（五）に，「人種，信条，性別，年令やそのおかれている条件等によって，いかなる差別もあってはならない」（下線筆者）と，子どもの図書館利用が大人と違いがなく，年齢による差別があってはならないことが明文化された。自由宣言における子どもの承認であ

る。

　この変化の過程について，関係記録と検討に加わってきた筆者の記憶をさかのぼってみても，大会での森崎発言以外に格別の議論があったという印象は乏しい。せいぜい子ども室をもたない県立図書館や国立国会図書館の年齢制限のことが話題になる程度であったろう。アメリカ図書館協会（ALA）の「図書館の権利宣言」1967年改訂に際し，「年齢」を加えることが大論議の末決まったという事実と，利用者の権利を掲げる際に「人種，信条，性別，年齢……」と並記するのが普通になっているという事実を参照しての委員会による文章化の域をさほど出なかったのではなかろうかと思う。「年齢」を加えたことでのその後の論議もほとんどなかったはずである。すでに子どもの予約をめぐって読書の自由論議が始まるころではあったが，図書館の自由における子どもの問題の当時の位置づけ，認識がここに反映しているといえよう。副文の検討が始まったごく初期の1977年2月の近畿地区における公開検討会において，「子どもの資料への接近を制限できるのは親だけだ，というALAの考え方がある。子ども，年齢による制限は採るべきでない」という意見が出されている。しかしそれが直ちに第一草案に反映されることはなかった。図書館利用における子どもの問題は非常に重要な事項であるだけに，「改訂論議の論点」を取り上げるこの項に，あえて「論議にならなかった事項」としてこの点を特記しておきたい。

4.10　日本図書館協会の責務

　最後に，結びの副文に掲げているこの宣言の履行，実践にかかわっての日本図書館協会（日図協）の責務についての記述を取り上げる。この宣言が日図協として策定し，公表する以上，日図協の責務と自由委員会の役割に言及すべきだという指摘は一貫して寄せられてきた。委員会でも当初からそれは必要なことだと判断しており，最初の提起でも結びに新設する内容として，自由委員会の役割にふれること，「宣言を採択した日本図書館協会がその自

覚的な担い手として，日常的に努力する必要を確認する」ことを示していた。

　副文第一草案の結びに掲げた内容は，「図書館の自由を守るこうしたたたかいにおいて，図書館員が不利益を受けることがあってはならない。これを未然に防止し，万一そうした事態が生じた場合には，これを救済し，保障することは日本図書館協会の重要な責務である」であり，その後の案文においてその基調はほぼ継承されており，最終決着した改訂宣言との違いは，「たたかい」を「行動」と改めたこと，「保障する」を削除したことくらいである。

　この文案を盛り込むに際しては，宣言の先輩例であるALAの知的自由委員会，知的自由の事務局，万一の事態に備える読書の自由財団の存在と活動が委員会の念頭にはあった。もちろん彼我の違いは大きいが，そのような体制が組めるような日図協組織への強化をあわせて追求していくことが重要であることを意識しつつの提起であった。

　各段階の論議において，ここに謳った内容については，副文を成文化する以上当然だろうという受けとめはほぼ共通しており，この事項を除くという発言はなかったはずである。しかし，本当にそれはどこまでできるのか，そう言い切ってよいのか，という日図協の現実に照らしての躊躇，懸念はどの発言者にも共通していただろう。改訂第2次案の段階での「たたかい」，「保障」の手直し，とくに「保障」の削除はその表れである。ときに不利益を被った職員に対する救済，保障についてどのように対処するのか，その用意はあるのか，という質問が出されることもあり，委員会がそれは今後の課題であると回答するやりとりがあった。この部分については，お互いわかったうえのやり取りのようで，緊迫感のない論議だったことは否めない。だが，それを克服しないといけない課題であることは明らかである。

注
1)　1975年5月28日の両地区小委員会合同連絡会記録による。
2)　中村克明『知る権利と図書館』関東学院大学出版会　2005年　p.95
　　中村はこの著書で，宣言に「図書館の自由」についての規定がないことが，この

概念の捉え方の多様さを招いていると批判している。

3) 塩見昇・天満隆之輔（収集の自由研究グループ）「『図書館の自由』—とくに"中立性論争"について」『図書館界』23巻1号　1971年5月　p.20

この規定では検閲反対のことが欠落しており，後に若干の手を加えて書き改めたものを塩見の著書『知的自由と図書館』（青木書店，1983年），さらに手を入れて『図書館概論』（日本図書館協会）に収めている。参考までに最新のものを以下に書き出しておく。

図書館利用者の読み，調べ，探究する権利を図書館の機能を通して保障するために，図書館が保持しなければならない自由であり，責務である。その主たる内容は次のように概括できよう。

① 自由な表現を規制する一切の検閲を拒否し，
② 資料の収集，提供における権力的な干渉およびそれを恐れる自己規制を排し，
③ 利用資格を備えたすべての人々に対し，あらゆる利用上の制約を除き，
④ 自由な読書，資料利用を妨げることのないよう，利用者のプライバシーを擁護し，
⑤ 公共のひろばとしての施設の公平な利用が約束されねばならず，
⑥ そうした活動に献身する図書館員の身分や地位が保全されねばならない。

（塩見昇編著『図書館概論』四訂版（JLA図書館情報学テキストシリーズⅢ 1）日本図書館協会，2015年　p.56）

4) 渡辺重夫『図書館の自由と知る権利』青弓社　1989年　p.145
中村克明　前掲書　p.97-100

5) 「図書館の自由委員会」設置検討委員会報告（巻末資料2参照）の中の「図書館の自由とは」において，前述（注3）の塩見による内容とほぼ同一の記述を掲げている。

6) 『全国委員会通信』23号　1979年2月　p.1

7) 同上　20号　1979年1月　p.1-2

8) 清水英夫・小林一博『出版業界』教育社新書　1976年　p.126

9) 同上　p.127

10) 同上　p.127

11) 『図書館の自由に関する宣言　1979年改訂』日本図書館協会　1979年　p.17

12) 『全国委員会通信』28号　1979年4月　p.2-4

13) 同上　20号　1979年1月　p.1

14) 「1953年度総会記録」『図書館雑誌』47巻7号　1953年7月　p.235

15) 塩見昇『教育としての学校図書館』青木書店　1983年　p.217-221
見崎徳弘「『禁書』問題に関する愛知高教組のとりくみ」『学校図書館と図書館の

自由』(図書館と自由　5集)　日本図書館協会　1983年10月　p.35-36

16)　「副文案の問題点と改正の大綱」『図書館雑誌』76巻9号　1976年9月　p.377-379

17)　この部分は改訂案における「図書館の集会室等が備える特徴」についての副文の記述を含めて，筆者がかなり強く主張して取り込んだはずである。

18)　『図書館の自由に関する宣言　1979年改訂』日本図書館協会　1979年　p.21

19)　同上　p.24

20)　『昭和52年度全国図書館大会記録（近畿)』　1978年3月　p.73

5章 1979年改訂 「図書館の自由に関する宣言」

5.1　改訂宣言の位置づけと特徴

○1954年宣言の改訂版

　1979年改訂宣言案を提案した図書館の自由に関する調査委員会（自由委員会）は，79年改訂案が1954年に全国図書館大会で採択した「図書館の自由に関する宣言」（主文）の改訂版であることを提案説明（とくに，主文の一部にも手を加えることにした1978年3月以降）の中で明らかにしてきたし，改訂を決議した1979年度総会が発した声明においても，「（1954年宣言を）より充実した内容のものに改訂し，図書館運営の基本的な指針として採択した」と述べている。主文のみの「法三章」にとどまった1954年宣言と比べると，主文の一部をも手直しし，主文と一体をなす副文を合わせて一つの文書とする1979年宣言は，まったく新たな宣言となったといっても過言でない大きな変更であることは確かである。

　その過程は第3章で詳しくたどったように，当初は1954年に棚上げされた副文原案を今日的に手直しし，主文と一体の文書に再生する作業としてスタートし，途中で主文についても最低限必要な手直しを行うという基本方針の転換があり，結果として，主文の一部改訂と副文の全般的見直しによる再生を合わせた新たな文書に至る全面改訂という経緯をたどった。

　しかし，この二段階で作業が進められたということが，最終的な改訂案に難しい課題を残したことは否めない。前段では，54年の主文を前提にそれに対応する副文を54年原案からの修正として検討し，その内容がおおむね共通理解になりつつあった段階で，主文の一部に最小限の手直しをし，そこに

検討を重ねてきた副文案をつなぐという後段の作業になった。その間の整合性をつけることに腐心したが，副文をもう一度元に戻って練り直すわけにはいかない時間的な制約（一応の決着をこれ以上先送りにはしたくないという判断）もあり，まったく新たな文書をつくるわけではない困難，無理が残ったことは否定できない。

　この難しい過程を経て1979年宣言は，主文の大枠は1954年宣言の柱だてをそのままに，どうしても改めなければならない手直しとして主文の3項に「利用者の秘密を守る」を新設，4項の検閲から「不当な」を削除したほか，宣言の主体（主語）が図書館であることをより明確にするため前文の文章構成を改め，それぞれの主文に対応する新しい副文を配する構成となった。

○主文と副文の関係

　先にも3.4で少しふれたことであるが，主文と副文との関係，主文に対して副文がもつ意味について取り上げておこう。副文について宣言の「解説」という表現がいろんな機会に，いろんな意味で使われてきた経緯がある。委員会自身の提起した文章でもそのような使い方をしたことがあって，誤解を生む原因をつくってきたのは問題であった。

　宣言の母体となった1953年の図書館憲章案の提案に際して，憲章委員会の佐藤忠恕議長は，「本委員会の案は，法，三章的な簡潔のものになっているが，これには解説も必要であろう」と述べていた。ここで「解説」といっているものがどのような性格の内容を想定していたかは定かでないが，提案に対する意見の一つで草野正名が，「委員会案は，その全貌が骨組みに過ぎるきらいがある」と評するように，あまりにも骨子にとどまっており，そこで意味する具体的な内容が展開されるべきだ，という受けとめは一般的に強かっただろうと思われる。

　全国図書館大会に提案された1954年の原案は，憲章委員会による憲章案の提案をほぼそのまま主文に引き継ぎ，それをゴチック体で強調し，それぞれにその内容を箇条書きで展開する説明の文章を付しており，それが「主文―

副文」という表現で呼ばれてきた。「主文」,「副文」という表現が初めて使われるのは,記録で確かめるかぎり,1954年の大会論議の3日目冒頭,この大会での審議の対象を主文に限っては,という小笠原忠統の発言であり,宣言案を受け取り,それが論議に供される中で慣用的に使用されてきたものであろう。提案者が当初からそのように使い分けをしていたことはなさそうである。提案の原型は明らかにその全体が「図書館の自由に関する宣言」の原案であり,主文と副文を合わせた全体が一つの文書として提案されていたとみることに疑問はなかろう。

　ただ作成の手続き上の問題で,憲章委員会委員の全体に諮らず小委員会だけで副文の成文化を進めて大会に出してしまったことで委員の中からも異議があり,大会初日の審議の印象でとても副文まで含めた議論—採択は無理だという判断から,とりあえずは主文のみの採択をまず優先し,副文の検討を後にまわそうという一部の参加者の意向で,主文と副文が分離されたということであったようだ (p.10参照)。もともと副文に表現される内容を包み込んでのゴチック体で示した主文であり,単に解説ということではなく,宣言の本体（不可分のもの）と理解すべきものであったはずである。

　自由委員会による副文の再生,宣言の改訂の取り組みを進めるにあたって,副文は正式に採択されている宣言（主文）を次々と顕在化する自由の侵害事例に対処する判断素材として活かすには,あまりに骨組みだけで具体性を欠くので,やはり副文を現代的に再生することで,宣言を日常の図書館活動の指針として役立つものにしたいという考え方で着手された。副文が宣言の補足的な解説であるという認識はなく,主文とあわせた一体のもの,という理解で一貫していたことは確かである。提案や議論の中で,ときに「解説」という表現をすることで,その点での誤解を生み,論議の中で「宣言の主文と副文の関係は？」という問いかけをうけることにもなったものである。主文の一部をも含めた改訂をめざすことになって以降の論議と作業で,その一体性をより強くするよう構成,表現上の配慮がなされたはずであるが,なお不備があるとすればその方向で今後の修正を課題とすべきであろう。

○1979年改訂宣言の内容上の特徴

　次に1979年改訂宣言の内容上の特徴について整理しておきたい。折々の提案説明等を通じて強調されてきたことではあるが，1954年の宣言案との比較を含めて，以下のことが確認できよう。

①　宣言の基礎を「中立性」を媒介にするのではなく，憲法上の国民主権の原理と表現の自由におくことにより，それを実質化する図書館の役割，権利としての知る自由の保障を論理構成した。

　　民間団体である日本図書館協会（日図協）の総会が決議した自由宣言は，図書館事業を進める上での自律的な規範であり，国民への誓約であって，そのまま図書館活動のありようを公的に規制するものとはなり得ない。あるべき図書館活動の姿にむけての一つの指針を提示したに過ぎない。しかし，その論理構成をできるかぎり憲法を基本とする法体系に沿ったものとすることにより，説得性，実効性をもったものとなるよう考慮した。1954年案では「中立性」がキー概念となっていたが，今次の改訂ではそれを採らず，憲法が標榜する国民主権の原理を維持・発展させるためには国民一人ひとりが意見を自由に交換できる表現の自由の保障が不可欠であり，それは表現の送り手についての自由と表裏一体の関係にある受け手の自由が伴うことではじめて成立する。国際人権規約が，「あらゆる種類の情報及び考えを求め，受け及び伝える自由」と表現する自由を「知る自由」と捉え，基本的人権としてそれを保障するところに図書館の最も重要な役割を据えるという論理を宣言の土台に設定した。明文化された法規および法の条理との突合せ，整合性を高める検討は，宣言の維持・発展として今後も重ねていくことが重要である。

②　「図書館人は」という表現は除き，主語を「図書館」とすることで，宣言の履行主体が図書館であることを明確にした。

　　宣言改訂の翌年の日図協総会において「図書館員の倫理綱領」が採択され，図書館員を主語とする倫理綱領と，図書館を主語とする自由宣言が表裏一体で補い合う関係の，日本の図書館界における図書館のあり方

を社会に誓約する基本的な文書として存在することになった。図書館の自由委員会，図書館員の問題調査研究委員会という二つの日図協の常置委員会がそれぞれの維持発展を担う存在となっている点が重要である。

③　前文の副文4項において，戦前の図書館が国民に対する思想善導の機関として，国民の知る自由を妨げる役割さえ果たした歴史的事実を指摘し，そのことの反省の上にこの宣言があることを明確に述べた。

　　宣言成立に至る過程において，戦前の図書館が厳しい言論・表現の規制下にあって，自由な資料の収集・提供ができなかった苦衷の経験が強く意識されたことは明らかで，そうした時代の再来への危機感が中立性論議の基底に共通していた。宣言案にはそのことの直接の言及はなく，福井佑介が中立性論議と宣言案作成の連続的把握に疑問を呈する要素の一つともなっているが[1]，今次の改訂で戦前への反省を宣言の基礎に明示することで，「知る自由」の保障を歴史的な課題としても位置づけた。

④　図書館の自由が保障されるのは日本国民に対してだけでなく，外国人にも及ぶことを明記した。

　　当初は「民衆」という表現を現代的に「国民」と言い換えることから派生的に生まれた事項であったことは否めないが，結果として，1966年に国連総会が採択し，日本も批准している国際人権規約B規約の趣旨にそうものとなっている。これがその後の多文化サービスの根拠となり，その進展にとって意味のある改訂となったといえよう。

⑤　改訂の過程で最も議論になったことであるが，提供の自由を制限することがある場合を3点あげ，それが極力限定して適用されるべきこと，仮に利用が制限されることになっても，当該資料を保存することの重要性を明示した。

　　あらゆる資料への自由なアクセス，提供を約束する自由宣言に，提供を制限することがある場合を成文化することの矛盾を含むのは残念なことであるが，そこにこそ1979年という時点の日本の社会の現実があり，それと真摯に向き合う中での改訂であることを，ここに確認しておくこ

とは重要であろう。

⑥　「図書館は利用者の秘密を守る」という表現で，利用者（読者）のプライバシー保護を主文に取り出した。

　　差別にかかわる資料の扱いとともにこの時期，最も頻度の多かった図書館の自由の侵犯事実がプライバシー保護関係の事象だった。そのことを主文の一項として取り出したことは，1979年の改訂としてタイムリーであり，意義深いものとなった。原案では「検閲」の副文の最後に無理をして押し込んだような形にとどまり，印象に乏しかっただけに，宣言全体の構成からもわかりやすくなったといえよう。

⑦　検閲に反対するという主文において，「不当な」の語を除いた。

　　誰もが長年にわたって違和感を感じてきた表現の削除として，合意の早かった修正が実現した。

⑧　宣言を維持し，実効あるものたらしめる日本図書館協会の役割を結びで謳った。

　　日図協の現実に照らして，多分にリアリティを欠く内容であることは否めないが，ここに掲げた役割を果たし，社会から信頼される組織へと日本図書館協会を強化していく課題を不断に意識して，この宣言を運用していくことが重要である。

⑨　宣言を実践していく具体的指針として，主文―副文を一体のものとして採択した。

5.2　宣言改訂は社会からどう迎えられたか

　1984年10月に刊行した「図書館と自由」シリーズの第6集で『図書館の自由に寄せる社会の期待』（1984年10月発行）として，1973～1979年の図書館界の外からの「図書館の自由」に言及した文献，発言を取り上げ，自由委員会の近畿地区小委員会の6人のメンバーが分担してレビューを行い，文献集を編んでいる。79年改訂から数年たった時点であるが，改訂論議がなされ

た時期を含む1970年代の，図書館の自由に寄せる社会の期待をまとめたものである。

　対象の文献を五つのテーマに分けてレビューしているが，その総論として筆者が「認知された『図書館の自由』」として5点の文献を紹介した。その冒頭の一節をそのままここで再掲する[2]。

　「図書館の自由」という言葉は，図書館が他からの批判を退ける絶対的な自由もしくは権利を主張する独善的な印象を利用者（一般国民）に与えるのではないかという危惧が語られたことがある。「図書館利用者の読む権利をまもる図書館の自由」と説明語句をつけた方がよいという意見が，自由委員会の発足時にも論議された。ALA［アメリカ図書館協会］の知的自由委員会が，1940年の発足当初は「探求の自由に対する図書館利用者の権利を保障するための知的自由委員会」という長い名称を使っていたことにも通じる問題である。

　そういう懸念は現在も決してないわけではないが，より重要なことは，「図書館の自由」という言葉が指し示す中身が何であるかが図書館のはたらきに即して具体的に明らかになり，そのことに図書館利用者（国民）の共感と支持が得られることである。言葉に内実を与える実践が強まるとき，その言葉は社会的に認知され定着をみる。

　この解説文に続けて一つ目の文献として，「図書館の自由」の社会的認知の確かな事例として，先にもふれた1975年7月5日付け『朝日新聞』(夕刊，東京本社版)の「問われる図書館の自由」を取り上げた。1975年3月に自由委員会が発足し，宣言改訂の論議が胎動する時期，朝日の紙面に「図書館の自由」が大きく取り上げられたことに宣言の社会的認知を感じたものである。

　レビューでは五つのテーマの最後に，1979年宣言採択への直接の反響について鍵本芳雄が「改訂された宣言への評価」を取り上げ，4点の文献を紹介している。1979年5月の宣言改訂は，マスコミや法曹界など図書館外の社

会からかなりの関心の目をもって迎えられた。宣言改訂から1年くらいの間の発言を自由委員会編の『「図書館の自由」に関する文献目録』から拾ってみると，次のようものがある。

「図書館の自由に関する宣言」清水英夫『神奈川新聞』1979.5.23

「読書の自由を守る東京都日野市立図書館＜図書館のあるくらしNo.2＞」玉利勲『朝日新聞』1979.5.29

「利用者の秘密を守る『図書館の自由』宣言改訂」『赤旗』1979.5.31

「知る自由と図書館の使命＜主張＞」『赤旗』1979.6.2

「25年ぶりの『図書館の自由』宣言」清水英夫『朝日新聞』(夕刊)1979.7.3

「図書館の自由に関する宣言」清水英夫『読書権』5　視覚障害者読書権保障協議会　1979夏

「図書館の自由に関する宣言＜図書館のあるくらしNo.3＞」玉利勲『朝日新聞』1979.10.23

「図書館の自由に関する調査委員会編『図書館の自由に関する宣言 1979年改訂』によせて」堀部政男『図書新聞』＜書評＞　1979.12.22

「25年ぶりの『図書館の自由』宣言」清水英夫『現代出版論』(マスコミシリーズ2)理想出版社　1980.2　p.282-285

「図書館員の倫理綱領採択／自由に関する宣言に指針」『図書新聞』1980.6.14

「図書館法の法学的検討―図書館の自由を中心として」堀部政男『図書館法研究』日本図書館協会　1980.7　p.119-142.

　これは相当の数であり，宣言の改訂にずいぶん多くの関心が寄せられたことがわかる。マスコミでは『朝日新聞』と『赤旗』が取り上げ，法学研究者では清水英夫と堀部政男から繰り返し論評を寄せていただいている。それぞれに改訂宣言を高く評価し，強い期待を示しており，宣言の社会的な認知はよほど進展したといってもよいだろう。

5章　1979年改訂「図書館の自由に関する宣言」　*195*

　そのほかに，翌1980年が図書館法制定30年にあたったことから，1980年には法学・教育法学の専門誌が図書館法を特集することがあり，その中で堀部政男[3]，永井憲一[4]が図書館の自由や自由宣言の改訂に言及している。日図協が1979年12月8日に開催した，図書館法制定30周年記念・図書館法研究シンポジウムにおいても，外部から招聘した小林文人，神田修，堀部政男がそれぞれ図書館法に引き寄せながら図書館の自由，自由宣言にもふれている（とくに堀部政男）[5]。さらに，新たに主文に取り上げられた「利用者の秘密を守る」に関連して共同通信の北島孝記者[6]，作家の秦耕平[7]の発言もあり，マスコミ，ジャーナリズムの分野からも宣言改訂は注目を集めた。

　それらの中からいくつかを次に見ておこう。

○清水英夫「25年ぶりの『図書館の自由』宣言」『朝日新聞』(夕刊)　1979.7.3

　かねてより図書館，自由宣言に強い関心を示してもらってきた法学者による『朝日新聞』(夕刊) 文化欄への寄稿である。1954年の宣言は，「三カ条だけでも，従来のお役所的図書館運営からみれば画期的のことであったし，また憲法改正や治安立法をめぐって緊迫した情勢にあった当時としては十分の意義があった」が，それが四分の一世紀を経て復活・強化された理由・意義はどこにあるか，を問う論説となっている。

　近年における図書館をめぐる変化にふれた上で，「図書館の利用が高まれば高まるほど，個人的・社会的利益の衝突も深刻さを増してきた。図書館が，いったん寄贈を受けた図書の回収を発行所から要求されたり，あるいは警察から特定個人の利用事実を求められる事件が，あいついで生じるようになった。そして，それらの事件は，公共図書館のみならず大学図書館などにも波及している」と自由の現況を捉え，今回の改訂の特徴である「図書館は利用者の秘密を守る」という主文の新設，プライバシー保護を評価し，東村山の例を引いて，利用者の秘密を守る義務は，各地の図書館条例や規則に盛り込まれて，法的効果が生ずるようにする必要がある」と提言する。

　提供制限のケースについては，「利用者に対してできるだけはっきりとそ

の理由を明らかにする必要があろう」と述べ，「図書館へのアクセスは知的自由にとって不可欠のものである。図書館が公衆の知る自由に奉仕することを最も重要な任務とした宣言は，情報化社会において，ますます大きな意義を持つ」ことになろうと期待を寄せている。

○堀部政男「図書館の自由に関する調査委員会編『図書館の自由に関する宣言 1979年改訂』によせて」『図書新聞』1502　1979.12.22
　法学者の堀部政男が『図書新聞』に自由宣言の解説冊子の書評という形で，1979年改訂宣言を取り上げている。日本図書館協会が1975年以来，委員会を設置して検討をすすめ，1979年5月30日の総会で承認した新宣言は，3つのパートから成っている，と紹介する。
　第一は，「図書館は，基本的人権のひとつとして知る自由をもつ国民に，資料と施設を提供することを，もっとも重要な任務とする」。ここで当然の前提とされている「知る自由」は，法学界でいう「知る権利」，「情報へのアクセス権」と内容的には「大きな差異はないといえるがさらに四半世紀後にでも改正する場合には，新たな権利概念との関係においてとらえ直してみる必要があろう」。
　第二のパートは，この任務を果たす実践として，図書館は資料収集の自由，提供の自由を有する，利用者の秘密を守る，すべての検閲に反対する，をあげている。今日的には利用者の秘密保護を独立の主文に明確にした意義は大きい。
　第三は，自由が侵されるとき団結して自由を守る，となっている。自由にしても権利にしても人類の多年にわたる闘争を経て獲得したものであることを思い起こせば，宣言がこのことを明記していることに注目したい。
　「図書館は，今日，国民が文化的な最低限度の生活を営むうえに不可欠なものとなっている。図書館の意義を知るための好個の文献である」と結んでいる。

○永井憲一「国民の知る権利と図書館の任務」『季刊教育法』37号　1980.10

　国民の教育を受ける権利を図書館はどのように保障すべきか,を図書館法を軸に考察し,「図書館は,地域社会の研究室であり,市民の求める知識と情報の温床でなければならない」と提唱する本稿において,教育法学者の永井は,79年改訂宣言を取り上げる。「まことに格調の高い,すべての図書館関係者が順守すべき立派な内容の宣言」であり,「とくに国民の知る自由の保障に積極的である点に注目される」と評価した上で,あえて言えば物足りなさもあるとして,「国民主権の原理を維持し,発展させる」には,表現の自由が保障されるというだけでなく,「政府の側が政治権力の施策や行政に関する情報あるいは政治的資料を公開すべきであり,それを国民に情報として提供する,という任務を積極的に"知る自由"の内容として提起すべきではなかったか」と指摘する。そこに社会教育としての図書館の役割を想定し,図書館法第3条第7号の「時事に関する情報及び参考資料」の紹介・提供の積極的活用に期待を寄せている。永井の持論である主権者教育論の視点からの論評である。

○北島孝「図書館コンピュータ化とプライバシー保護」『季刊としょかん批評』3号　1993.10

　「読書の自由は？―出版流通と図書館ネットワーク」を特集した中での論稿である。近年における公共図書館の変化を取材してきた共同通信の北島記者が,広がる「コンピュータ化の波に個人情報がきらわれ,利用者のプライバシーが侵害される危険はないのだろうか」とさらに取材を進めてまとめたのがこの記事である。

　日野の三原則（p.77参照）,都立中央図書館における警察による利用者の複写記録の請求照会（p.73参照）,プライバシー保護についての日図協の要請文書（p.73,79参照）,などについて取り上げた上で,「宣言は改定したけれど」の小見出しを立て,「図書館は利用者の秘密を守る」という条項を宣言に独立させてプライバシー保護の姿勢を徹底させているが,問題はむしろ「雲行

きが怪しくなっている」のではないか，と今後に向けて注意を喚起する。

　北島は，この年2月に開館した岡山県鴨方町立図書館が，住民基本台帳の
コード番号をそのまま図書館の登録番号に使用しているケースに注目し，図
書館へのコンピュータ化の進行の先に危惧される図書館像を次のように警告
している。

　　問題が起きると利用者の個人情報を本人に知らせもせずに捜査当局へ提
　供し，住民コードと図書館コードを一致させて，国民総背番号制への道を
　掃き清めるような図書館だけは増えてほしくない。IDカード（磁気カード
　方式の身分証明書）によって図書館の利用や生協の買物，食堂の食事まで，
　学生の学内活動をほぼ管理できるシステムを備えた大学が最近現われてい
　るだけに，こうした私の推測が杞憂に過ぎなければ幸いである。

　1890年代以降のコンピュータ化が急速に広がる下での図書館と自由宣言
の課題をこの時点で示唆したジャーナリストの論評である。

注
1) 福井佑介『図書館の倫理的価値「知る自由」の歴史的展開』松籟社　2015年
　 p.61-62
2) 塩見昇「認知された『図書館の自由』」『「図書館の自由」に寄せる社会の期待』（図
　 書館と自由　第6集）日本図書館協会　1984年　p.6
3) 堀部政男「図書館の自由と知る権利」『法律時報』52巻11号　1980年11月　p.27-32
4) 永井憲一「国民の知る権利と図書館の任務」『季刊教育法』37号　1980年　p.136-
　 144
5) 『図書館法研究—図書館法制定30周年記念・図書館法研究シンポジウム記録』日
　 本図書館協会　1980年
6) 北島孝「図書館コンピュータ化とプライバシー保護」『季刊としょかん批評』3号
　 1983年10月　p.84-95
7) 秦耕平「読書の秘密（日記から）」『朝日新聞』（夕刊）1983年11月8日

6章 「図書館の自由に関する宣言 1979年改訂」解説の作成

　1979年5月の日本図書館協会（日図協）総会で「図書館の自由に関する宣言」（宣言）の改訂を達成した図書館の自由に関する調査委員会（自由委員会）は，同年10月にその解説冊子を作成する。その間わずかに4か月程度しかないが，1979年改訂案をまとめる起草委員会の作業において，いままだ副文に成文化するのは無理がある，ここは論議が伯仲しておりいずれかの取捨を決めるのは難しい，といった際には，これは「解説において扱おう」という振り分けをすることが少なからずあった。宣言の改訂が成ればなるべく早期に『解説』をつくることでそれらを処理することは，宣言改訂の成立以前からおおよその前提として想定されてきた。

　そこで宣言の改訂が議案となる5月30日の総会を目前にした26日，早々に起草委員を務めた4人（森耕一，石塚栄二，酒井忠志，塩見昇）が集まり，「解説」の構想を検討した。詳しい逐条解説をまとめるとなると2，3年はかかるだろう，ということで，まずは10月の全国図書館大会における改訂宣言の周知と普及に間に合うように，「とりあえず最小限に的をしぼって簡単な解説」をつくることにした。4人が宣言案文を起草する際に分担した範囲（p.131参照）を踏襲し，解説を加える必要があると思われる項目を抽出して全体の構成を確定した。その上でそれぞれが執筆した文案を突き合わせ，検討してまとめたのが『図書館の自由に関する宣言　1979年改訂』（A5，48p）の冊子である。標題にとくに「解説」という表現は掲げていないが，本文の中心となる部分（p.15-36）の見出しは「宣言の解説」である。

　解説は宣言全般にかかわる事項，主文の柱だてごとに取り出した事項について記述している。解説の冒頭で，この宣言は，だれが，どの範囲の人たち

に対して発しているか，について取り上げる。宣言は「日図協の総会に於いて決議されたものであり，したがって，日本図書館協会に結集する図書館および図書館員の，図書館運営の基本に関する決意の表明」である，と述べ，1954年宣言は全国図書館大会で採択されているが，今次の改訂では，「まず協会の総意としてまとめることが必要である」という判断で総会決議となったこと，そこから出発して，「日本図書館協会のみならず，この宣言がひろく図書館界によって支持されること」を強く望んでいる，としている。

解説が必要だとして取り出された事項は，次の27項である。

全般	図書館か図書館員か
	国民に対する約束
前文	知る自由と図書館の自由
	自らの責任にもとづき
	公平な権利
	すべての図書館
収集	あらゆる資料要求にこたえる
	資料費
	収集方針
提供	提供の自由とその制限
	人権またはプライバシーの侵害
	わいせつ出版物
	寄贈または寄託資料
	資料の保存
	集会室等の提供
秘密	読書事実
	読書傾向
	貸出記録等の保持
	利用事実
	外部とは

法令との関係

守秘義務の及ぶ範囲

検閲　　図書館と検閲

不当な検閲

図書館における自己規制

結び　　不利益処分の救済

日本図書館協会の責務

それぞれ3年間の検討・論議の中で話題になることの多かった事項であり，それらについて，

①　宣言がどのような内容で集約されたか，議論は盛んだったが改訂に反映できなかった内容，採用されなかった異論等について紹介

②　宣言に使用している語句，表現の解釈や説明

③　関連する事例や参考となる判断資料の紹介

④　今後の検討に残された課題

などを簡潔に説明し，宣言の理解と普及に資するものとなることをめざした。

　本文のほかに，参考資料として，法令（憲法，刑法，地方自治法，国家・地方公務員法，刑事訴訟法，東京都青少年健全育成条例など）の関係条文，自由委員会規程，アメリカ図書館協会（ALA）の「図書館の権利宣言」（邦訳），参考文献を収め，図書館の自由について考えたり，確かめる手軽な手引きとなるようなものを，と構想された。

　『図書新聞』がこの解説冊子について早々に，法学者の堀部政男による書評を掲載してくれた。その内容は前章で紹介したが，宣言の普及にとっても有難かったはずである。

　この解説は図書館の自由，自由宣言について考えたり，学んだりする手引きとして10年近く活用されたが，1987年10月に『「図書館の自由に関する宣言　1979年改訂」解説』として事実上の改訂版が作成され，さらに2004年3月にそれの第2版（当初の解説からいえば3訂版となる）が自由委員会の手で

作成されている。それぞれその間の図書館をとりまく大きな社会変化の下で累積された事例研究，対応の経験を基に普遍化した進展の成果であり，第2版では本文が128ページと当初版の3倍近くにも膨れている。当然そこにはこの間の宣言をめぐる判断の成長や新たな課題による挑戦がみられるのであるが，それに言及することは本書の範囲を越えることになるので，ここでは解説の改訂作業が二度にわたって重ねられ，そこに自由宣言の成長の跡を確かめることができるということの指摘にのみとどめる。

なお，二つの改訂版にはそれぞれ「宣言の解説」本文に先立って「宣言の採択・改訂とその後の展開」の項を設けて，その後の動向が簡潔にまとめられている。その中に解説が膨らむ背景を見ることができる。

「図書館の自由に関する宣言　1979年改訂」冊子（1979年　左）と「解説」（1987年　右）

7章 残された課題
―結びを兼ねて

　ここまで図書館の自由に関する調査委員会（自由委員会）の成立と「図書館の自由に関する宣言」（自由宣言，または宣言）の1979年改訂の跡を整理してみた。宣言改訂に向けられた社会の眼も，「認知」といっても過言でないことを確かめた。宣言のその後について立ち入ることは本書の範囲を越えるので，ここでは結びを兼ねて，今後の課題をごく簡潔に素描するにとどめたい。

　図書館記念日にあたる1984年4月30日の「天声人語」（『朝日新聞』）が，図書館をめぐるいくつかの話題にふれた後で，次のように結んでいる。

　商売柄，筆者は毎日のように社内の図書館，国会図書館，区立図書館の本を利用している。図書館のありがたさは身にしみてわかっているつもりだが，今年が「図書館の自由に関する宣言」三十周年にあたることは，うかつにも知らなかった。

　この日本図書館協会の宣言はすばらしい。①図書館は資料収集の自由を有する，②図書館は資料提供の自由を有する，③図書館は利用者の秘密を守る，④図書館はすべての検閲に反対する。図書館の自由が侵されるとき，われわれは団結して，あくまで自由を守る。

　「宣言」の背後には，かつての図書館が「思想善導」の機関として国民の知る自由を妨げる役割を果たしたことへの，苦い反省があるようだ。

　きょうは，図書館記念日。

　この信頼と期待を裏切ってはならない，と思う。「この宣言はすばらしい」という受けとめを，より多くの国民の共通認識にしていく責任が，図書館人

の，そして日本図書館協会とすべての図書館にかかっていることを，改めて
重く受けとめたい。

　そういう思いで，宣言の1979年改訂が残した課題のいくつか，およびその
後の社会変化の中で新たに生起している課題を整理し，今後の宣言の発展に
向ける参考に資したい。

(1)　最高裁判決と宣言の条理

　先に1979年改訂の特徴の第一に，宣言の基礎を憲法が保障する表現の自
由に置き，図書館の自由を現行の法体系にできるかぎり沿ったものとしよ
うとしたことをあげた。それが成果として結実するのは，公判，それも高い
レベルの判決でその論理が支持されることである。その意味で宣言改訂から
早い時期の1983年6月22日に最高裁が示した未決拘禁者の閲読の自由の認
定，そして2005年7月11日の船橋市西図書館における蔵書破棄事件に関する
最高裁判決に注目したい。

　前者は，“よど号乗っ取り事件”で拘留中の被疑者が購読する新聞記事の一
部を抹消されたことを不当として訴えた国家賠償訴訟の上告審判決で，最高
裁大法廷が，「およそ各人が，自由に，さまざまな意見，知識，情報に接し，
これを摂取する機会をもつことは，その者が個人として自己の思想及び人格
を形成・発展させ，社会生活の中にこれを反映させ」る上で不可欠なもので
あり，「意見，知識，情報の伝達の媒体である新聞紙，書籍等の閲読の自由が
憲法上保障されるべきことは，思想及び良心の自由の不可侵を定めた憲法19
条の規定や，表現の自由を保障した憲法21条の規定の趣旨，目的から，いわば
その派生原理として当然に導かれる」ものだと「閲読の自由」(知る自由の主
要な一つである読む自由) を認定したものである。最高裁によってなされた初
めての判断であり，まさに自由宣言が拠ってたつ論理の認証といってよい。

　後者は，千葉県船橋市の図書館司書が，自己の思想・信条に合わないと考
えた一群の蔵書を独断で破棄したことに対し，破棄された著作の著者らが訴
えた公判の控訴審判決で，最高裁が公共図書館サービスを正面から裁定した

判決である。その中で最高裁は，教育基本法，図書館法等に即して公立図書館の役割を，「住民に対して思想，意見その他の種々の情報を含む図書館資料を提供してその教養を高めること等を目的とする公的な場」と認定し，その役割を果たすため図書館職員は，「独断的な評価や好みにとらわれることなく，公正に図書館資料を取り扱うべき職務上の義務を負う」と判断し，この図書館でなされた破棄を厳しく指弾し，国家賠償法上違法であると認定している。「図書館の自由に関する宣言」という語句こそないが，宣言の内容とまったく重なる判断といってよい。

この判決に寄せた7月15日付の「自由の番人でいる重さ」と題した『朝日新聞』社説は，次のような図書館へのエールを送っている。

　　多様な本を誰もがたやすく手に取って読むことができる社会，お互いに言葉や文字で堂々と批判しあえる社会,そんな社会を守りたいと思う。
　　日本図書館協会は「図書館の自由に関する宣言」で，「多様な対立する意見のある問題は資料を幅広く収集」することや，「図書館員の個人的な関心や好みによって選択しない」などとうたっている。
　　本を守り，一人ひとりの内面の自由を守ることが，図書館の自由を守ることにもつながっていく。
　　司書は，古代中国の書に「書籍をつかさどる職」として登場する歴史的な職業だ。知性と自由の番人である誇りをかみしめてほしい。

画期的な二つの最高裁判決は，自由宣言の社会的な認知としても重要であり，心強い。国民の基本的人権に奉仕する図書館事業の基本理念として，宣言の論理構成を一層精緻につくりあげていく必要がある。

(2)　法的規制，法廷判断との関係

自由委員会が活動を始めたごく初期である1975年5月に顕在化した，東京都立中央図書館における警察官による利用者の複写記録請求事件では，警

察が刑事訴訟法第197条第2項に基づく捜査関係事項照会書によって記録の開示を求めたことで，図書館は請求に協力した。事後にその対応が妥当であったかどうか，この照会書に基づく請求の拘束力，それを拒否することが可能かどうか，など根拠法規についての認識，理解が問われることになり，同種の事例が各地で頻発したことにより，学習会等を通して法律の専門家との交流が重ねられた。1986年に起きた深川幼児誘拐事件では，宣言が「例外とする」と掲げた憲法第35条に基づく令状による捜査が国立国会図書館に向けられた。それでは，令状を確認した場合は，図書館は無条件に必ず応じなければならないものなのか。図書館が自立して判断する余地がないのかどうか，利用者の信頼の基本にかかわる問題であり，図書館の自律性と法の規制力の関係が問われている。

　図書館が所持する資料の「違法性」から，資料の提供が制約を受けるケースもさまざまに現出している。1997年に神戸で発生した連続児童殺傷事件の被疑者の実名，顔写真などを少年法の規定に挑戦するかのように報じた週刊誌『フォーカス』，あるいは供述調書を掲載した『文藝春秋』を提供制限することの是非がマスコミで大きく報じられた。

　プライバシーの侵害を訴え，公判でそれを認められた原告が，併せてその判決内容の告知を図書館に求める（その旨の付せんを当該資料に添付する等）というケースも起きている（裁判所はそれについては認めていない）。

　法的規制や法廷判断が図書館の資料収集・提供とどのような関係をもたらすか，利用者の知る自由，秘密性の保持など図書館活動の基本にかかわる原則との緊張関係にどう対処するか，その拠りどころとしての宣言の一層の理論構築とそれを支持する世論の厚い蓄積が望まれよう。

(3)　人権・プライバシー条項を実践的に深める

　国民の知る自由を基本的人権として保障することを誓約する自由宣言が，提供を制限することがあると明文化した条項をめぐって，その是非が論議を重ねたのは当然のことであった。上記の法規や法廷判断との関係が問われた

事例もそうであるが，そのほとんどは制限3条項のうちの「人権またはプライバシーを侵害するもの」に関するものである。

改訂論議の中で繰り返し出された意見は，だれがそれを判断するのか，その基準をどう考えるか，拡大解釈や自己規制を生む恐れが危惧される，等々である。素朴には，「著しく」とか「非常に」といった修飾語を加える提案もあった。だが委員会は一切の修飾語を否定し，図書館が自ら判断すべきこと，厳しく難しいことだがその経験を重ねることで，共通理解を豊かにしていく課題を議論の説明や宣言の解説で述べてきた。

改訂直後の解説冊子では，この部分の解釈について，「さしあたって，特定された個人の人権またはプライバシーを侵害するものと理解されるのである」，と宣言の文章よりも一歩踏み込んだ判断を書き加えていた[1]。それをさらに敷衍するものとして，起草委員の一人である石塚栄二が，改訂後の1980年に，図書館問題研究会（図問研）の理論集会において「"人権またはプライバシーを侵害するもの"条項について」を取り上げ，個人見解と断った上で，次のような判断基準を提起している[2]。

(1)　氏名または仮名で特定の個人を指していることが明かな場合。

(2)　特定の集団に属する人々を，居住地，所属団体，職業，身体的特徴などを示す形で一括して表現し，その集団に属する人々の個々の人権を侵害する結果をもたらすもの。

宣言の改訂後，この条項に該当する事案を数多く検討してきた自由委員会では，その経験を通してこの条項の解釈，運用についてのより踏み込んだ判断を公表している。その骨子は，

＊プライバシーの権利が憲法の保障する権利に含まれることはほとんど異論がないと考えられるので，この項は「プライバシーその他の人権を侵害するもの」と読み替えるのが適当である。

＊ここでいうプライバシーとは，特定の個人に関する情報で，一般に他人に知られたくないと望むことが正当であると認められ，かつ，公知のも

のでない情報に限られる。

＊差別的表現は，特定個人の人権の侵害に直結するものを除き，制限項目
　に該当しない。

＊判断の主体は図書館であり，各図書館には，制限の要否，方法の検討，
　制限措置の再検討を行う委員会を設置しておくことが望ましい。

＊制限をせざるを得ない場合は，「より制限的でない方法」によるべきで
　ある。　　など

　これらの判断とそれの集約と言ってよい三つの見解，意見文書は『解説』
第2版に収録されている[3]。この種の事案への対応は，それぞれの図書館が自
ら判断すべきことであり，委員会の判断がマニュアル化することは避けねば
ならないが，そのための参考資料として，委員会による経験の集積は重要で
あり，今後とも成果が期待される。

　2013年には憲法学者の松井茂記が，図書館における図書の収集，管理，
廃棄，利用を「憲法の保障する表現の自由の問題と捉えて，図書館の行為に
は憲法的に限界がある」，「図書館の利用制限は極めて例外的な場合を除いて
は許されるべきではない」という立場から，『図書館と表現の自由』を著し，
どのような図書であれば利用を制限できるのか，を図書館で現に生起した事
例を子細に検討することで論じた。図書館における資料の提供，提供制限が
憲法学の視点から考察の対象となり，研究書が刊行されるというのは，画期
的なことである。こうした側面からの検討の成果をも視野に，提供制限の自
律した判断と判断基準につき，さらに経験を蓄積していくことが必要である。

(4) デジタル情報環境の激変とプライバシー保護

　宣言の改訂後，すなわち1980年代以降の図書館をとりまく社会の変化の中
で最たるものは，情報環境の激変であろう。北島孝記者が危惧したように，
資料・情報提供機関である図書館へのコンピュータ導入は劇的に進行し，コ
ンピュータを駆使した資料管理，インターネットによる情報アクセスが図書

館活動の常態を大きく変えている。その中で図書館の自由との新たな課題が続出している。

日図協は1984年5月の総会で,「貸出業務へのコンピュータ導入に伴う個人情報の保護に関する基準」を採択し,基準が取り上げるデータ処理の外部委託,利用者コードの決め方について自由委員会の見解によってそれを補っている[4]。「図書館は利用者の秘密を守る」という条項の遵守は,いささかも変わるところがあってはならないが,システムのテクニカルな変化,図書館本体の外部委託の広がりなど状況の動きは急である。大学においては,学籍番号によって図書館利用を含めて学生に関するあらゆる情報を一元的に管理することが常態化している。利用者記録を積極的に活用することでの顧客サービスの充実をめざす,というアイデアも提案されている。そこでは利用者の意見を容れての個別の判断が重視されねばなるまい。

マイナンバーカード(個人番号)が実用化され,コンピュータによる個人情報管理が波及的に広がる下で,個人情報保護の重要性がいよいよ大きくなっている。

いまや小学生の2人に1人が携帯をもっている,というデータが伝えられる時代である。人々の情報アクセスを一変させているインターネットは,情報発信者の匿名性による情報の質の問題,未成年者の利用に際してのフィルタリングと自由なアクセスとの相克,法的規制の是非など,図書館の自由との新たな問題を次々と生み出している。

図書館の所蔵物とはいえない電子出版物となると,収集方針や提供基準など,印刷資料や視聴覚資料とは自ずと異なる配慮や扱いも必要となり,自由にかかわる課題も複雑さと広がりを呈するであろう。

情報に対する主体性を高め,情報弱者を生まないために,という教育プログラムの推進も図書館の自由を具現化する重要な課題である。

これらはすべて,1979年の宣言改訂の時点においては想定されなかった新手の問題であり,直面する現代とこれからの課題である。

(5) 著作権をめぐる変化とアクセス権

　デジタル環境の変化とも深く関連することであるが，著作権をめぐる動きも急であり，情報アクセス，読書の自由の拡張とたえず緊張関係を強めている。東日本大震災に際して，図書館が所蔵するデジタル地震災害情報を通信回線を使って被災地における利用に開放する特別な措置が，関係者の理解と協力によって実現し注目された。しかし，通常は著作権法のしばりで自由な利用が許されない情報が少なくない。技術的にはできることだが，著作権者の権利保護との関係で，使えないということがある。その点で，国立国会図書館のデジタル資料が，全国の図書館を介して広く一般に公開される「図書館送信」サービスが可能となったことの意義は大きい。

　必要な資料や情報から疎外されがちな身体障害者の情報アクセスにとって，2016年4月に施行された「障害を理由とする差別の解消の推進に関する法律」（障害者差別解消法）が，障害を理由とする不当な差別的扱いを禁止し，国・自治体など公共機関に対し，社会的障壁を取り除くための合理的配慮を義務化し，障害者に実質的な平等を保障することを盛り込んだことは，だれもが公平な情報アクセスを保障されるための図書館の自由という観点からも重要である。著作権者の権利を大事にしつつ，著作物への自由なアクセスを広げる課題もまた，自由宣言の範疇からも取り組んでいくべき課題である。

(6) 子どもの権利と読む自由

　先に第4章で宣言改訂の過程における主要な論点を整理する際，あえてほとんど論議にならなかった「論点」として「子ども」の問題を取り上げた。子どもの読む自由や情報アクセスに，これまで決して問題がなかったわけではない。それどころか，子どもを庇護するという視点で，あるいは教育的配慮や青少年の健全育成の観点から，子どもの自由な読書を結果として抑制する作用はどの時代にもあり続けてきた。しかし，そのことが宣言改訂の論議のなかではほとんど話題にならなかったことが，当時の図書館界における子どもの「問題」であったといえよう。

1989年に国連総会で採択され，1994年に日本も批准した「児童の権利に関する条約」（子どもの権利条約）が，子どもについて，表現・情報の自由，マスメディアへのアクセス，プライバシー保護などの諸権利が大人と等しく人間として保持し，尊重されねばならない存在であること，子どもにかかわるすべての活動において「子どもの最善の利益が第一次的に考慮」されるべきこと，自らに係ることについては，子どもの意見表明が権利として尊重されるべきこと等が国際的な共通認識として確認された。このことは日本社会におけるこれまでの子ども観に大きく転換を迫るものであるし，図書館事業にも多くの課題を提起するものとなった[5]。

子どもが人間として，一人の市民として成長・発達するために必要な環境を最善のものとして，すべての子どもに保障する一環として，子どもの読書環境があり，公共図書館の児童サービス，学校図書館の活動が組み立てられることが必要であり，自由宣言をそうした観点から活用していくことが必要である。

(7) 宣言周知の推進と実践による裏づけ

宣言が図書館による図書館が果たすべきサービスの国民への誓約であるならば，当然その内容が丁寧に国民に伝えられ，広く周知されなければならない。有川浩の『図書館戦争』（小説・映画）が思わぬ形で自由宣言を世間に知らしめてくれたが，その内実の確かな理解を広げる努力は不断に続けなければならない。

日図協（自由委員会）は自由宣言のポスターの製作，移動展示，講演会の開催などの取り組みを重ねてきたが，一番の周知は，利用者の自由を大事にする図書館の日々の実践を通してのアピールである。予約した本を借りに来た利用者に対し，予約本のメモを渡して，「これはあなたの読書記録だから大事にしてね」といってもどした学校図書館での一コマ，予約本を知らせる電話を受けた家族が，「ありがとう，ところで今回はどんな本をお願いしたんでしょうか」と尋ねたのに対し，「それは読書の自由にかかわることなので，

直接ご本人に聞いてください」といわれて，「へぇ，図書館ってそんなこと
まで考えて仕事をしてるんですか」と驚かれた，という話がある。

　その呼吸は微妙で難しい。なんとかたくなな，と反発を招くこともあり得
よう。しかし，図書館の自由の原則は，うまくかみ合うと驚くほど素直に図
書館の本質を利用者に伝えることにもなる。図書館は，読む人の心を大事に
してくれている，という実感を日々のサービス活動を通して体現しているこ
とが，何より大事で有効な宣言の周知である。

(8)　宣言の遵守と日図協の責務，および組織強化

　宣言が図書館のありようについての国民に対する誓約である以上，それは
すべての図書館によって日常不断に実践し遵守されなければならない。その
ためには，宣言がすべての図書館によって支持され，その共通意思が提唱者
である日本図書館協会の基盤となっていることが不可欠である。

　そういう観点から，結びに掲げた宣言の履行に係る日本図書館協会の責
務，案文にあった万一の事態における「救済と保障」(最終的に承認された改訂
宣言では「保障」の文字は削除された) について，「そう言い切って大丈夫か」，「日
図協にそこまでの力があるか」の危惧が改訂論議の過程でしばしば語られて
きた。その危惧は否めない。しかし，そうあるように日図協の組織を強化す
ることを「宣言の維持・発展」という観点からも，重要な課題として認識し，
進めていかねばならない。

　宣言の遵守ということで言えば，この宣言に違反したケースについて，日
図協がどのように対処するか，社会に向けていかなる意思を，どのように表
明するか，が具体的に問われよう。『図書館雑誌』の「50年を迎えた図書館
の自由に関する宣言」の特集において，起草委員であった石塚栄二が「自由
宣言1979年改訂と残された課題」の中で，富山県立図書館における図録『'86
富山の美術』損壊事件 (1980年)において，犯人の有罪判決が確定した後も，
同館が図録の所有権を放棄したままでいることは，組織体としての図書館の
公的行為であり，宣言がいう資料保存の責任に抵触する行為として責任を問

うべき問題ではないか，と指摘している[6]。

　筆者にも忸怩たる経験がある。筆者が日図協理事長に在任中のことであるが，最高裁によって厳しく指弾された船橋市西図書館における蔵書破棄事件に際し，事務局長とも幾度か協議し，日図協として当該の図書館に事情を確かめることはしたが，こうした誤りを犯し，図書館事業への不信を招いた当該図書館に対し，その責任を問う正式な判断を，タイムリーにし得なかったことである。この事件は直接には一司書の誤った措置であり，当該司書が日図協を退会することで日図協との関係は終わってしまったが，自由宣言に照らせば，それを許した図書館の責任が問われねばならなかった。宣言を履行するということは，そういうことでなければならなかった。そういう的確な措置のできる日本図書館協会にする課題を痛感する。

　「図書館の自由に関する宣言」の維持・発展は，日本の社会に図書館らしい図書館を根づかせ，広げていく図書館づくりの基礎を築く基本的な目標であり，課題である。今回のこの作業を通して，1979年改訂の経過と経験が，そのことに活かされることを期待したい。

　最後に，本書で考察の対象としたこの時期（その前後）における筆者の，図書館界における立場（役職）を参考までに記しておく。

　　日本図書館協会評議員　　1973年〜75年，1979年〜89年

　　同　　　　　　理事　　　1975年〜79年

　　日本図書館研究会理事　　1971年〜2007年（1985年以降事務局長，1995年以降理事長）

　　図書館問題研究会事務局長　1969年〜72年

　　同　　　　　　副委員長　1978年〜81年

注

1) 『図書館の自由に関する宣言　1979年改訂』日本図書館協会　1979年　p.22

2) 石塚栄二「『人権またはプライバシーを侵害するもの』条項について」『図書館評論』21号　1980年9月　p.60-64

3) 『「図書館の自由に関する宣言　1979年改訂」解説』第2版　日本図書館協会　2004年　p.25-28
　　＜資料編＞p.52-55
　　「『フォーカス』（1997.7.9号）の少年法第61条に係わる記事の取り扱いについて（見解）」日本図書館協会　平成9年7月4日
　　「『文芸春秋』（1998年3月号）の記事について＜参考意見＞」日本図書館協会　平成10年2月13日
　　「差別的表現を批判された蔵書の提供について（コメント）」図書館の自由委員会　2000年11月16日

4) 同上　資料編　p.48-51
　　「貸出業務へのコンピュータ導入に伴う個人情報の保護に関する基準」日本図書館協会　1984年5月25日
　　「『貸出業務へのコンピュータ導入に伴う個人情報の保護に関する基準』についての委員会見解」図書館の自由に関する調査委員会　1984年5月

5) 塩見昇「子どもの権利条約と図書館の課題」『子どもの権利と読む自由』（図書館と自由　第13集）日本図書館協会　1994年　p.35-52
　　＊初出は『図書館界』42巻5号　1991年1月
　　『図書館の発展を求めて：塩見昇著作集』（日本図書館研究会　2007年）に採録

6) 石塚栄二「自由宣言1979年改訂と残された課題」『図書館雑誌』98巻10号　2004年10月　p.719-721

参考文献

・図書館の自由に関する調査委員会編『図書館の自由に関する宣言　1979年改訂』日本図書館協会　1979年
・同編『図書館の自由に関する宣言　1979年改訂　解説』日本図書館協会　1987年
・同編『「図書館の自由に関する宣言　1979年改訂」解説』第2版　日本図書館協会　2004年
・同編『図書館の自由に関する宣言の成立』（図書館と自由　1集）日本図書館協会　1975年
・同編『「図書館の自由に関する宣言」二十年の歩み　1954-1972』（図書館と自由　3集）　日本図書館協会　1980年
・同編『「図書館の自由」に寄せる社会の期待』（図書館と自由　6集）日本図書館協会　1984年
・同編『図書館の自由に関する事例33選』（図書館と自由　14集）日本図書館協会　1997年
・同編『図書館の自由に関する事例集』日本図書館協会　2008年
・同編『図書館の自由を求めて―「図書館の自由に関する宣言」採択50周年座談会・60周年記念講演会記録集』日本図書館協会　2016年
・「特集・図書館の自由に関する宣言30年」『図書館年鑑　1984年版』日本図書館協会　1984年5月　p.271-312
　　「図書館の自由に関する宣言」成立の頃
　　「図書館の自由に関する宣言」30年間の軌跡　ほか
・『全国委員会通信』（部内資料）図書館の自由に関する調査委員会　合綴版　1979年
・『全国図書館大会記録』1975年度〜1979年度版　日本図書館協会

・日本図書館協会総会・役員会（理事会，評議員会，常務理事会）記録『図書館雑誌』各号に収録
・「特集・図書館の自由Ⅰ」『現代の図書館』13巻4号　1975年12月
　「特集・図書館の自由Ⅱ」『現代の図書館』14巻1号　1976年3月
・「図書館の自由」『図書館雑誌』76巻9号　1976年9月
・「特集・50年を迎えた『図書館の自由に関する宣言』」『図書館雑誌』98巻10号　2004年10月　p.714-731
・奥平康弘『知る権利』岩波書店　1979年
・小林直樹『現代基本権の展開』岩波書店　1976年
・塩見昇『知的自由と図書館』青木書店　1989年
・塩見昇・川崎良孝編著『知る自由の保障と図書館』京都大学図書館情報学研究会　2006年
・塩見昇「『図書館の自由に関する宣言』の成立と進展」塩見昇・川崎良孝編著『知る自由の保障と図書館』京都大学図書館情報学研究会　2006年　p.3-74
・中村克明『知る権利と図書館』関東学院大学出版会　2005年
・馬場俊明『「自由宣言」と図書館活動』青弓社　1993年
・福井佑介『図書館の倫理的価値「知る自由」の歴史的展開』松籟社　2015年
・松井茂記『図書館と表現の自由』岩波書店　2013年
・渡辺重夫『図書館の自由と知る権利』青弓社　1989年
・同　　　　『図書館の自由を考える』青弓社　1996年

資料編　*217*

＜資料編＞

1　図書館の自由に関する宣言（1979年改訂）と同原案（1954年）

図書館の自由に関する宣言（1979年改訂） （1979年5月30日　総会決議）	図書館の自由に関する宣言原案（1954年） （1954年全国図書館大会に提出された図書館憲章委員会の原案）
図書館は，基本的人権のひとつとして知る自由をもつ国民に，資料と施設を提供することを，もっとも重要な任務とする。 1　日本国憲法は主権が国民に存するとの原理にもとづいており，この国民主権の原理を維持し発展させるためには，国民ひとりひとりが思想・意見を自由に発表し交換すること，すなわち表現の自由の保障が不可欠である。 　　知る自由は，表現の送り手に対して保障されるべき自由と表裏一体をなすものであり，知る自由の保障があってこそ表現の自由は成立する。 　　知る自由は，また，思想・良心の自由をはじめとして，いっさいの基本的人権と密接にかかわり，それらの保障を実現するための基礎的な要件である。それは，憲法が示すように，国民の不断の努力によって保持されなければならない。 2　すべての国民は，いつでもその必要とする資料を入手し利用する権利を有する。この権利を社会的に保障することは，すなわち知る自由を保障すること	基本的人権の一つとして，「知る自由」をもつ民衆に，資料と施設を提供することは，図書館のもつとも重要な任務である。 （一）近代民主主義社会の原則は，民衆の一人一人が自由な立場で自主的に考え行うことによつて，その社会の動向と進歩とが決定されることである。 　　従つて，社会の担い手としての民衆は，「知る自由」を基本的人権の一つとして保有している。 　　それと共に，その権利を正しく行使する社会的責任をもつている。 （二）図書館は，民衆のこの権利と責任に奉仕するものであり，その収集した資料と整備した施設とを，民衆の利用に提供することを根本の任務としているところの，近代民主主義社会にとつてその構造上不可欠の機関である。

である。図書館は，まさにこのことに責任を負う機関である。

3　図書館は，権力の介入または社会的圧力に左右されることなく，自らの責任にもとづき，図書館間の相互協力をふくむ図書館の総力をあげて，収集した資料と整備された施設を国民の利用に供するものである。

4　わが国においては，図書館が国民の知る自由を保障するのではなく，国民に対する「思想善導」の機関として，国民の知る自由を妨げる役割さえ果たした歴史的事実があることを忘れてはならない。図書館は，この反省の上に，国民の知る自由を守り，ひろげていく責任を果たすことが必要である。

5　すべての国民は，図書館利用に公平な権利をもっており，人種，信条，性別，年齢やそのおかれている条件等によっていかなる差別もあってはならない。

　　外国人にも，その権利は保障される。

6　ここに掲げる「図書館の自由」に関する原則は，国民の知る自由を保障するためであって，すべての図書館に基本的に妥当するものである。

この任務を果たすため，図書館は次のことを確認し実践する。

第1　図書館は資料収集の自由を有する。

1　図書館は，国民の知る自由を保障す

　　図書館のこのような任務を果すため，我々図書館人は次のことを確認し実践する。

1　図書館は資料収集の自由を有する。

（一）図書館は民衆の「知る自由」に奉

る機関として，国民のあらゆる資料要求にこたえなければならない。

2　図書館は，自らの責任において作成した収集方針にもとづき資料の選択および収集を行う。

　　その際，

(1)　多様な，対立する意見のある問題については，それぞれの観点に立つ資料を幅広く収集する。

(2)　著者の思想的，宗教的，党派的立場にとらわれて，その著作を排除することはしない。

(3)　図書館員の個人的な関心や好みによって選択をしない。

(4)　個人・組織・団体からの圧力や干渉によって収集の自由を放棄したり，紛糾をおそれて自己規制したりはしない。

(5)　寄贈資料の受入れにあたっても同様である。

　　図書館の収集した資料がどのような思想や主張をもっていようとも，それを図書館および図書館員が支持することを意味するものではない。

3　図書館は，成文化された収集方針を公開して，広く社会からの批判と協力を得るようにつとめる。

仕する機関であるから，民衆のいろいろの求めに応じられるように出来るかぎり広く偏らずに資料を収集しておく必要がある。

　　ここに資料に関する図書館の中立性の原則が存する。

　　この中立性の故に，図書館は資料収集の自由を有する。我々図書館人は，この自由を守るため，障害になると思われる次のことに注意する必要がある。

(二)　我々の個人的な関心と興味から偏つた資料の収集をしてはならない。

(三)　同時に，外部からの圧迫によつて，或る種の資料を多く集めたり，反対に除外したりしてはならない。

(四)　又，著者の個人的条件例えば思想的，党派的，宗教的立場の故に，その著書に対して好悪の判断をすべきではない。

(五)　このように図書館の資料収集は，自由公平な立場でなされなければならないが，図書館の予算には限度があるので事実上無制限に資料の収集をすることは出来ず，そこに我々による選択が加えられることになる。

　　然しこのように我々によつて選択収集された資料に対して，我々図書館人はいちいち個人的に思想や党派や宗教上の保証をするものではなく，それは資料として価値があると認めたが故に，自由に客観的立場で選択収集した

第2　図書館は資料提供の自由を有する。

1　国民の知る自由を保障するため，すべての図書館資料は，原則として国民の自由な利用に供されるべきである。

　　図書館は，正当な理由がないかぎり，ある種の資料を特別扱いしたり，資料の内容に手を加えたり，書架から撤去したり，廃棄したりはしない。

　　提供の自由は，次の場合にかぎって制限されることがある。これらの制限は，極力限定して適用し，時期を経て再検討されるべきものである。

　(1)　人権またはプライバシーを侵害するもの。

　(2)　わいせつ出版物であるとの判決が確定したもの。

　(3)　寄贈または寄託資料のうち，寄贈者または寄託者が公開を否とする非公刊資料。

2　図書館は，将来にわたる利用に備えるため，資料を保存する責任を負う。図書館の保存する資料は，一時的な社会的要請，個人・組織・団体からの圧力や干渉によって廃棄されることはない。

3　図書館の集会室等は，国民の自主的

ものである。

　　資料としての価値の判定については，我々は自ら誤らないように努力すると共に，広く社会からの援助を期待する。

2　図書館は資料提供の自由を有する。

（一）中立の立場で自由に収集された資料は，原則として，何ら制限することなく自由に民衆の利用に提供されるべきである。

（二）勿論資料の性質によつては，例えば貴重な資料とか公開をはばかる種類のものとかは，必ずしも無制限の自由に放任さるべきでないことは当然である。

　　然し思想その他の正当でない理由によつて，或る種の資料を特別扱いにし，書架より撤去したり破棄したりすることは望ましいことではない。

（三）外部からこのような圧迫があつた時，我々は民衆の支持の下に，資料提供の自由の原則を守るべきである。

（四）又，図書館の施設，例えば集会室，講堂等についても，原則として，すべての個人や団体に対して，平等公平に開放され自由な利用に提供さるべきである。

な学習や創造を援助するために，身近にいつでも利用できる豊富な資料が組織されている場にあるという特徴をもっている。

　図書館は，集会室等の施設を，営利を目的とする場合を除いて，個人，団体を問わず公平な利用に供する。

4　図書館の企画する集会や行事等が，個人・組織・団体からの圧力や干渉によってゆがめられてはならない。

第3　図書館は利用者の秘密を守る。

1　読者が何を読むかはその人のプライバシーに属することであり，図書館は，利用者の読書事実を外部に漏らさない。ただし，憲法第35条にもとづく令状を確認した場合は例外とする。

2　図書館は，読書記録以外の図書館の利用事実に関しても，利用者のプライバシーを侵さない。

3　利用者の読書事実，利用事実は，図書館が業務上知り得た秘密であって，図書館活動に従事するすべての人びとは，この秘密を守らなければならない。

第4　図書館はすべての検閲に反対する。

1　検閲は，権力が国民の思想・言論の自由を抑圧する手段として常用してきたものであって，国民の知る自由を基盤とする民主主義とは相容れない。

　検閲が，図書館における資料収集を事前に制約し，さらに，収集した資料

3　図書館はすべての不当な検閲に反対する。

（一）一般的に言つて，色々の種類のマス・コムニケーションの資料を検閲し発禁する等の弾圧手段は，或る政策を強行する早道のように思われるが，このような措置は，民主主義社会になく

の書架からの撤去，廃棄に及ぶこと
は，内外の苦渋にみちた歴史と経験に
より明らかである。

　　したがって，図書館はすべての検閲
に反対する。

2　検閲と同様の結果をもたらすものと
して，個人・組織・団体からの圧力や
干渉がある。図書館は，これらの思想・
言論の抑圧に対しても反対する。

3　それらの抑圧は，図書館における自
己規制を生みやすい。しかし図書館
は，そうした自己規制におちいること
なく，国民の知る自由を守る。

**図書館の自由が侵されるとき，われわ
れは団結して，あくまで自由を守る。**

1　図書館の自由の状況は，一国の民主
主義の進展をはかる重要な指標であ
る。図書館の自由が侵されようとする
とき，われわれ図書館にかかわるもの
は，その侵害を排除する行動を起こ
す。このためには，図書館の民主的な
運営と図書館員の連帯の強化を欠かす
ことができない。

2　図書館の自由を守る行動は，自由と
人権を守る国民のたたかいの一環であ
る。われわれは，図書館の自由を守る
ことで共通の立場に立つ団体・機関・
人びとと提携して，図書館の自由を守

てはならない弾力性，即ち民衆の批判
力をなくするものであり，民主主義の
原則に違反する。

（二）このような資料の一方的立場による
制限は，資料の収集と提供の自由を本
質として有する図書館の中立性の前提
をおびやかすものであるが故に反対す
る。

（三）それと同時に，図書館に収集され
た資料も不当に検閲されて提供の制限
を受けるべきではない。

（四）更に図書館の一般的利用状況につ
いては別であるが，利用者個人の読書
傾向など個人的自由を侵すような調査
の要求は，法律上正当な手続きによる
場合の外は拒否する。

**図書館の自由が侵される時，我々は団
結して，関係諸方面との協力の下に抵抗
する。**

（一）我々が図書館の自由を主張するの
は，民衆の知る自由の権利を擁護する
ためであつて，我々自身の自由の権利
のためではない。

　　図書館の自由こそ民主主義のシンボ
ルである。この認識の下に，我々は図
書館の自由が侵される時，それが日本
のどの地点で起ろうとも，そこで戦つ
ている仲間に向つて全図書館界の総力
を結集して援助しうるように，組織を
形成する必要がある。

（二）それと共に，図書館の自由が侵さ

りぬく責任をもつ。

3　図書館の自由に対する国民の支持と協力は，国民が，図書館活動を通じて図書館の自由の尊さを体験している場合にのみ得られる。われわれは，図書館の自由を守る努力を不断に続けるものである。

4　図書館の自由を守る行動において，これにかかわった図書館員が不利益をうけることがあってはならない。これを未然に防止し，万一そのような事態が生じた場合にその救済につとめることは，日本図書館協会の重要な責務である。

れる時は，独り図書館のみでなく，広く社会そのものの自由が侵される時であつて，社会を不安にし意見の発表をいじけさせ，一方交通のマス・コミュニケーションによつて民衆に盲従を強いることになる。

自由に放任しておくと好ましくない結果が生ずるおそれがあると考える人もあるようだが，たしかに自由の途は迂遠にして時に危険を伴うこともあろう。

然し一方的立場による弾圧によつて，社会が不自由になり弾力性を失うことの方がより危険である。よつて我々は図書館の自由が侵される時，広く教育・出版・ジャーナリズム・映画・ラジオ・テレビ・著者その他のマス・コミュニケーションの関係各方面と密接に連絡提携し協力して抵抗する。

（三）然し何よりも我々の味方は民衆である。民衆の支持と協力なくして我々の抵抗は無力である。

そして民衆の支持と協力は，我々が日常活動に於いて民衆に直結し，民衆に役立つ生きた図書館奉仕を実行することによつて，獲得することが出来るのであるから，我々はこの点をよく認識し努力する。

2 図書館の自由委員会の設置検討委員会報告

「図書館の自由委員会」設置検討委員会報告

図書館の自由委員会設置検討委員会

『図書館雑誌』68巻11号（1974年11月）所収

　本検討委員会は，"図書館の自由"に関する常置委員会の設置を必要とする結論に
到達したことを報告し，あわせてその具体化について提案する。

昭和49年9月6日

　　森　　　耕一（常務理事）・委員長

　　浪江　　慶（　〃　　）

　　久保　　輝巳（　〃　　）

　　酒川　　玲子（提案者代表）・事務局長

　　松田　　上雄（　　〃　　）

　　仲沢　　一郎（公共図書館部会）

　　川上　　　一（大学図書館部会）

　　広松　　邦子（学校図書館部会）

　　浜田　　敏郎（教育部会）

　　田中　　隆子（図書館員の問題調査研究委員会）

　　伊藤　　松彦（　　〃　　）・副委員長

　　塩見　　　昇（　　〃　　）

　　鈴木　　英二（常務理事会指名）

　　高橋徳太郎（　　　〃　　　）

Ⅰ．経過

(1)　検討委員会の設置

昭和48年10月，全国図書館大会において，「図書館の自由に関する宣言」を再確認

する決議が採択された。これは，先に山口県立図書館におこった問題が，国民の図書館に対する信頼を傷つけたことを館界全体として反省し，再びこうしたことがくり返されないよう決意を新たにしたものといえよう。

この問題を契機として，理事・監事・評議員の有志によって，図書館の自由に関する常置委員会の設置が提案され，常務理事会，理事会の討議を経て，本年3月8日の評議員会にはかられた。しかしながら直ちに結論をえるに至らなかったので，評議員会は，ひきつづき十分な検討を加えるために検討委員会を設けて，5月に予定される役員会・総会にその結果を報告することを委託した。

4月3日，常務理事会はこの検討委員会を次のような基準によって構成し，4月23日に第1回委員会を開催することを決定した。

常務理事	3名
提案者代表	1名
公共・大学・学校・特専・教育各部会　各1名　計5名	
図書館員の問題調査研究委員会	2名
常務理事会指名	2名
計	13名

なおその後，提案者，図書館員の問題調査研究委員会から各1名を追加した。また，特殊専門図書館部会代表は未選出におわった。

(2)　審議経過

○4月23日　第1回委員会

運営方針をとりきめた。

「図書館の自由に関する宣言」の採択とその後の数回にわたる"再確認"，および宣言と同時にその維持・活用にあたる委員会の設置が提案されながら，結局実現をみるに至らなかった経過をふりかえり，あわせてALAの知的自由委員会の成立，活動状況についても参考にしながら，大綱的討議をおこなった。期待される"図書館の自由委員会"の機能として，教育・調査活動の重要性が確認され，また行動をおこす場合は委員会独自ではなく，日本図書館協会としておこなうべきことについて意見の一致を見た。

なお同和問題に関する資料の取り扱いについては複雑な問題があるため，とくに関西において検討集会を開くことにした。

○5月19日　関西地区検討集会

同和問題に対する図書館員としての取り組みについて経験を交流した。資料の収集提供については困難な問題が生じているが，差別をなくすという国民的立場から，図書館として着実なサービス改善の実践，研究に努めつつ対処してゆく必要が強調された。

同和問題に対する検討委員の認識不足，自由の問題に対する日本図書館協会の姿勢の弱さについて指摘があり，"図書館の自由委員会"を速やかに設置することについては，意見の一致を見るに至らなかった。

○5月28日　理事会

　5月28日　評議員会

　5月30日　総会

各会議において検討委員会の中間報告について慎重な審議がおこなわれ，検討委員会は作業を継続し，今秋を目途にできるだけ早く結論を報告するよう努力すべきことが決定された。

○6月7日　第2回委員会

委員会の役員を互選した。

これまでの経過をとりまとめ，"図書館の自由委員会"を設置する場合の機能，構成等のあり方について検討した。

○6月29日　第3回委員会

図書館の自由が侵されるさまざまなケースについて，問題の性格，対処の基準等について検討した。

○8月19日　第4回委員会

"図書館の自由委員会"の設置を必要とする基本的立場から，報告書の骨子について検討した。

○8月30日　報告案起草委員会

○9月6日　第5回委員会

報告案について審議，決定した。

Ⅱ．常置委員会の設置を必要とする理由

(1) 図書館の自由とは

"図書館の自由"とは，「図書館の自由に関する宣言」にうたわれているように，国民の知的要求，学習要求を基本的権利としてとらえ，それに積極的にこたえるための図書館活動を支える理念である。いかなる制約もなく要求にこたえる資料の収集・提供ができること，利用者の読書の秘密をまもること，こうした活動をする図書館員の身分がまもられることなどが，その具体的内容である。

(2) 図書館の自由をめぐる状況

近年，こうした"図書館の自由"を侵すさまざまの問題がおこっている。たとえば，犯罪捜査の手がかりとして，警察が貸出記録などの調査を要求してくる事例が目立つようになった。

資料選択やブックリストの作成に際し，行政の内部において規制の加えられる事例もある。また行政資料には，入手できないものがあるだけでなく，所蔵していても利用者に自由に提供できない場合が生じている。このほかにも，資料の収集・提供の基準や機構，専門職員の責務などについて，"図書館の自由"をまもるという立場からあらためて問い直される場合がいろいろとあらわれている。

他方，"図書館の自由"に対する取りくみもまたいろいろの形ではじめられている。

利用者の要求する資料は必ず提供するという原則に立つ予約制度が次第にひろがっている。また貸出しの方式について，手続きの簡便さとあわせて，読書のプライバシーを侵さないために各種の工夫がすすめられている。これらは，"図書館の自由"をまもる基礎的な条件のひとつをつくり出すものといえるだろう。

また個々の事例として，いくつかの図書館における積極的な努力をあげることができる。東村山市立図書館の設置条例は，館長は司書有資格者であること，館長が資料選択の権限をもつこと，および図書館が資料の提供活動を通じて知りえた利用者の秘密をまもらなければならないという義務などを明記している。また国立市図書館は開館にあたって，「図書館の自由に関する宣言」を市民にひろく知らせ，読書の自由を

まもる図書館の姿勢を明らかにした。これらの事例は、"図書館の自由"の公的な確認として重要な意味をもっている。

　今日、"図書館の自由"をめぐる、こうした状況がうまれているのは、決して偶然ではなく、国民の"知る自由"を確実に保障してゆく図書館の社会的役割を正しく認識したサービス活動が進展し、図書館に対する国民の期待が高まるなかで顕在化するに至ったものである、という点を重視しなければならない。

(3) 日本図書館協会の役割

　"図書館の自由"に対するさまざまな干渉抑制は、底流としてなおひろく存在しており、全般的にみれば図書館界は必ずしも、十分にこれに対処できているとはいえない。

　その原因としては、まず、いかなる資料でも利用者の要求にこたえて提供するという図書館活動が、近年各地で進みはじめているとはいえ、いまだ全体のものになっていないという事情がある。加えて、かんじんの図書館員の側に、"図書館の自由"に関する認識が十分にゆきわたっておらず、安易な自己規制におちいりがちな傾向が一部にあることも事実である。これまでの図書館員の教育もこの点で十分ではなかったといえるのではなかろうか。そしてとくに、「図書館の自由に関する宣言」の成立以降、この宣言の精神を新しい事態に即して不断に普及展開してゆく責を負うべき本協会の継続的努力の不足をあげなければならないであろう。

　「図書館の自由に関する宣言」の精神は、採択後20年を経た現在、なおわが国の図書館界に十分に根をおろすに至っているとは認められない。これまで困難な条件のもとでつづけられてきた、"図書館の自由"をまもるさまざまな創意や努力が、図書館界共通の意志として十分蓄積、発揮されないままに推移してきたこの間の経過を考え、本協会は、この歴史的課題に積極的にとりくむ用意を速やかにととのえる必要がある。

(4) 日常的活動の必要性

　"図書館の自由"は、単なる抽象的な理念やスローガンとしてあるのではなく、"読む自由"をまもり、ひろげてゆく日常的、実践的課題である。

　今日では日常業務の中にも、"図書館の自由"をまもるという立場から点検すると、多くの問題があり、それらを掘りさげ、問題の本質を究明する必要が指摘されるよう

になっている。

　また，"図書館の自由"は，限られた少数の人々によってまもられるものではない。今日，日常業務を通じて自由の大切さに気づきはじめている広範な図書館員が，一層の自覚をもってこの問題にたちむかうようになるとき，はじめて"図書館の自由"はほんとうにまもられるであろう。

　検討委員会は，こうした図書館員の日常の実践を支える活動を，系統的に遂行してゆく場として，本協会に常置委員会を設置することが必要であるという結論に到達した。

　この常置委員会は，日本図書館協会として，「図書館の自由に関する宣言」の精神を積極的に普及するとともに自由を阻害する事例や，読書の自由をまもる実践活動の経験をひろく収集，検討し，その成果を提供してゆく調査・研究活動を中心的任務とする。

　こうした活動を通じて，宣言の理解ははじめて共通の，地についたものとなり，実践的に役立つものとなるであろう。

　なお昨今，図書館の本質と深いかかわりのある言論・出版の自由の擁護をめぐって，社会的にさまざまな問題がおきている。"読む自由"は，図書館界の努力だけでまもりうるものでない以上，本協会の活動の範囲にも，今後一層の拡充が要請されてゆくものと考えられる。常置委員会は，この点についても有効な役割を果すことができるであろう。

Ⅲ．名称

「"読む自由"をまもるための調査委員会」

　利用者の読書，調査の自由をまもることは，図書館員のもっとも重要な責務である。したがって委員会の名称にも，この趣旨を平明にあらわすことが望ましい。

Ⅳ．委員会の活動

(1)　読む自由をめぐる侵害および抵抗の事実に関する情報を収集し，調査研究する。

(2)　図書館における知的自由に関する趣旨の普及につとめる。

(3) 「図書館の自由に関する宣言」の維持・発展をはかる。

(4) 調査研究の成果を，随時適切な方法で公表する。

(5) 会員から求められたときは，調査研究の情報を提供する。

(6) 読む自由をまもるための活動は，日本図書館協会としておこなう。

Ⅴ．委員会の構成

(1) 委員会には，各地区ごとに小委員会を設ける。地区小委員会は，当面，関東，近畿両地区について組織するが，その他の地区についても逐次成立するよう働きかける。

(2) 委員会は，各地区小委員会から選出される委員と，理事会の指名する委員をもって構成する。理事会の指名する委員は，総数の1/3を越えないものとする。

(3) 地区小委員会は，10名内外の委員をもって構成する。

3 副文案の問題点と改正の大綱

「図書館の自由に関する宣言」解説文作成について
——1954年「副文」案の改訂のために

図書館の自由に関する調査委員会

『図書館雑誌』70巻9号（1976年9月）所収

副文案の問題点と改正の大綱

〔前文〕

（一）（二）について

(1) 叙述がやや一般論にすぎるきらいがあるので，ここにかかげる近代民主主義社会の原則がわが国では戦後の獲得物にほかならないこと，基本的人権としての"知る自由"は，「人類の多年にわたる自由獲得の努力の成果」（憲法97条）であり，したがって「国民の不断の努力によってこれを保持しなければならない」（憲法21条），ことを補足する。

(2) "知る自由"は，「表現の自由」（憲法21条），「学問の自由」（23条），「教育を受ける権利」（26条）など，憲法が国民に保障する自由と権利に深くかかわること，また近年では"表現の自由"をめぐり，単に情報の"送り手"の側の問題としてではなく，"受け手"の権利の問題としてとらえられねばならないことが強調されていることにもふれたい。

(3) 戦前のわが国において図書館の果たした役割について反省を加える。そして図書館は，国民の権利に奉仕するものとして，教育基本法や地方自治の本旨によって基礎づけられていることを補強する。

(4) 副文案が，図書館の根本の任務を"資料と施設の提供"にあるとしているのは狭く古い理解なので，「全機能をあげて資料を提供する」という趣旨に改める。

(5) 宣言は用語上も公共図書館を主眼としているが，成立当初は全館種にも共通する問題意識に支えられていたように思われる。今回は，宣言が単に公共図書館だけを

対象にしているものではないことを明確にする。この点はとくに検討していただきたい。

(6)　前項とも関連し，図書館間協力による"知る自由"の保障についてもふれたい。

(7)　主文全体を通じての問題点

①　「図書館の自由」という表現そのものについて，国民の読書・調査の自由を守りひろげるという基本的趣旨がより端的にわかるように再検討する必要がある。

②　宣言は「民衆」という用語で一貫している。これは当時好んで用いられた表現でそれなりの根拠や長所もあろうが，たとえばその後「市民」あるいは「住民」が常用されている。とくに宣言が全館種を対象とする場合，「民衆」という表現は再検討が必要であるが，今回の問題提起においてはとりあえず「国民」を用いた。

③　「資料と施設の提供」について。（前掲(4)参照）

④　「我々図書館人」という表現は慣用語であるが，この場合必ずしも適切とはいえないのではないか。解説文においては，この宣言を確認し実践する主体が日本図書館協会の全会員であることを明確にし，ひろく図書館関係者にもよびかけるものであることを明確にする。なおこの点は解説文の結びに廻すことも考えたい。

〔**1. 資料収集の自由**〕

（一）について

(1)　副文案は図書館の機能を今日から見るとやや受動的にとらえているように思われるので，提供のための収集であることをより明確にするとともに，要求の予見やリクエストサービスの必要性をふくめて，より能動的なものに改める。

(2)　"中立性"という概念は，副文案では"自由"に接近するための要の位置を占めている。しかし今日ではとくに"中立性"を媒介としなくとも，より端的に，「利用者の主体的な選択の自由を保障するための収集の自由」とする方がよいのではないか。これに対し，"中立性"という用語をあくまで尊重し，その意味を強調すべきだとする少数意見がある。

(3)　収集の自由は，選択権がどこにあるかという問題と不可分であることを明確にしたい。しかし大学図書館等の場合，選択権の所在を一義的に規定しがたい状況である"建学の精神"を理由に極端に偏った選択をして怪しまない大学や，図書館が選定

にまったく関与しない大学があり，他方図書館員の選択への積極的参加，守備範囲の拡大，その制度的保障などの動きもある。こうした問題をいかにとらえ表現するかについて討論を期待したい。

（二）について

多様な，もしくは対立する意見のある問題については，各側面を代表する資料を積極的に収集すべきことを追加する。

（三）について

問題は単に「外部からの圧迫」によっておこるのではない。上部機関の示唆・強制，それをうけた管理者の独断など，ここでは一々具体的な指摘はさけるが，権力の干渉がいわば"内部"において日常的に作用するようになっている今日の事態を重視し，図書館員が誤った自己規制に陥りやすい問題の重要性を指摘する。

また政治・宗教団体等からの寄贈攻勢について，主体的に対処する必要についても関連してふれたい。

（四）について

「個人的条件例えば」は不要。

（五）について

(1) 第一節において，選択の必要な根拠を「予算の限度」にだけ求めるのは妥当ではない。むしろ予算を拡大することによって，地域社会の要求にこたえる選択の積極面を強調する。

(2) 第二節についてはとくになし。

(3) 第三節についてはこのままでよいとするのが多数意見。これに対し副文案では，図書館の最善の努力に対しても社会的批判は不可避であることが看過されているため，単なる心構えの問題になってしまうし，また図書館側が日常的に批判と圧迫を混同しがちであることにも注目し，主体的積極的に利用者の要求や批判をうけとめる必要を明記すべきだとする少数意見がある。

(4) 成文化された収集方針をもち公開することの必要にふれる。

〔**2. 資料提供の自由**〕

（一）について

「原則的に何ら制限することなく」の箇所について，次項とも関連し，より現実的で適切な表現が模索されたが，効果的な対案がえられなかった。

（二）について

(1) 「貴重な資料」「公開をはばかる種類のもの」という表現は削除する。ここには範疇を異にする次のような問題がふくまれている。①人権，あるいはプライバシーを侵害するおそれが明確なもの，②図書館に資料を寄せた個人又は機関が公開を否とするもの，③いわゆるわいせつ出版物，④名誉毀損・剽窃等により判決の確定している場合，がある。

①②については具体的に列挙し，こうした問題の判断については，当事者の要求，専門家の意見を尊重し，最終的には図書館員の研究と見識をもって対処すべきこと，およびこの種の制限は極力限定すべきであり，一定時期後に再検討する必要があることを述べる。

③については今後の検討課題であるが，今回は裁判によって公開が禁ぜられているわいせつ本の提供にかぎって制限を要するものにあげてはどうか，という意見もある。

(2) 第二節中，「思想その他正当でない理由」は，「図書館が正当と認めないかぎり」と改める。また「望ましいことではない」は，はっきり「してはならない」と改める。

(3) これらの判断については，個々の館の主体性の尊重とあわせて，個々の館及び全国的に基準を用意することとその公開が必要なことを附言する。

（三）について

文脈上，結びの項に移す。

（四）について

「講堂」は蛇足なので削除する。年齢制限，身障者サービスの問題はとくにふれないこととする。

〔**3. 検閲反対**〕

（一）について

全般に冗漫なので簡素化し，憲法第21条2項「検閲は，これをしてはならない」に

もとづいて，端的に検閲の不当性を述べる。

これに関連し，宣言主文が「すべての不当な検閲」としているのは，検閲の“不当性”を強調する意図であろうが，不当な検閲と妥当な検閲の存在を認めているようにうけとれて紛らわしいので，将来改訂する必要があろう。

(二)(三) について

歴史的教訓にもとづき，図書館に加えられた具体的事実をあげて，図書館資料に対する検閲に反対する。

(四) について

(1) 「更に図書館の一般的利用状況については別であるが」を削除。

(2) 「法律上正当な手続き」については，その具体的内容をあげるようにする。

(3) 利用者名の調査，複写申込用紙の調査の例を加える。

(五) 新設

以上は権力による直接的検閲行為に関する部分であるが，これに各種の組織団体等による同種の圧力があった場合も，同一の原則にたって対処する旨を加える。

現実には，議会の名による利用者調査や，民間団体が権力と組んでいる場合など複雑であるが，ここでは立ちいらない。

また図書館員が意識的にはもとより不用意にしろ利用者の秘密を侵す行為をしてはならないことを明記する。

〔結びについて〕

(一) について

大筋は副文案を尊重する。ただし“図書館の自由”の概念規定にあたる第一節については一層の正確を期し，また図書館の自由を守るためにこそ，国民の信託をうけた図書館員の一層の自覚とその身分保障，民主的職場が必要なことを加える。「シンボル」は「一指標」とする。

(二) について

冗漫なので圧縮する。特に（二）の記述は今日的見地から書き改める。文中「図書館の自由」という表現は，「収集・提供の自由」とする。

協力する対象が数多く列挙されているのを整理し，「読者」，「自治体」を加える。

（三）について

　副文案を尊重する。

（四）新設

　"図書館の自由に関する調査委員会"の役割にふれる。

　最後に，宣言を採択した日本図書館協会がその自覚的な担い手として，日常的に努力する必要を確認する。

資料編　*237*

4　副文修正第一案（浪江案）

副文修正第一案（浪江案）　1977年2月

　基本的人権の一つとして，「知る自由」をもつ民衆に，資料と施設を提供することは，図書館のもっとも重要な任務である。

（一）　思想と良心の自由，信教の自由，集会・結社・表現の自由，学問の自由，教育を受けまたは自ら教養を高める権利等，一言で“知る自由”は，他の基本的人権とともに，人類の多年にわたる自由獲得の努力の成果であり，侵すことのできない永久の権利である。これなくしては，国民一人一人は，自らが主権者として生きているその社会の動向と進歩を決定することができない。

（二）　図書館は，国民の“知る自由”を実質的に保障するための機関であって，民主主義社会にあっては構造上不可欠のものである。図書館は，その全機能をあげて，あまねく国民に，あらゆる資料を提供する責任を負っている。この原則は，公共図書館では全面的に，他の図書館ではその特殊性への配慮を加えながらも基本的にあてはまるものである。

（三）　図書館は，特定の思想・信条・主義等の推進者にも抑制者にも，なってはならない。国民の誰でもが，図書館を利用することによって，自由にあらゆる思想・信条を知り得，それによって自己の思想・信条を自ら形成し得ることに奉仕するのが，図書館の中立性であり，この中立性を堅持することは，図書館職員の社会的責任である。図書館職員が個人としてどういう思想・信条をもつかは，もちろん自由であるが，図書館業務を通してその普及浸透を図ったり，自分が否とする思想・信条の抑制に努めたりしてはならない。

（四）　われわれ日本国民の場合，自由と権利が制度的に保障されるようになる際に，国民的努力が極めて不十分であった。したがって憲法が国民に保障する自由及び権利は，国民の不断の努力によってこれを保持しなければならない状況にある。また，自己の自由と権利の利用は，万人の自由と権利の尊重と不可分のものであり，

その行使には当然重い社会的責任が伴う。

（五）図書館に関していえば，民主的改革が行われる以前は，国民への奉仕活動の自由が著しく制限されていたばかりでなく，国民に対して図書館自らが中立性を放棄して"思想善導"の一機関として行動し，国民の知る自由を妨害する役割をも演じていたのである。このことについてのきびしい反省を怠っていては，上述の責任を十分に果たすことは到底できない。

図書館のこのような任務を果たすため，我々図書館人は次のことを確認し実践する。
1　図書館は資料収集の自由を有する。

　　図書館は国民の"知る自由"に奉仕する機関であるから，国民のあらゆる求めに応じられるように，相互協力体制をととのえつつ，あまねく資料を収集しておく責任がある。

　　個々の図書館がすべての資料を収集することは不可能であるから，選択は必要であるが，その選択は常に，国民の"知る自由"を保障する立場からなされなければならない。そのために実践上留意すべきことは，主として次のことである。

　　（ア）われわれの個人的な関心と興味とから，偏った資料を収集してはならない。

　　（イ）多様な，もしくは対立する意見のある問題については，それぞれを代表する資料を収集すべきであって，そのいずれかを特に多く集めたり，排除したりしてはならない。また特定の寄贈によってバランスを失ってはならない。

　　（ウ）著者の思想的・宗教的・党派的立場にこだわって，その著書を判断してはならない。

　　（エ）資料として価値があるが故に，図書館が選択収集したものが，どのような思想や主張をもっていようとも，図書館および図書館職員がそれを支持することを意味するものではない。

　　（オ）外部からの圧迫によって，資料収集の自由を放棄したり，トラブルをおそれて図書館内部で自己規制したりしてはならない。

　　（カ）資料の価値判断については，われわれ自ら誤らないように努力するとともに，成文化された収集方針を公開して，広く社会からの批判と協力を得ること

が望ましい。

（キ）資料の十分な収集を可能ならしめる豊富な資料費の確保のために常に努力
する。

2　図書館は資料提供の自由を有する。

資料提供の自由こそは，国民の"知る自由"を保障する直接的条件である。した
がって自由に収集されたあらゆる資料は，当然，原則として国民の自由な利用に供
されなければならない。知る自由を制限する目的で，ある種の資料を特別扱いし，
書架から撤去し，廃棄してはならない。

図書館施設の利用も個人・団体を問わず，公平に認めなければならない。

自由な提供の原則には，次の場合に限って制限が加えられる。

（ア）人権とプライバシーを侵害するおそれが明確なもの

（イ）図書館に資料を寄せた個人または機関が公開を否とする非公刊資料

（ウ）わいせつ出版物であることの判決，名誉棄損の判決が確定したもの

（エ）教育上の配慮から，やむを得ないと認められたもの

これらの制限は，極力限定して加えるべきものであり，時期を経てまた再検討し
なければならない。

実践的にはこの判断はむずかしいから，個々の図書館の主体的な努力によって，
経験を蓄積しつつ，やがて全国的な基準を作成し，これを公表することが必要であ
る。

3　図書館はすべての不当な検閲に反対する。

（一）憲法第21条第2項前段の"検閲は，これをしてはならない"という規定は，無条
件で守られなければならない。権力あるものが検閲を行うならば，必ず思想を力で
抑えることになる。検閲によって制限されるのは資料の新たな作成だけではなく，
長期にわたって整備された図書館資料の除去・廃棄に及ぶのである。わが国の図書
館はこの苦い経験を持っているし，現在も多くの国々でこれが行われている。検閲
は図書館の死命を制するものであるから，絶対に許してはならない。

（二）図書館はまた，利用者のプライバシーを守る責任を負う。図書館利用者の利用事実は，図書館職員が“職務上知り得た秘密”であり，公務員の場合は地方公務員法第34条または国家公務員法第100条によって守秘義務を課せられている。他の職員でも同様の社会的責任がある。したがって憲法第35条に基づいて制定された刑事訴訟法第107条による正式の捜索状が発せられたことを正確に確認した場合を除いては，利用者の利用事実を明らかにしてはならない。

外国人利用者の利用事実に関しては，母国の状況と照らし合わせて，とくに厳格に秘密を守る必要がある。

全く教育上の必要から，学校において図書館利用者の利用歴を調べることは拒否されない。

図書館の自由が侵される時，我々は団結して，あくまで自由を守る。

（一）図書館の自由は民主主義の重要な一指標である。日本のどこにおいてでも，図書館の自由が侵されようとするとき，われわれはそれを排除する行動を起こさなければならない。これが可能であるためには，個々の図書館職場が民主化されることと，図書館協会を基盤とする図書館人の連帯を強化することが必要である。

（二）図書館資料の収集と提供の自由が侵されようとするときは，必ず国民の自由と権利が侵されようとするときである。したがって図書館の自由を守るわれわれの抵抗は，自由と人権を守りぬくための国民的抵抗の一環をなすであろう。われわれは共通の立場に立つあらゆる団体・機関・人々と連帯提携してあくまで抵抗し，図書館の自由を守りぬく責任を持つ。

（三）この場合，われわれの最も身近にいて直結しうる味方は，図書館を日常利用している国民である。この国民の協力と支持は，われわれの日常の図書館活動を通して図書館の自由の貴さを体験している場合において，本格的に得られるのであるから，図書館の自由を守る努力は常住不断に払われていなければならない。

資料編　*241*

5　副文第一草案

副文　第一草案　　1977年9月

注）＊印は，委員会内部において異論のある部分であり，副文案には採用しなかったが，
　　議論の参考のために供したもの。

**基本的人権の一つとして，「知る自由」をもつ民衆に，資料と施設を提供すること
は，図書館のもっとも重要な任務である。**

(一)「知る自由」は，思想・信条・学問・表現の自由・文化的生存の権利・教育を受
　　ける権利等の基本的人権を基盤とし，これらの諸権利を貫く基礎的要件を意味し，そ
　　れは，"真理がわれらを自由にする"との確信と寛容の精神によって支えられる。
　　　「知る自由」は，人類が多年の努力の結果かちとった，民主主義を実現するため
　　の不可欠の要素であって，憲法が示すように国民の不断の努力によって保持され
　　る。
　　＊「日本国民の場合，自由と権利が制度的に保障されるようになる際，国民的努力
　　　が極めて不十分であった。したがって，不断の努力が欠かせない」ことを強調す
　　　るという意見がある。

(二)　すべての国民が，いつでもその必要とする資料を入手し利用する自由を社会的に
　　保障することは，「知る自由」成立の重要な一環である。

(三)　図書館は，まさにこのことに社会的責任をになう機関である。図書館は，権力の
　　支配や社会的圧力に屈することのない自律性にもとづき，図書館間の相互協力を含
　　む図書館の総力をあげて，収集した図書館資料と整備された施設とを国民の利用に
　　供するものである。

(四)　戦前のわが国においては，図書館が国民の「知る自由」に奉仕するのではなく，
　　国民に対する思想善導の機関として行動し，国民の「知る自由」を妨げる役割さえ
　　果たしたことを忘れてはならない。この反省の上に，国民の「知る自由」を守り，

242

ひろげていく責任を果たすことが必要である。

（五）すべての国民および外国人居住者は，図書館利用に平等公平な権利をもっており，人種やそのおかれている条件等によっていかなる差別もあってはならない。

＊世界人権宣言第19条の精神を活用してはどうかという意見がある。

（六）ここに掲げる原則は，公共図書館はもとより，すべての図書館に妥当するものである。

＊この原則の適用は，館種によって幅をもたせてはどうかという意見がある。

図書館のこのような任務を果たすため，我々図書館人は次のことを確認し実践する。

1　図書館は資料収集の自由を有する。

　図書館は国民の「知る自由」に奉仕する機関であるから，国民のあらゆる資料要求に応えなければならない。このためには豊富な資料費の獲得につとめる必要がある。

　また，国民の資料要求に的確に応えるために，資料選択は，図書館のもっとも重要な任務であり，その際次のことに留意する。

1）図書館員は，その個人的関心と興味によって，偏った収集をしてはならない。

2）多様な，対立する意見のある問題については，それぞれの観点を代表する資料を収集すべきである。

3）著者の思想的・宗教的・党派的立場にとらわれて，その著作を排除してはならない。

4）図書館の選択収集した資料が，どのような思想や主張をもっていようとも，それを図書館および図書館員が支持することを意味しない。

5）外部からの圧迫によって資料収集の自由を放棄したり，紛糾をおそれて自己規制したりしてはならない。

6）寄贈受入にあたっても以上の原則を適用する。

7）図書館員は，資料の価値判断を誤らぬよう常に研鑽に努めるとともに，図書館は，成文化された収集方針を公開して，広く社会からの批判と協力を得るよう努める。

資料編　*243*

2　図書館は資料提供の自由を有する。

(一)　資料提供の自由を守ることは，国民の「知る自由」を保障するため，図書館に
　　　課せられた重要な責任である。すべての図書館資料は，国民の自由な利用に供され
　　　ることが原則である。したがって，ある種の資料を特別扱いしたり，書架から撤去
　　　したり，廃棄したりしてはならない。図書館員の判断で資料の内容に手を加えては
　　　ならない。

　　＊「ある種の資料を特別扱いし，書架から撤去し，廃棄し，又は内容に手を加えた
　　　　りしてはならない」とする意見もある。

　　　次の場合に限って提供の自由の原則に制限が加えられる。これらの制限は，極力
　　　限定して適用し，時期を経て再検討されるべき性質のものである。

　　1)　人権やプライバシーを侵害するもの。

　　2)　寄贈又は寄託資料のうち，寄贈者又は寄託者が公開を否とする非公刊資料。

　　3)　名誉棄損およびわいせつ出版物であることの判決が確定したもの。

(二)　集会室等図書館施設の利用は，個人・団体を問わず公平に認められる。

3　図書館はすべての不当な検閲に反対する。

(一)　図書館の自由を妨げるものには，公権力の行使による検閲だけでなく，組織・
　　　団体の圧力もある。いずれの場合にも力による思想の抑圧への偏執と国民の良識に
　　　対する信頼の欠如から生ずる。

　　　検閲等は，事前に図書館資料の収集を制約し，除去・廃棄に及び，遂には図書館
　　　の死命を制するに至るものである。このことは内外における苦渋に満ちた歴史と経
　　　験に照らして明らかである。また，検閲等をおそれての出版における自己規制も
　　　「知る自由」や収集の自由を妨げる。

　　　憲法第21条第2項の「検閲は，これをしてはならない」との規定は無条件に守ら
　　　れなければならない。

　　＊図書館内における検閲等についても，この項でとりあげるべきであるという意見
　　　　がある。

(二)　図書館は，利用者のプライバシーを守る責任を負う。図書館利用者の利用事実

は，業務上知り得た秘密であって，公務員の場合には守秘義務が課せられており，公務員の身分を持たない図書館活動従事者にも当然道義的責任が課せられる。したがって，刑事訴訟法107条による正式の捜索令状が発せられたことを正確に確認した場合を除いては，利用者の利用事実を明らかにしてはならない。

＊公務員以外の図書館員が，すべて「道義的責任」の枠内にとどめられるのは不十分ではないかという意見がある。

＊上の文章に続けて「外国人居住者の利用事実に関しては，母国の状況と照らし合せて，とくに厳格に秘密を守る必要がある」を加える意見がある。

　図書館における利用者のプライバシー擁護は，利用者の図書館への信頼を確立し，国民的支持を得る機縁となることを銘記すべきである。

＊この節の冒頭に，「読書はもともと他者の介入を許さない強い私事性をもつものである」を加える意見がある。

＊教育上の配慮からやむをえないもの（例えば学校図書館などの読書指導上の必要）の場合を考慮に入れて，（二）を再考する必要があるという意見がある。

図書館の自由が侵される時，我々は団結して，あくまで自由を守る。

（一）図書館の自由は，一国の民主主義の進展をはかる重要な指標である。日本のいずこであろうとも，図書館の自由が侵されようとするとき，日本図書館協会に結集する図書館員をはじめ，図書館に勤めるすべての人々は，その侵害を排除する行動を起さなければならない。このことを可能にするのは，かかって図書館の民主的な運営と図書館員の連帯の強化である。

（二）図書館の自由が侵されようとするときは，とりもなおさず国民の自由と権利が侵されようとするときである。したがって，図書館の自由を守るたたかいは，自由と人権を守る国民のたたかいにほかならない。

　図書館員は，共通の立場にたつあらゆる団体・機関・人々と提携して，図書館の自由を守りぬく責任をもつ。これに対する国民の支持と協力は，国民が，図書館員の日常の図書館活動を通して，図書館の自由の貴さを体験している場合にのみ得られるであろう。したがって，図書館の自由を守る努力は，不断に続けられなければ

ならない。

（三）図書館の自由を守るこうしたたたかいにおいて，図書館員が不利益を受けることがあってはならない。これを未然に防止し，万一そうした事態が生じた場合には，これを救済し，保障することは日本図書館協会の重要な責務である。

6 宣言改訂第1次案

宣言改訂第1次案　　　1978年8月

　基本的人権の一つとして，「知る自由」をもつ国民に，資料と施設を提供することは，図書館のもっとも重要な任務である。

1　日本国憲法は主権が国民に存するとの原理にもとづいており，この国民主権の原理を維持し発展させるためには，国民ひとりひとりが思想・意見を自由に発表し交換すること，すなわち「表現の自由」の保障が絶対に必要かつ不可欠なことである。

　　「知る自由」は，表現の送り手に対して保障されるべき自由と表裏一体をなすものであり，「知る自由」の保障があってはじめて「表現の自由」は成立する。

　　「知る自由」は，また，思想・良心の自由をはじめとして，いっさいの基本的人権と密接にかかわり，それらの保障を実現するための基礎的な要件であり，憲法が示すように，国民の不断の努力によって保持されなければならない。

2　すべての国民が，いつでもその必要とする資料を入手し利用する権利を社会的に保障することは，すなわち，「知る自由」を保障することである。図書館は，まさにこのことに社会的責任を負う機関である。

3　図書館は，権力の介入や社会的圧力に屈することのない自律性にもとづき，図書館間の相互協力をふくむ図書館の総力をあげて，収集した図書館資料と整備された施設とを国民の利用に供するものである。

4　わが国においては，図書館が国民の「知る自由」を保障するのではなく，国民に対する「思想善導」の機関として行動し，国民の「知る自由」を妨げる役割さえ果たした歴史的事実があることを忘れてはならない。この反省の上に，国民の「知る自由」を守り，ひろげていく責任を果たすことが必要である。

5　すべての国民は，図書館利用に公平な権利をもっており，人種，信条，性別，年令やそのおかれている条件等によっていかなる差別もあってはならない。

　　外国人居住者についても，その権利が保障される。

資料編　*247*

6　ここに掲げる「図書館の自由」に関する原則は，国民の「知る自由」を擁護するためであって，すべての図書館に基本的に妥当するものである。

このような任務を果たすため，図書館は次のことを確認し実践する。

第1　図書館は資料収集の自由を有する。

1　図書館は，国民の「知る自由」を保障する機関であるから，国民のあらゆる資料要求にこたえなければならない。このためには豊富な資料費が必要である。

2　図書館の資料の選択および収集は，国民の資料要求に適確にこたえるために，図書館の責任において行うもっとも重要な任務である。その際，次のことに留意する。

　(1)　図書館は，図書館員の個人的な関心や好みによって，偏った収集をしてはならない。

　(2)　多様な，対立する意見のある問題については，それぞれの観点に立つ資料を幅広く収集するべきである。

　(3)　著者の思想的，宗教的，党派的立場にとらわれて，その著作を排除してはならない。

　(4)　図書館の収集した資料が，どのような思想や主張をもっていようとも，それを図書館および図書館員が支持することを意味しない。

　(5)　外部からの圧迫によって資料収集の自由を放棄したり，紛糾をおそれて自己規制したりしてはならない。

　(6)　寄贈受入にあっても以上の原則を適用する。

3　図書館は，成文化された収集方針を公開して，広く社会からの批判と協力を得るようにつとめる。

第2　図書館は資料提供の自由を有する。

1　資料提供の自由を守ることは，国民の，「知る自由」を保障するため，図書館に課せられた重要な責任である。すべての図書館資料は，原則として，国民の自由な利用に供されるべきである。したがって，正当な理由がないかぎり，ある種の資料を特別扱いしたり，書架から撤去したり，廃棄したりしてはならない。図書館員の判

断で資料の内容に手を加えてはならない。

提供の自由の原則は，次の場合にかぎって制限が加えられる。これらの制限は，極力限定して適用し，時期を経て再検討されるべき性質のものである。

(1)　人権やプライバシーを侵害するもの。

(2)　名誉毀損またはわいせつの出版物で，公開を否とする判決が確定したもの。

(3)　寄贈または寄託資料のうち，寄贈者または寄託者が公開を否とする非公刊資料。

2　資料の評価は，社会の変動に応じて変化するものである。したがって，図書館は将来の利用に備えるため，資料を保存する責任を負う。図書館の保存する資料は，一時的な社会的要請，特定の個人・団体からの圧力，検閲等によって廃棄されてはならない。

3　図書館は，集会室等の施設を，個人・団体を問わず，営利を目的とする場合や，特定の政党・宗派の活動を目的とする場合を除いて，公平な利用に供しなければならない。

図書館の集会室等は，国民の自主的な学習や創造を援助するために，身近かにいつでも活用できる豊富な資料が組織されている場にあるというところに特徴がある。

図書館の企画する集会や行事等が，外部からの圧力や干渉によってゆがめられてはならない。

第3　図書館は利用者の秘密を守る。

1　読者が何を読んでいるかは，その人のプライバシーに属することであって，図書館は，利用者の読書事実を外部に漏らしてはならない。ただし，刑事訴訟法第106条，107条にもとづく捜索状を確認した場合は例外とする。

2　読書記録以外の図書館の利用事実に関しても，利用者のプライバシーを犯してはならない。

3　これらは，図書館が業務上知り得た秘密であって，図書館に関係するすべての人々が守らなければならない。それによって，図書館利用者の図書館への信頼が培われる。

資料編　*249*

第4　図書館はすべての検閲に反対する。

1　検閲は，公権力が民衆の思想・言論の自由を抑圧する手段として常用してきたものであって，国民の「知る自由」を基礎とする民主主義とは全く相容れないものである。したがって，憲法第21条第2項の規定は無条件に守られなければならない。

2　公権力による検閲は，図書館における資料収集を事前に制約し，さらに，収集した資料の除去・廃棄に及ぶことは，内外の苦渋にみちた歴史と経験により明らかである。

3　公権力による検閲と同様の結果をもたらすものとして，組織・団体の圧力・干渉がある。このような思想・言論の抑圧に対してもきびしく反対しなければならない。

4　これらの抑圧は，図書館員の自己規制を生みやすい。そうした自己規制によって国民の「知る自由」を妨げてはならない。

図書館の自由が侵されるとき，われわれは団結して，あくまで自由を守る。

1　図書館の自由は，一国の民主主義の進展をはかる重要な指標である。図書館の自由が侵されようとするとき，日本図書館協会に結集する図書館員をはじめ，図書館にかかわるすべての人々は，その侵害を排除する行動を起さなければならない。このことを可能にするのは，図書館の民主的な運営と図書館員の連帯の強化にかかっている。

2　図書館の自由を守るたたかいは，自由と人権を守る国民のたたかいの一環である。図書館員は，このことにむけての共通の立場に立つあらゆる団体・機関・人々と提携して，図書館の自由を守りぬく責任をもつ。

3　図書館の自由に対する国民の支持と協力は，国民が，図書館員の日常の図書館活動を通して，図書館の自由の尊さを体験している場合にのみ得られるであろう。したがって，図書館の自由を守る努力は，不断に続けられなければならない。

4　図書館の自由を守るこうしたたたかいにおいて，これにかかわった図書館員が不利益をうけることがあってはならない。これを未然に防止し，万一そうした事態が生じた場合には，これを救済し，保障することは日本図書館協会の重要な責務である。

250

索引

事項索引

【ア行】

愛知県立高校の禁書事件　175

アメリカ図書館協会（ALA）　29, 35, 63, 97, 193

　　　──知的自由委員会　29, 184, 193

安保闘争　17

インターネット　208

インフォメーションセンター　3, 11, 13, 17

閲読の自由　204

閲覧票（閲覧証）　4, 5

大田区立池上図書館　76

【カ行】

外国人居住者　115, 133

改訂第1次案　129, 131, 134, 175, 177, 246

改訂第2次案　130, 140, 142, 184

各種組織・団体からの圧力　92, 124, 134

貸出　18, 20

貸出を伸ばす　20

貸出記録　20, 124, 181

貸出方式　21, 77

学校図書館　174, 175

鴨方町立図書館　198

起草委員会（宣言改訂）　129, 130, 160, 176, 199

基本的人権　2, 169, 190, 205

逆コース　2

教育的配慮　174, 210

『凶水系』（森村誠一）　76

刑事訴訟法第107条　106, 119

　　　──第197条第2項　62, 73, 181

結語（結び）　89, 101, 103, 106, 110, 120, 139

検閲反対　88, 101, 106, 110, 119

『現代の図書館』　66

検討の三原則　78

公共図書館振興プロジェクト　19

公共図書館宣言（ユネスコ）　35

国際人権規約　171, 190

国民総背番号制　198

国立国会図書館　206, 210

小包爆弾殺人未遂事件　21

子どもの権利条約　211

子どもの読書の自由　176, 183, 210

「こらむ・図書館の自由」　66

コンピュータ　77, 197, 208

【サ行】

最高裁判決　204

埼玉県公共図書館協議会　5

差別をなくす図書館活動　78, 107, 179

差別表現　123, 180, 208

三億円事件　21

自己規制　74, 123

自習室　93, 176

施設提供　93, 97, 129, 138, 176

思想善導　115, 191, 203

『市民の図書館』　19, 28

社会権　169

集会室　129, 138, 177

集会室の利用制限　177

自由権　169

収集の自由　8, 85, 100, 102, 105, 109, 116, 137

収集方針　92, 105, 123, 137

主文と副文　93, 188

障害者差別解消法　210

少年法　206

資料提供　18, 19, 93, 176

資料費　116

資料保存　133, 179, 212

知る権利　130, 167

知る自由　44, 122, 130, 167, 170, 190, 196

人権またはプライバシーを侵害するもの　118, 146, 174, 179, 207

真理がわれらを自由にする　104, 113, 122

図録『'86富山の美術』損壊事件　212

青少年保護育成条例　16, 29

『全国委員会通信』　81, 151

全国図書館大会　65, 135, 148

――（1952年　福岡）　2

――（1954年　東京）　1, 9, 163

――（1956年　横浜）　15

――（1959年　名古屋）　16

――（1966年　東京）　125

――（1969年　長野）　16

――（1973年　高知）　35

――（1976年　東京）　93

――（1977年　関西）　107, 182

――（1978年　青森）　139

――（1979年　東京・三多摩）　156

前文　83, 100, 102, 104, 109, 113, 137

捜査関係事項照会書　73, 206

【タ行】

大学図書館　95, 98, 102

大学図書館問題研究会（大問研）　34, 40, 98, 102

館林市立図書館　21

多文化サービス　191

治安維持法　2

秩父市立図書館　6

知的自由　5, 18

地方行政資料　16

「中小レポート」　13, 18

中立性　3, 9, 95, 100, 171, 190

中立性論争　4, 7, 12, 29, 126

朝鮮戦争　2

著作権　210

提供制限　92, 123, 174, 178, 191, 208

提供の自由　8, 87, 101, 103, 105, 109, 117, 138

電子出版物　209

天満案　98, 102

東京都立中央図書館の複写記録事件　54, 62, 73, 113, 181, 205

読書　96, 181

読書の自由　20

読書の秘密　20, 132

図書館員の専門性　125

図書館員の問題調査研究委員会　43, 64, 125, 191

図書館員の倫理綱領　125, 190

図書館運動　14

図書館活動　5, 16, 17

図書館活動従事者　108, 110

図書館記念日　203

図書館憲章　7, 9, 17, 127, 188

図書館憲章委員会　7, 26

『図書館雑誌』　4, 67

図書館づくり市民運動　22

図書館送信サービス　210

「図書館と自由」シリーズ　64, 192,

図書館の権利宣言（ALA）　5, 6, 35, 168, 183

図書館の自由　10, 23, 50, 52, 72, 76, 162, 179, 185, 193

『図書館の自由』（ニュースレター）　66

図書館の自由委員会　1, 29, 41, 52, 58, 78, 82, 124, 183, 191, 201, 207, 209, 211

——関東地区小委員会　59, 61, 82, 110

——規程　53, 58

——近畿地区小委員会　58, 60, 111, 129, 192

——合同連絡会　62, 68, 82, 99

——設置検討委員会　45, 50, 56, 162, 224

——全国委員会　112, 144

図書館の自由に関する宣言　1, 9, 14, 35, 36, 83, 157, 187, 195, 203, 217

——解説　78, 131, 170, 179, 196, 199, 207

——の再確認　16, 36

『図書館の自由に関する文献目録』　73, 194

図書館の中立性　3, 12, 105, 122, 171

「図書館の抵抗線」　4

図書館法　17

——第3条　197

——第9条　148

——第17条　177

図書館問題研究会（図問研）　14, 20, 33, 40, 76

——全国大会（1967年　富山）

20

―――全国大会（1973年　名古屋）
33

図書費　18

「問われる図書館の自由」（朝日新聞）
54, 193

【ナ行】

名古屋市図書館　78

浪江案　64, 98, 99, 174, 237

日米安全保障条約　2, 17

日本国憲法第35条　141, 181

日本書籍出版協会　16

日本図書館協会（日図協）　6, 12, 14,
19, 29, 35, 40, 41, 72, 79, 124, 141,
148, 149, 167, 183, 200, 209, 212

―――総会（1952年）　7

―――総会（1954年）　9

―――総会（1964年）　16

―――総会（1979年）　147

―――総会（1980年）　128

―――総会（1984年）　209

日本図書館憲章　5

ニュアーク方式　20

『人間であるために』　30, 38

年齢制限　97, 109, 183

練馬のテレビ事件　70

【ハ行】

破壊活動防止法（破防法）　2

爆弾テロ事件　21

判決　103, 118, 138, 180, 204

東村山市図書館設置条例　22, 94

ピノキオ問題　78, 108, 180

日野市立図書館　18, 77

表現の自由　168, 171, 190

深川幼児誘拐事件　206

福島県図書館協会　16

副文　10, 54, 62, 63, 68, 82, 93, 125,
188

「副文案の問題点と改正の大綱」　69,
82, 94, 172, 173, 231

副文第一草案　104, 175, 182, 241

副文第二草案　109, 113, 182

船橋西図書館蔵書破棄事件　204, 213

プライバシー保護　73, 106, 132, 197,
208

ブラウン方式　20, 28, 77

部落解放同盟　74

『部落地名総鑑』　75, 179

部落問題　45, 47, 61

【マ行】

マッカーシズム　5

松原市民図書館　28

窓口一本化　74

無料公開　177

名誉棄損　72

『目黒区史』　35, 55

文部省の図書選定事業　16

【ヤ行】

山口県教育委員会　40

山口県立図書館図書封印事件　24, 30, 36, 41

読む自由　50, 52

【ラ行】

利用者の秘密を守る　22, 132, 133, 138, 159, 180, 192, 197

倫理綱領　94, 100, 126

冷戦　2

連続児童殺傷事件　206

【ワ行】

わいせつ出版物　92

人物索引

【ア行】

阿部葆一　31

荒木英夫　112, 151

有山崧　3, 8, 9, 13, 15, 17, 163

石井敦　4, 12, 13, 26,

石塚栄二　29, 48, 94, 111, 127, 129, 131, 148, 155, 199, 207, 212

伊藤松彦　46, 47, 48, 50, 51, 57, 58, 61, 82, 126, 147

色川幸太郎　168

裏田武夫　10, 29, 126, 163

大川原正見　6

大沢正雄　48

大滝則忠　24

小笠原忠統　10, 189

小川徹　136, 141

男沢淳　24

小野則秋　173

【カ行】

鍵本芳雄　193

叶沢清介　36, 44

蒲池正夫　11, 14, 15

河井弘志　37

北島孝　197

草野正名　6, 188

久保輝巳　44, 45, 94

後藤暢　24

是枝洋　154

【サ行】

斉藤敏　35

斎藤鳩彦　65, 94

酒井忠志　81, 94, 98, 107, 129, 131, 135, 139, 143, 144, 147, 152, 199

酒川玲子　43, 44, 48, 50, 58, 61, 82, 94, 113

佐藤忠恕　7, 188

塩見昇　24, 46, 52, 58, 60, 82, 94, 104, 107, 113, 127, 129, 131, 144, 153, 163, 185, 193, 199, 213

志保田務　60

清水英夫　168, 195

菅原勲　145

菅原峻　53
鈴木紀代子　174
鈴木英二　45
鈴木賢祐　11
鈴木幸久　35
関根敬一郎　26, 94

【タ行】
高橋徳太郎　5
竹田平　35
武田虎之助　26
武田八洲満　4
棚橋満雄　148
天満隆之輔　24, 98, 102, 163
土岐善麿　14

【ナ行】
永井憲一　197
中村光雄　5
中村幸夫　112
浪江慶　34, 37, 45, 47, 48, 98, 100, 147
韮塚一三郎　7, 127, 173

【ハ行】
萩沢稔　16
長谷川光児　36
羽仁五郎　16
浜田敏郎　141, 148
浜元順梧　11
林健二　30
林英夫　38

日高六郎　96
広松邦子　34, 174
福井佑介　12, 191
堀部政男　196, 201

【マ行】
升井卓弥　40
美作太郎　38
三苫正勝　147
村上清造　17, 36
村瀬和徳　39, 40
森耕一　36, 45, 52, 58, 63, 94, 129,
　　131, 144, 148, 149, 157, 172, 199
森崎震二　27, 43, 182
森戸辰男　35
森村誠一　76

【ヤ行】
矢野暉雄　167
山下信庸　122, 166, 173
吉田隆夫　61

【ラ・ワ行】
若井勉　66
渡辺秀忠　40

著者紹介

塩見　昇（しおみ・のぼる）

1937年2月	京都市に生まれる
1960年3月	京都大学教育学部卒業
4月	大阪市立図書館入職（司書）
1971年4月	大阪教育大学専任講師（図書館学）
1980年8月	同　　　　教授
1997年4月	同　　　　教養学科長（併任）
1998年4月	同　　　　附属図書館長（併任）
2002年3月	同　　　　定年退職
4月	同　　　　名誉教授，大谷女子大学教授
2005年3月	大谷女子大学退職
5月	日本図書館協会理事長
2013年5月	同　　　　　　退任
2016年5月	同　　　　顧問

≪主要な編著書≫

『教育としての学校図書館』

『知的自由と図書館』

『生涯学習と図書館』　以上，青木書店

『図書館の発展を求めて』（古稀記念出版・塩見昇著作集）　日本図書館研究会

『知る自由の保障と図書館』（編著）　京都大学図書館情報学研究会

『図書館概論』

『新図書館法と現代の図書館』（編著）

『学校図書館の教育力を活かす　学校を変える可能性』　以上，日本図書館協会

『学校図書館職員論』　教育史料出版会

『教育を変える学校図書館』（編著）　風間書房

視覚障害者その他活字のままではこの本を利用できない人のために，日本図書館協会及び著者に届け出る事を条件に音声訳（録音図書）及び拡大写本，電子図書（パソコンなど利用して読む図書）の製作を認めます。但し，営利を目的とする場合は除きます。

図書館の自由委員会の成立と「図書館の自由に関する宣言」改訂

2017年12月15日　初版第1刷発行
定価：本体2,200円（税別）

著者：塩見　昇
発行者：公益社団法人　日本図書館協会
　　　　　〒104-0033　東京都中央区新川1-11-14
　　　　　Tel 03-3523-0811㈹　Fax 03-3523-0841
印刷・製本：イートレイ㈱

JLA201716　　ISBN978-4-8204-1712-5　　　　　　　　　　　Printed in Japan
本文用紙は中性紙を使用しています